高校社科文库
University Social Science Series

教育部高等学校
社会科学发展研究中心

汇集高校哲学社会科学优秀原创学术成果

搭建高校哲学社会科学学术著作出版平台

探索高校哲学社会科学专著出版的新模式

扩大高校哲学社会科学科研成果的影响力

李　强/著

伪满时期
东北地区人口研究

Studies on the Population of Northeast China
in the Period of the Puppet Manchukuo

光明日报出版社

图书在版编目（CIP）数据

伪满时期东北地区人口研究 ／ 李强著 . -- 北京：
光明日报出版社，2012.10（2024.6 重印）
（高校社科文库）
ISBN 978-7-5112-3251-9

Ⅰ.①伪… Ⅱ.①李… Ⅲ.①伪满洲国（1932）—人
口—研究—东北地区 Ⅳ.①C924.24

中国版本图书馆 CIP 数据核字（2012）第 226613 号

伪满时期东北地区人口研究

WEIMAN SHIQI DONGBEI DIQU RENKOU YANJIU

著　　者：李　强

责任编辑：赵　锐　　　　　　　责任校对：傅泉泽
封面设计：小宝工作室　　　　　责任印制：曹　净

出版发行：光明日报出版社

地　　址：北京市西城区永安路 106 号，100050

电　　话：010-63169890（咨询），010-63131930（邮购）

传　　真：010-63131930

网　　址：http：//book.gmw.cn

E - mail：gmrbcbs@gmw.cn

法律顾问：北京市兰台律师事务所龚柳方律师

印　　刷：三河市华东印刷有限公司

装　　订：三河市华东印刷有限公司

本书如有破损、缺页、装订错误，请与本社联系调换，电话：010-63131930

开　　本：165mm×230mm

字　　数：310 千字　　　　　　印　　张：18.5

版　　次：2012 年 10 月第 1 版　印　　次：2024 年 6 月第 2 次印刷

书　　号：ISBN 978-7-5112-3251-9-01

定　　价：78.00 元

序　一

　　合适的选题是一篇论著或一项研究成功的前提，而发现并确定这样的选题本身就是前期研究的成果。所以我在指导博士研究生的过程中，一般都让研究生自己找值得研究的问题，确定论文的题目。因为在这一阶段，他们必须广泛涉猎相关的论著，充分了解已有的研究成果，密切关注最新的学术动态，发现有价值的研究课题，找到研究可能的突破口。如果经过努力还是找不到合适的题目，不得不要我来出题目的话，说明这位学生的研究能力和判断能力低于一般水准，或者是由于受到学术以外的原因而没有能得到发挥。

　　所谓合适，一方面是具有一定的学术价值——对一篇学位论文或一项研究课题来说，这无疑是第一位的。即使是应用性较强的课题，离开了学术，或者连学术上也站不住脚，无论它对现实有多大的意义，或能获得多大的经济效益，充其量只是一个策划方案。另一方面，还应该对主观和客观条件作出如实的评估。就客观条件而言，必须具备最基本的资料或数据来源，或者有可行的调查计划，有可靠的技术路线和验证手段。就主观条件而言，必须在时间、精力和能力各方面达到最低限度的要求。

　　李强的博士论文《伪满时期东北地区人口研究》就是他经过复旦大学中国历史地理研究所历史地理专业硕士和人口史专业博士生阶段的学习，经过自己的努力找到并确定的题目。在中国近代人口史上，这一时间和空间范围具有特殊的意义。众所周知，日本帝国主义发动"九一八"事变后，很快占据了整个东北，并扶植溥仪建立伪满洲国，实行殖民统治。作为一个资源丰富、土地肥沃、主要由移民及其后裔构成的新开发地区，其人口状况发生了急剧的变化。大批中国军政人员及其家属撤离，不甘作亡国奴的同胞逃亡关内，持续多年的"闯关东"移民潮遽停，但不久又重新出现。出于最终将东北变为日本一部分的罪恶目的，"拓殖满蒙"的移民计划强力推进，数以万计的日本移民以"开拓团"的方式渗入东北和内蒙。出于殖民和掠夺需要形成的工矿业和城市的畸形发展,很大程度上改变了原来的人口分布和人口结构。总之,这是一个非常值得研究但迄今为止还缺乏研究的领域。

幸运的是,在这一时空范围内,存在着一些同时代其他地区所没有的、相当精确的调查统计资料。近代人口史研究主要的困难,就是在没有实施人口普查前,缺乏精确的人口统计数和相应的人口指标,几乎不可能进行基本的量化分析。即使勉强做了,也无法找到有效的验证办法。但在东北,却由于日本帝国主义侵略扩张的需要,产生了大量精确的人口和社会调查统计资料和数据。早在"九一八"之前,日本的"南满洲铁道株式会社"(满铁)就设置调查部,在东北和中国各地进行了极其广泛的社会调查,收集整理了超出一般人想像的资料和数据,至今仍是研究中国近代社会无法逾越的数据库。伪满洲国进行的类似调查,还保留有"康德七年临时国势调查"资料、"关东州国势调查"资料和《满洲帝国统计月报》等。由于满铁资料的跨度超出1930年代,还可以进行前后比较研究。

当然,要将选题和研究条件的优势变成事实,产生预期的有价值的成果,关键还在于作者,李强能够完成这篇论文绝非偶然。他本科毕业于武汉大学理工类专业,完全是出于个人的兴趣才成为历史地理专业的硕士生,并继续攻读人口史博士学位。但理工科的科学训练使他具备了很强的数理统计和分析综合能力,一旦与人口史和历史地理专业结合,就如鱼得水,在枯燥的数据和杂乱的资料海洋中自得其乐,孜孜不倦,厥有所成。

现在李强的《伪满时期东北地区人口研究》获得"高校社科文库"的资助,即将由光明日报出版社出版。写上这些话,既作为对李强与此书的介绍,也愿以一得之见供研究生同学诸君参考。

葛剑雄,2012 年 6 月 15 日

序 二

　　历史人口学（historical demography）是人口学（demography）的一个分支学科，主要是用现代人口学的方法尤其是人口统计学的方法来研究有文字记载的过去的人口状况，包括婚姻、生育、死亡、数量变动、户结构等各项指标，以及它们与当时的自然、社会环境的相互关系。人口统计资料的来源主要有三种：人口普查（population census）、人口抽样调查（population survey）和人口登记（population registers），它们是历史人口学的最重要的资料来源。

　　李强博士的《伪满时期东北地区人口研究》就是一本典型的历史人口学著作，根据他的博士论文修改而成。他的博士论文从选题、资料以及方法都在我全程参与指导下完成，因此当他嘱我作序，虽因这是我第一次为他人写序，顿有韶华流逝之感，但更加义不容辞。

　　20 世纪向东北的移民可谓是人类历史上规模最大的移民潮，在短短几十年间，有约一千万人迁移到东北居住，从而深刻地改变了整个东北亚的人口与政治格局，因此研究这一问题意义不言而喻。

　　与以往同专题研究不同的是，在资料方面，李强的著作运用了大量的以前未被充分利用过的伪满与关东州和满铁附属地的"国势调查（普查）"与人口登记资料，它们内容详尽，统计质量高；在方法方面，则运用了人口统计学方法，从人口增长率的地区差异及其波动程度、年龄 - 性别结构等作为衡量伪满时期东北地区内部移民的重要指标，并运用地理信息系统（GIS）、空间分析方法还原东北移民的面貌，因此这是一本史料与方法兼长的学术著作，被选入"高校社科文库"确属名至实归。

侯杨方
复旦大学中国历史地理研究所
2012 年 6 月 12 日

CONTENTS 目 录

图表目录

绪　论

一、相关研究回顾

1. 东北移民问题

东北移民问题历来是中国移民史、人口史及相关领域的重要问题，早在1920 年代就受到社会各界的广泛关注。解放前研究东北移民开发问题的论文，最具代表性的有：朱偰《满洲移民的历史与现状》[①]，对移民开发东北历史作了提纲契领的叙述；徐雍舜《东三省之移民与犯罪》[②]，研究了移民社会的病态，将其危机归结为性别比悬殊和职业不当；何廉《东三省之内地移民研究》[③]，对 1920 年代关内移民的移居原因、地域分布和垦殖状况作了详细的分析；刘选民《清代东三省移民与开垦》[④]，对早期移民拓殖东北有较深入的分析；吴希庸《近代东北移民史略》[⑤]，首先运用西方社会科学理论对东北移民展开研究；萧一山《清代东北之屯垦与移民》[⑥]，以大量数据为基础，讨论了清代移民如何对开发东北作出了贡献。其他较为次要的不再一一赘述[⑦]。总的

[①] 《东方杂志》，第 25 卷第 12 期，1928 年。

[②] 燕京大学《社会学界》，第 5 期，1931 年 6 月。

[③] 《经济统计季刊》，第 1 卷第 2 期，1932 年 6 月。

[④] 《史学年报》，第 2 卷第 5 期，1938 年 12 月。

[⑤] 《东北集刊》，第 2 期，1941 年。

[⑥] 《东北集刊》，第 4、5 期，1942、1943 年。

[⑦] 其他论述东北移民开发之论文还有魏崇阳《清代满洲之封禁与开发》（《新亚细亚月刊》，第 3 卷第 1 期），徐恒耀《满蒙的劳动状况与移民》（《东方杂志》，第 22 卷第 21、22 期），刘谷豪《移民东北之面面观》（《社会杂志》，第 1 卷第 2 期），垦民《东三省近年国人移民之概况》（《中东经济月刊》，第 7 卷第 3 期），时君《东北移民问题之研究》（《新北方》，第 1 卷第 5、6 号），张镇道《农民离村与移殖东北》（《复兴月刊》，第 2 卷第 6 期），刘选民《东三省京旗屯垦始末》（《禹贡》，第 6 卷第 3、4 期合刊），王成敬《东北移民问题》（《东方杂志》第 43 卷第 14 期），王海波《东北移民问题》（中华书局 1932 年版）等。

来说，时间愈靠后，对东北移民问题的研究愈深入，但这些早期的研究论著主要是从解决难民生计、移民实边的角度出发考虑问题，一般来说不是单纯的学术研究。此外，1920年代中后期，南开大学经济研究所对华北各省特别是山东省的人口流动作过抽样调查，中央研究院社会科学研究所在陈翰笙主持下作过难民流亡东北的调查。

新中国成立以来代表性的著作有：路遇《清代和民国山东移民东北史略》①，通过实地调查，结合文献资料，用访问回返移民的方法，对清代和民国时期赴东北的山东移民进行了研究，是建国后有关东北移民问题的一部奠基性的著作；李德滨、石方《黑龙江移民概要》②，是东北移民史中的区域性研究，时间包括新中国成立前后，也涉及国际移民；朱玉湘、刘培平《论"九一八"事变后东北地区的关内移民》③，主要运用文献资料，系统考察了"九一八"事变前后两次移民高峰发生的原因及特点，其对"九一八"之后移民的研究，重在说明日伪对关内劳动力的掠夺；王胜今《伪满时期中国东北地区移民研究——兼论日本帝国主义实施的移民侵略》④，主要关注伪满时期俄、日、朝等国际移民，重点是日本对中国东北的移民侵略。近年来和东北移民问题相关的博士论文有：马平安《近代东北移民问题研究》⑤ 研究了1861－1945年间东北地区的国内和国际移民，并探讨了移民与社会变迁的关系；张士尊《清代东北移民与社会变迁：1644－1911》⑥，研究了整个清代东北移民的过程、移民政策及其实施、移民与社会结构变迁和区域功能变化的关系等；范立君《近代东北移民与社会变迁（1860－1931）》⑦ 研究了1860－1931年关内移民移居东北的过程、动因和类别特征，并探讨了移民与行政管理体制、区域经济文化变迁的关系；珠飒《清代内蒙古东三盟移民研究》⑧ 研究了清代汉族移民移入内蒙古东部哲里木、昭乌达、卓索图三盟的过程，及由此产生的农牧交错、蒙汉杂居和蒙古族人口构成变化等问题。

此外，很多全国性通史性的移民史著作中也有涉及东北移民问题的，主要

① 上海社会科学院出版社，1987年。
② 黑龙江人民出版社，1987年。
③ 《近代史研究》，1992第3期。
④ 中国社会科学出版社，2005年。
⑤ 北京师范大学博士论文，1997年。
⑥ 东北师范大学博士论文，2003年。
⑦ 浙江大学博士论文，2005年。
⑧ 内蒙古大学博士论文，2005年。

有曹树基《中国移民史（清 民国时期）》①、田方、陈一筇《中国移民史略》②、石方《中国人口迁移史稿》③、姜涛《中国近代人口史》④、行龙《人口问题与近代社会》⑤、池子华《中国近代流民》⑥ 等。

　　台湾方面研究东北移民问题的代表人物是"中研院"近史所的赵中孚，侧重于移民开发史的考察，主要代表作有：《1920 - 30 年代的东三省移民》⑦，说明了畸形的土地集中使得移民无法在农村生根，大量进入城市及工业中心；《移民与东三省北部的农业开发》⑧，试图说明 1920 年代的北满移民大军并未给开垦地区提供足够的劳动力，反而产生了不少负面影响；《近代东三省移民问题之研究》⑨，详细叙述了自古代以来的东北移民开发史，并根据东北区域移民的案例研究，提出若干概念性论点；《清代东三省的地权关系与封禁政策》⑩，说明了清政府的政策限制并不能阻遏汉族移民继续进入东北的事实；《清代东三省北部的开发与汉化》⑪，以早期流人对边地的文化贡献为例，说明汉文化在边疆地区的巨大影响。此外，还在一篇英文文章中论述了政府在东北移民事件中的角色，指出不良的制度法令对东北移垦产生了相当程度的消极影响⑫。

　　日文论著

　　日本学者稻叶岩吉的《满洲发达史》，是 20 世纪二三十年代以专书形式讨论东北地区民族和文化史，以及汉民族移民开发东北的巨著，在资料搜集上体现了严肃认真一丝不苟的治学态度，但受到当时日本国家政策的支配，在论点上有大量的矫饰和曲解⑬。1920 年代，随着"闯关东"浪潮逐步高涨，满

①　福建人民出版社，1997 年版。

②　知识出版社，1986 年版。

③　黑龙江人民出版社，1990 年版。

④　浙江人民出版社，1993 年版。

⑤　人民出版社，1992 年版。

⑥　浙江人民出版社，1996 年版。

⑦　《中央研究院近代史研究所集刊》第 2 期，1971 年。

⑧　《中央研究院近代史研究所集刊》第 3 期，1972 年。

⑨　《中央研究院近代史研究所集刊》第 4 期，1974 年。

⑩　《中央研究院近代史研究所集刊》第 10 期，1981 年。

⑪　《中央研究院近代史研究所集刊》第 15 期，1986 年。

⑫　Chao, chung - fu. "The Role of the Government in Interregional Migration: A Case Study of Manchuria, 1868 - 1911", Bulletin of the Institute of Modern History (Acadamia Sinica, vol. 8), pp. 217 - 234.

⑬　稻叶岩吉《满洲发达史》，杨成能译，东亚印刷株式会社奉天支店 1940 年版。

铁调查部门对关内入满移民开始关注，出版了一系列调查统计资料，如《民国十六年の满洲出稼者》①、《民国十七年の满洲出稼者》②、《民国十八年满洲出稼移民移动状况》③、《民国十九年满洲出稼移民移动状况》④、《满洲出稼移住汉民の数的考察》⑤ 等。这些资料涉及 1920 年代以来华北农民离村的原因及离村人数、入满路径、性别比、定居率等诸多方面，成为后来学者研究 1920 年代关内赴满移民的重要基础。

英文论著

1927－1932 年间，沃尔特·杨（Walter C. Young）和何廉（Franklin L. Ho.）发表了一系列研究东北移民问题的文章⑥，代表了西方对中国东北移民问题的早期关注。中国人曹励恒（Tsao Lien－en.）对东北移民问题的研究成果也是用英文发表的⑦。1970 年代以后，这一领域才又陆续出现新的研究成果。罗伯特·李（Robert H. G. Lee）讨论了东北边疆部族与清政府的关系，以及清代东北的拓殖过程⑧。薛龙（Ronald Suleski）讨论了 1920 年代东北移

---

① 满铁庶务部调查课，大连，1927 年版。
② 满铁庶务部调查课，大连，1929 年版。
③ 满铁庶务部调查课，大连，1930 年版。
④ 满铁庶务部调查课，大连，1931 年版。
⑤ 满铁庶务部调查课，大连，1931 年版。
⑥ Young, Walter C. "Chinese Immigration and Colonization in Manchuria", Pioneer Settlement：Cooperative Studies（New York, American Geographical Society）pp. 330－359.
　Young, Walter C. "Chinese Labor Migration to Manchuria", Chinese Economic Journal, 1927, No. 1, pp. 613－633.
　Young, Walter C. "Chinese Colonization in Manchuria", Far Eastern Review, 1928, No. 24, pp. 241－250, 296－303.
　Young, Walter C. "Manchuria, A New Homeland of Chinese", Current History, 1928, pp. 529－536.
　Young, Walter C. "Chinese Colonization and the Development of Manchuria", Problems of the pacific, ed. by J. Condliffe, Chicago, Institute for Pacific Relations, 1929, pp. 423－466.
　Ho. , Franklin L. "Population Movement to the North Eastern Frontier in China", China Institute of Pacific Relations, Shanghai, 1931.
⑦ Tsao, Lien－en. "Chinese Migration to the Three Eastern Provinces", Bureau of Industry, Commerce and Labor, Shanghai, 1930.
　Tsao, Lien－en. "The Method of Chinese Colonization in Manchuria", Chinese Economic Journal, Aug. 1930.
　Tsao, Lien－en. "Land Reclamation in Kirin", Chinese Economic Journal, Nov. 1929. ,
　Tsao, Lien－en. "History of Chinese Migration to Manchuria", Chinese Economic Journal, Jul. 1930.
⑧ Lee, Robert H. G. The Manchurian Frontier in Ching History, Harvard University Press, 1970.

民的性质和各省官员对移民流入的反应，指出他们对东北经济发展都作出了贡献①。王益寿（Wang I‐shou）的博士论文②主要从地理学的角度研究1900 –1940年间关内人满移民的背景、过程、来源地、路线、目的地等方面，并考察了移民对东北人口及其人口学特征空间分布的冲击，指出"1900到1940年间中国移民是改变满洲景观的最重要动力"。高鹏程（Thomas R. Gottschang）在其博士论文③中，根据移民研究上的"推拉理论"，将移民家乡和目的地的铁路运输、外贸、灾害、迁移成本、先前移民、已有劳动力供应等因素纳入移民模型，然后搜集统计数据作回归分析，来确定各种因素的重要程度。结论是：导致移民流动的主要动力是东北和华北日趋扩大的经济结构差异。总体上移民不是逃荒避难，而是对可预期未来收入的理性反应。此外还发现了胶东半岛与华北其他地区的不同：该地与东北地区经济之间存在一种共生关系，两地之间循环的移民流对短期经济波动较不敏感。此外还有两篇类似的论文或著作④。

2. 东北人口问题

东北人口史的研究集中在移民及相关部分，全面研究东北人口史的专门成果较少，只有赵英兰的博士论文《清代东北人口与群体社会研究》⑤。全文以整个清代的东北地区人口为研究对象，涉及人口的生存环境、政策与管理、变迁与分布、迁移与流动、结构与素质、婚姻与家庭等诸多方面，在此基础上推及到相关群体的研究。

在近代人口通史性的著作中涉及东北人口的，主要有侯杨方《中国人口史（1910 – 1953年)》，这是"历史人口学领域中第一部以20世纪上半期的中

---

① Suleski, Ronald. "Regional Development in Manchuria: Immigrant Laborers and Provincial Officials in the 1920s", Modern China, Vol. 4, No. 4 (Oct., 1978), pp. 419 –434.

② Wang, I‐shou. Chinese Migration and Population Change in Manchuria, 1900 –1940. Ph. D. dissertation, Geography, University of Minnesota, 1971.

③ Gottschang, Thomas R. Migration from North China to Manchuria: an Economic History, 1891 –1942. Ph. D. dissertation, Univerisity of Michigan, 1982.

④ Gottschang, Thomas R. and Lary, Diana. Swallows and Settlers: The Great Migration form North China to Manchuria, Center for Chinese studies, The University of Michigan, 2000
Gottschang, Thomas R. "Economic Change, Disasters, and Migration: The Historical Case of Manchuria", Economic Development and Culture Change, Vol. 35, No. 3 (Apr. 1987), pp. 461 –490, The University of Chicago Press.

⑤ 吉林大学博士论文，2006年。

国人口为研究对象的专门著作"①。

英文论著

小埃德温·比尔（Edwin G. Beal, Jr.）较早向西方世界报道了1940年伪满洲国"临时国势调查"的情况②，评价了普查数据的质量，指出这一普查实质是日本普查方法在东北的移植。艾琳·托伊柏（Irene B. Taeuber）是较早利用人口普查、登记数据研究东北人口的学者之一，在《作为人口学意义上边疆的满洲》③一文中，简要介绍了东北地区和1940年普查的背景，在此基础上考察了人口的分布、年龄和性别结构、婚姻、生育、死亡等方面，否定了"人口的自然流动会减缓华北的人口压力，并开发东北的巨大发展潜力"这样一个乐观的假设，认为东北对缓解中国人口压力的作用是有限的。如果生育率不受控制，关内对满移民的结果只会使两地一样贫穷。持续半个世纪的现代化留下了工业企业、交通体系、熟练和半熟练的劳动力供应，这为接下来的快速工商业进步提供了可能性。然而对于全中国或东北地区的人口问题，没有单纯的人口措施。在《人力资源利用和人口转变：日本、满洲和台湾》④一文中，考察了关东州和满铁附属地、伪满洲国的县和旗、台湾等地的出生率和生育率，指出中国人口生育率高且难以改变，而生育率从高到低的历史转变，是经济转变的产物，缺乏经济转变（工业化和城市化），死亡率的迅速下降会阻碍未来平稳的人口转变。考虑到中国的经济和人口形势，出路只能是立即降低出生率，否则低死亡率亦将不能维持。在《日本、台湾和中国东北的移民与城市》⑤一文中，主要考察了关东州和满铁附属地以及满洲三大城市奉天、长春和哈尔滨人口的结构和动态，指出这些城市是移民的中心，而绝大多数移民是年轻男性，随着时间推移城市人口在年龄和性别分布上逐渐趋于正常。移民的年龄和性别结构，与此相关的城市人口的年龄和性

① 侯杨方《中国人口史（1910-1953年）》，复旦大学出版社，2001年，第18页。

② Beal, Edwin G., Jr. "The 1940 Census of Manchuria", The Far Eastern Quarterly, Vol. 4, No. 3 (May, 1945), pp. 243-262.

③ Taeuber, Irene B. "Manchuria as a Demographic Frontier", Population Index 11 (1945), pp. 260-274.

④ Taeuber, Irene B. "Manpower Utilization and Demographic Transitin: Japan, Manchuria, Taiwan", Asian Survey, Vol. 1, No. 3 (May, 1961), pp. 19-25.

⑤ Taeuber, Irene B. "Migrants and Cities in Japan, Taiwan, and Northeast China", in The Chinese City Between Two Worlds (Stanford University Press, 1974), ed. by M. Elvin and G. Williams Skinner, pp. 359-384.

别结构，以及晚婚和妇女低生育率是传统社会和工业社会都会出现的现象。人口流动有助于降低生育率和减少人口增长率，但移民、城市增长、城乡差异，对生育率下降（标志着人口转变）既不是足够的刺激，也不是必要的先兆。

选题意义

如前所述，近代东北移民研究已有成果很多是侧重移民开发问题，其下限一般断在 1931 年"九一八事变"，也就是说，研究重点在 1920 年代及以前的"闯关东"大潮。这是因为 1920 年代末是关内入满移民的高潮时段，相比之下 1930 年代移民研究较为薄弱。而以伪满时期东北地区移民为对象的研究，多集中在日伪对关内劳动力的掠夺和日本对中国的移民侵略等方面，这是受到史料局限的缘故。因为有关这一时期移民的直接史料多集中在这些方面，有关人口流动的全面、权威的统计资料比较缺乏，而零散的史料往往无法勾勒人口流动的整体面貌，特别是东北内部的人口流动。要想了解人口流动的整体面貌，只能通过对人口数据的分析来作间接估计。除了移民研究外，关于东北人口的整体全面研究，只有赵英兰《清代东北人口与群体社会研究》，而近代特别是民国以来的东北人口缺乏全面研究。另一方面，这一时期的伪满洲国和关东州有完善的人口统计，人口普查数据质量高、内容详尽，人口登记数据序列完整，其它统计年鉴和统计月报更是涉及到与人口相关的方方面面。本书侧重从人口统计学角度分析人口普查和人口登记数字，以此来考察移民，特别是东北内部的移民，以及人口的职业、教育、宗教、卫生等方面的状况。故本书一方面可以深化对近代东北移民的研究，另一方面可以丰富区域断代人口研究的内容，而区域研究是对全国研究的进一步深入与补充。

时空断限

本书所研究的空间范围涉及伪"满洲国"全境和日本占领下的"关东州"，包括今天东北三省以及内蒙古自治区东部、河北省一部。东部北部边界与今天的中国东北边界相同，即以鸭绿江、图们江、乌苏里江和黑龙江为界，西部以大兴安岭为界，南部以长城为界。时间主要是 1930 年代，个别专题的时间段前后略有延伸。伪满洲国内部分区基本上以 1941 年的 19 省为准，只有第五章，囿于原始资料，以 1937 年的 16 省为准。为了行文简洁顺畅，各伪省名前不再统一加注"伪"字，特此声明。

主要核心资料

本书的核心资料主要有伪满洲国"康德七年临时国势调查"资料、关东州"昭和五年国势调查"资料，历年《满洲帝国现住户口统计》、《关东局管内现住人口统计》，《满洲帝国统计年鉴》、《满洲帝国统计月报》等成时间序列的数据。这些资料基本都是原始资料，尤其是"国势调查"资料，内容非常详尽，而以前的研究很少甚至没有利用过。伪满"康德七年临时国势调查"，准备充分、控制严密、技术手段到位，其普查质量超过了1953年前中国的历次全国性人口普查①。关东州"昭和五年国势调查"内容更为丰富，涉及户与家庭、人口、年龄、婚姻、籍贯、教育、职业、移居年份等诸多方面。虽然日伪当局进行人口普查是为其侵略活动服务的，但客观上为我们研究近代东北人口提供了便利。从这两个断面可以详细考察伪满洲国和关东州人口的诸多静态特征。从历年户口登记数据可以考察各项人口特征的动态演变。从《统计年鉴》和《统计月报》可以考察其他要素，如教育、职业、卫生、宗教、移民等方面的时空特征。满铁调查资料涉及东北移民的主要集中在1920年代末，和本书的研究时段并不重合，但对本书仍有重要的参考价值。涉及"康德七年临时国势调查"过程和伪满政区变迁的部分，主要参考伪满洲国《政府公报》。此外，还参考了大型丛书《伪满洲国史料》、《满铁调查报告》、《满铁与劳工》、《满铁与移民》等。

主要方法

人口统计学的方法：从人口增长率的地区差异及其波动程度、年龄－性别结构等方面入手，来考察1930年代东北地区的内部移民。由于出生率和死亡率并无显著的空间差异，各地人口增长率的差异主要是伪满洲国内部人口流动的结果，故可将各地人口增长率作为内部移民的判断标准。通过计算分县人口增长率就可以大致判断哪些县份有人口移入，哪些县份有人口移出。为了考察某省单身男性移民与人口增长之间的关系，可以在该省内部各县之间用新增男女人口数之差②与总人口增长率作一相关分析，得到的相关系数就可以反映两者之间的密切程度。再将各省的相关系数作一比较，就可以看出单身男性移民对人口增长的贡献在哪些省份较大，在哪些省份较小。此外，近代东北移民作

① 参见侯杨方《中国人口史》第六卷（1910－1953年）第二章、第三章对1953年前历次全国性人口普查的评价，第48－77页。
② 为什么要用实际新增男女人口数来比较，而不用男女人口增长率来比较？因为人口增长率跟原来的基数密切相关，不能反映实际增加人口的情况。例如在某些县，在某一段时间内女性人口增长率高于男性，但实际新增人口还是男性多于女性。原因就在于这些县原来的男女性别比严重失衡，女性人口基数小，女性人口增长率很容易超过男性。

为一个群体，呈现出某些人口学方面的特征，如性别比偏高、年龄结构偏年轻等等。这样一个群体注入到东北原有的人口中，必然会影响原有人口的人口学特征，如性别结构、年龄结构等，使其呈现出新的面貌。反过来，通过观察某一地区现有人口的这些特征，就可以估计其是否、以及在多大程度上受到移民迁入的影响，综合各个地区的情况就可以判断移民到东北后的分布和走向，以及移民进入东北的大概时间段，进而区分不同的移民类型。

历史学的方法：在制度研究方面，用第一手的资料说明了"临时国势调查"的背景、执行过程和人口统计数字的来源，这是后来研究的基础。此外，通过数据计算得来的人口流动态势和其他人口学特征的空间分布与历时变迁，也需要得到史实的参证。

历史地理学的方法：谭其骧先生曾经指出，"一地方至于创建县治，大致即可以表示该地开发已臻成熟，知道了一个地方是什么时间开始设县的，就大致可以断定在那个时候该地区的开发程度已经达到了一定的标准[①]"。通过对清代以来东北新设县级政区的考察，可以直观反映清代以来东北地区移民分布和地区开发的空间进展。此外，政区的考证、复原、调整，也是分地区人口研究的基础。

GIS 技术：GIS 技术已成为地理学研究的基础手段之一。人口数据和各种专题要素的空间显示和相关性分析，只有在 GIS 技术支持下才能实现。分地区的人口数据量大到一定程度，不用 GIS 技术是无法研究的。GIS 技术还可以直观展示研究成果，本书很多结论也是以地图的形式体现的。

全文章节

第一章 清代以来东北政区变迁

本章从考察政区设置入手，用 GIS 工具显示东北地区各时段县级政区的设置情况，直观反映了清代以来直到伪满洲国时期东北地区开发的从南到北、从东到西的空间进展趋势。在前人研究成果的基础上，整理了各省级政区和县级政区的分合变化，为后来分地区的人口研究打下基础。

第二章 分地区的人口增长

本章运用伪满洲国历年的户口登记数字，计算了各省分县分时段的人口增长率。由于出生率和死亡率并无显著的空间差异，各地人口增长率的差异主要是伪满洲国内部人口流动的结果，故可将各地人口增长率作为内部移民的判断

---

① 谭其骧：《长水集》（上），人民出版社 1987 年版，第 404 页。

标准。在此基础上归纳了各省人口流动的空间模式，并根据人口增长与单身男性移民的相关程度，将各省划分为不同的类型。此外，还考察了人口增长率的历时波动程度并揭示其具体含义。

第三章 "康德七年临时国势调查" 与东北人口研究

本章运用伪满 "康德七年临时国势调查" 所产生的人口普查资料，对1940年伪满洲国静态人口进行全面考察。首先展示了各民族人口的空间分布，进而从分县男女性别比的空间分布来分析各地移民开发的成熟程度，从性别比与人口密度的相关程度分析各省移民的主要类型，从1940年人口普查数据与人口登记数据的比较来分析人口的短期流动，从各地城镇人口所占比例高低来分析各地城镇化进展的情况，从各民族性别－年龄结构的比较研究来判断各民族移居的时间和类型，从各民族性别－年龄结构的地理分布来判断当时各民族人口的流向。

第四章 1941年春季入满移民的专题考察

满铁调查课对关内入满移民的专题调查研究，时间都集中在1920年代后半段，对相对靠后时间段的移民研究较少。本章通过对《满洲帝国统计月报》所载连续数据序列的整理分析，对1941年第一季度的入满移民作了全方位的研究。先从移民入满路径等外在方面展开考察，包括移民的家乡、来源地、经由地和目的地等，再从移民的年龄结构、职业结构等内在方面展开考察，并在各要素之间作进一步的深入分析。在此基础上，与前人研究较为深入的1920年代赴满移民进行比较，揭示了从1920年代到1940年代，中间经历了整个1930年代剧烈变迁的入满移民其诸多特征的深刻变化。

第五章 关东州和满铁附属地人口专题研究

关东州和满铁附属地是日本的殖民地，其中满铁附属地在1936年 "归还" 给伪满洲国，关东州继续在日本的 "租借" 之下。关东州和满铁附属地的统计资料最为丰富，很多方面的统计在全满洲尺度上是没有的。其人口统计自成系统，与伪满洲国的不一样，因此有必要单独拿来考察，作为最后一章。本章主要运用关东州 "昭和五年国势调查" 资料，对1930年的关东州和满铁附属地的人口展开全方位多因素的考察，对这一地区各民族人口的数量和增长、性别－年龄结构、户的规模、婚姻状况、职业状况、教育状况、籍贯分布以及日本人的移居过程等方面进行了较深入的探讨，并得出很多具体的结论。对这一微观世界的细致解剖将进一步丰富对近代东北地区人口史的认识。

　　本书的不足之处在于，人口学的某些重要领域没有给予足够关注，如出生率、生育率和死亡率等方面缺乏足够的资料，无法深入下去。此外，受制于经费、时间、精力、学识等，没有能够完全占有相关资料，缺乏实地社会调查，有些问题的分析尚不够深入，这些都只能留待以后弥补。

第一章

清代以来东北政区变迁

　　清代以来东北地区政区变迁很大，本章集中考察政区变迁，主要有两方面的考虑。谭其骧先生曾经指出，"一地方至于创建县治，大致即可以表示该地开发已臻成熟，知道了一个地方是什么时间开始设县的，就大致可以断定在那个时候该地区的开发程度已经达到了一定的标准①"。本章用 GIS 工具显示东北地区各时段县级政区的设置情况，可以直观反映清代以来东北地区移民分布和地区开发的空间进展。另一方面人口统计是按政区来的，而伪满时期政区变迁频繁，故研究政区变迁是为下一章研究伪满时期各地区的人口增长提供基础。

第一节　清代东北政区变迁

　　截止到 1911 年（宣统三年），清代东北三省政区设置情况如下②：

一、奉天省

　　有府八、直隶厅五、厅三、州六、县三十三。

　　奉天府，顺治十四年四月于盛京城内置府，设府尹。光绪三十一年八月裁府尹设知府，为奉天省治。领厅一、州二、县八。

　　承德县，康熙三年置县。

　　辽阳州，顺治十年置县。康熙三年六月，升为州。

　　复州，雍正四年分盖平地置复州厅，十一年改为州。

　　抚顺县，光绪二十八年分承德县地置兴仁县。三十三年县治移到抚顺城，划入兴京西北地，更名为抚顺县。

---

　　①　谭其骧：《长水集》（上），人民出版社 1987 年版，第 404 页。
　　②　本节清代东北政区设置系根据《清史稿·地理志》整理，以下不再一一注明。

开原县，康熙三年六月置县。

铁岭县，康熙三年六月置县。

海城县，顺治十年十一月置县。

盖平县，康熙三年六月置县。

辽中县，光绪三十二年七月置县。

本溪县，光绪三十二年分辽阳、兴京、凤凰地置县。

金州厅，雍正十二年置宁海县，道光二十三年改金州厅。

法库直隶厅，光绪三十二年分新民府及开原、铁岭、康平三县地置厅，直隶行省。

锦州府，康熙四年置府。领州二、厅二、县三。

锦西厅，光绪三十二年分锦西县西境置江家屯厅，不久更名为锦西厅。

盘山厅，光绪三十二年分广宁县地及盘蛇驿牧厂地置厅。

义州，雍正十一年置州。

宁远州，康熙三年置州。

锦县，康熙元年七月改锦州为锦县。

广宁县，康熙三年六月置县。

绥中县，光绪二十八年六月分宁远州置县。

新民府：嘉庆十八年六月分承德、广宁二县地置新民厅，光绪二十八年升为府。领县二。

镇安县，光绪二十八年分广宁县置县。

彰武县，光绪二十八年置县。

营口直隶厅，宣统元年分海城、盖平两县地置厅，直隶行省。

兴京府，天聪八年尊赫图阿拉地为兴京，乾隆三十八年设理事通判，光绪三年改为兴京抚民同知，宣统元年升为府。领县四。

通化县，光绪三年置县。

怀仁县，光绪三年置县。

辑安县，光绪二十八年分通化、怀仁两县地置县。

临江县，光绪二十八年分通化县地置县。

凤凰直隶厅，光绪二年置厅，直隶行省。领州一、县二。

岫岩州，光绪二年置州。

安东县，光绪二年置县。

宽甸县，光绪三年置县。

庄河直隶厅，光绪三十二年分凤凰厅、岫岩州地置厅。

长白府，光绪三十三年置府。领县二。

安图县，宣统元年置县。

抚松县，宣统元年置县。

海龙府，光绪五年以流民垦鲜围场地置海龙厅，二十八年升为府。领县四。

东平县，光绪二十八年置县。

西丰县，光绪二十八年置县。

西安县，光绪二十八年置县。

柳河县，光绪二十八年置县。

辉南直隶厅，宣统元年分海龙府地置厅，直隶行省。

昌图府，光绪三年置府。领州一、县三。

辽源州，光绪二十八年置州。

奉化县，光绪三年置县。

怀德县，光绪三年置县。

康平县，光绪六年分科尔沁左翼中、后二旗南境，前宾图王旗东境置县。

洮南府，光绪三十年以科尔沁右翼前扎萨克图王旗垦地置府。领县五。

靖安县，光绪三十年置县。

开通县，光绪三十年置县。

安广县，光绪三十一年置县。

醴泉县，宣统元年置县。

镇东县，宣统二年置县。

二、吉林省

有府十一、州三、厅五、县十八。

吉林府，清初隶宁古塔将军，雍正五年置永吉州，乾隆十二年改吉林厅，光绪八年升为吉林省治，领伊通、敦化，后削。

长春府，清初属蒙古郭尔罗斯前旗，曰宽城子。嘉庆五年于长春堡置长春厅，光绪十五年升为府。

伊通州，光绪八年置州。

濛江州，光绪三十四年析吉林极南地置。

农安县，清初郭尔罗斯前旗地，光绪八年置照磨县，十五年改为农安县。

长岭县，光绪三十三年析农安之农家、农齐、农国三区置县。

桦甸县，清初禁地，光绪三十四年置县。

磐石县，光绪二十八年置县。

舒兰县，宣统元年置县。

德惠县，宣统二年析长春沐德、怀惠二乡置县。

双阳县，宣统二年析吉林西界、长春东界、伊通北界置县。

新城府，即伯都讷副都统城，光绪三十二年改府。

双城府，光绪八年置双城厅，宣统元年升府。

宾州府，光绪六年置宾州厅，二十八年直隶，宣统元年升府。

五常府，光绪八年置五常厅，宣统元年升府。

榆树直隶厅，光绪三十二年置榆树县，宣统元年升厅。

滨江厅，光绪三十二年置厅，宣统元年划双城东北境益之。

长寿县，光绪二十八年置县，隶宾州直隶厅。

阿城县，宣统元年裁改阿勒楚喀副都统城置县。

延吉府，清初为南荒围场，光绪七年弛垦，二十八年置延吉州，宣统元年升府。

宁安府，即宁古塔副都统城，光绪二十八年置绥芬厅，宣统元年升府，二年更名宁安府。

东宁厅，光绪二十八年，置绥芬抚民同知。宣统元年改通判，更名东宁厅。

珲春厅，清初南荒围场，光绪七年弛禁设垦局，宣统元年改副都统，置同知厅。

敦化县，光绪八年建新城置县。

穆棱县，光绪二十八年置穆棱河分防知事，属绥芬厅。

额穆县，宣统三年置县。

汪清县，宣统二年置县。

和龙县，宣统二年置县。

依兰府，即三姓副都统城，光绪三十一年改置府。

临江府，光绪三十二年置临江州，宣统元年升为府。

密山府，清初瓦尔喀部人所居，隶宁古塔副都统，光绪三十四年置府。

虎林厅，宣统元年置呢吗口厅，二年更名为虎林厅。

绥远州，宣统元年置州。

方正县，清初呼尔哈部人居之，隶三姓副都统。光绪三十二年置大通县，宣统元年徙治江南方正泡，割滨州长寿东境益之，更名方正县。

桦川县，清初黑哲喀喇人居之，隶三姓副都统。宣统二年置县，治佳木斯。

富锦县，清初黑哲喀喇人本部，曰富克锦。光绪七年置协领。三十三年置巡司，隶临江州。

饶河县，清初瓦尔喀部人居之，隶宁古塔副都统，宣统元年置县。

三、黑龙江省

有道三、府七、厅六、州一、县七。

龙江府，光绪三十一年设黑水厅，三十四年改置府，为黑龙江省治。

呼兰府，光绪三十年置府。领州一、县二。

巴彦州，原名巴彦苏苏，光绪元年设呼兰厅，三十年改为州。

兰西县，原名双庙子，光绪三十年置县。

木兰县，光绪三十年置县。

绥化府，光绪十一年设绥化厅，三十年升厅为府。领县一。

馀庆县，光绪三十年置县。

海伦府，即通肯副都统城。光绪三十年以通肯、海伦河新垦地置海伦厅。三十四年升府。领县二。

青冈县，光绪三十年置县。

拜泉县，光绪三十二年置县。

嫩江府，光绪三十四年以墨尔根城改置府。

讷河直隶厅，宣统二年以东布特哈改置。

瑷珲直隶厅，光绪三十四年以黑龙江城改置。

黑河府，光绪三十四年置府。

呼伦直隶厅，光绪三十四年以呼伦贝尔城改置。

胪滨府，光绪三十四年初拟设满珠府，后更名为胪滨府。

兴东道：光绪三十二年，移绥化城之绥兰海道驻内兴安岭迤东，更名兴东兵备道，专办垦务、林、矿各事宜。三十四年，建署托萝山北，为道治。领县二。

大通县：光绪三十一年置，为吉林依兰属县。三十四年改隶。

汤原县：光绪三十一年置，为吉林依兰属县，三十四年改隶。

肇州直隶厅，光绪三十二年以郭尔罗斯后旗垦地置厅。

大赉直隶厅，光绪三十年以札赉特旗莫勒红冈子垦地置厅。

安达直隶厅，光绪三十二年以杜尔伯特旗垦地置厅。

第二节 "九一八事变"前民国时期东北政区变迁

截止到1931年"九一八事变"，民国时期的东北政区设置情况如下①：

一、奉天省

清宣统三年，全省设奉天、锦州、新民、兴京、海龙、长白、洮南、昌图等8府，法库门、营口、凤凰、庄河、辉南等5直隶厅，辽阳、复州、宁远、义州、辽源、岫岩州等6州，金州、锦西、盘山厅等3厅，抚顺、辽中、本溪、海城、盖平、开原、铁岭、绥中、广宁、东平、西丰、西安、柳河、镇安、彰武、怀德、奉化、康平、安东、宽甸、通化、怀仁、临江、辑安、靖安、开通、安广、镇东、醴泉、安图、抚松等31县。直到"九一八事变"前民国政府所设县有：

清原县，民国十四年9月析开原县地置。

台安县，民国三年1月析镇安县辽中县部分置。

金川县，民国十五年2月析柳河县置设治局，民国十八年7月改县。

突泉县，清代为醴泉县，民国三年1月改名突泉县。民国四年5月废县，以县境南部置瞻榆县，县境北部与洮南县部分地合置突泉设治局。民国十七年又改为突泉县。

双山县，原为内蒙古哲里木盟达尔汗王旗地，民国三年9月设县。

瞻榆县，民国四年5月析突泉县南段置。

通辽县，民国七年6月设县。

二、吉林省

清宣统三年，全省设吉林、长春、新城、双城、宾州、五常、延吉、宁安、依兰、临江、密山等11府，榆树、宾江、东宁、珲春、虎林等5厅，伊通、濛江、绥远等3州，盘石、舒兰、农安、长岭、桦甸、德惠、双阳、阿城、长寿、穆棱、额穆、汪清、和龙、敦化、方正、桦川、富锦、饶河等18县，共37个行政单位。吉林省的府、厅、州、县为同一层级，府、州不辖县，

---

① 本节"九一八事变"前民国时期东北政区设置系根据郑宝恒《民国时期政区沿革》整理，以下不再一一注明。

仅比县的地位尊崇。直到"九一八事变"前民国政府所设县有：

珠河县，民国十年 12 月析五常、同宾置乌珠河设治局，民国十六年 11 月改县。

苇河县，民国十年 12 月析同宾、五常置苇沙河设治局，民国十六年 11 月改县。

宝清县，民国五年 4 月析同江县置。

乾安设治局，民国十七年 4 月析郭尔罗斯前旗地置。

三、黑龙江省

清宣统三年，全省设兴东、呼伦、瑷珲 3 道，龙江、呼兰、绥化、海伦、嫩江、黑河、胪滨等 7 府，讷河、肇州、大赉、安达、瑷珲、呼伦等 6 直隶厅，巴彦州及兰西、木兰、余庆、青冈、拜泉、大通、汤原等 7 县。另有奏准缓设的 17 府、厅、州、县：佛山府，呼玛、漠河、室韦、萝北、乌云、车陆、春源、武兴、舒都、布西、甘南直隶厅，鹤冈、林甸、诺敏、通北、铁骊县。黑龙江省的行政层级与吉林省相似，除呼兰府、海伦府外，府、直隶厅与县为同一层级，府不辖县，仅地位比县高。直到"九一八事变"前民国政府所设县有：

肇东县，民国元年 11 月由昌五城分防经历辖区置昌五城设治局，民国二年 10 月改名肇东设治局，同年 12 月改县。

克山县，民国四年 5 月析讷河县置克山设治局，同年 8 月改县。

泰来县，民国二年 11 月析杜尔伯特、扎赉特两旗屯垦地方置泰来镇设治局，民国六年 5 月改县。

林甸县，民国三年 9 月置林甸设治局，民国六年 8 月改县。

景星县，民国四年 5 月置景星设治局，民国十八年 11 月改县。

龙镇县，民国元年 10 月析海伦县置龙门镇设治局，民国六年 5 月改县。

绥棱县，民国四年 5 月析绥化县置绥棱设治局，民国六年 5 月改县。

望奎县，民国五年 9 月析海伦县置设治县，民国七年 2 月改县。

通北县，民国四年 5 月析海伦县置设治局，民国六年 5 月改县。

布西设治局，民国四年 5 月析景星县部分及西布特哈总管辖区置。

索伦山设治局，民国五年 2 月置索伦山宣抚局，民国六年 3 月改设治局。

明水县，民国十二年 12 月析拜泉、青冈、林甸置明水设治局，民国十八年 11 月改县。

依安县，民国十二年 12 月析林甸县置依安设治局，民国十八年 11 月改县。

甘南设治局，民国十四年 12 月析布西设治局置。

雅鲁县，民国十四年 12 月合并扎兰屯、济沁河两稽垦局置雅鲁设治局，民国十八年 11 月改县。

泰康设治局，民国十六年 5 月析泰来、林甸、安达县置。

铁骊设治局，民国四年 5 月析庆城县置。

东兴设治局，民国十六年 10 月析木兰县置。

瑷珲县，清代为瑷珲直隶厅，民国二年 1 月改县。

萝北县，民国元年 7 月置萝北厅设治局，民国二年 12 月改县。

漠河县，民国三年 3 月置漠河设治局，民国六年 5 月改县。

呼玛县，民国元年七月置呼玛厅设治局，民国二年 12 月改县。

乌云县，民国五年 5 月析萝北县置乌云设治局，民国十八年 11 月改县。

绥滨县，民国六年 4 月析萝北县置绥东设治局，民国十八年 11 月改县。

佛山县，民国十六年 9 月析乌云设治局、萝北县置佛山设治局，民国十八年 11 月改县。

呼伦县，清代为呼伦直隶厅，民初改县。

胪滨县，清代为胪滨府，民初改县。

室韦县，清代为吉拉林设治局，民初改县。

奇乾县，民国九年 12 月置奇乾设治局，民国十年 12 月改县。

逊河县，民国十七年 11 月置逊河设治局，伪满"大同元年" 4 月 15 日改县。

克东设治局，民国十八年 1 月析克山县置。

德都设治局，民国十八年 11 月析克山县置。

奇克县，民国十八年 2 月析瑷珲县置奇克设治局，民国十八年 11 月改县。

鸥浦县，民国十八年 1 月析呼玛县置鸥浦设治局，民国十八年 11 月改县。

凤山设治局，民国十八年 11 月析通河县置。

富裕设治局，民国十八年 11 月置。

四、热河省

经棚县，民国二年 9 月置设治局，民国三年 11 月改县。

林东县，民国十四年 9 月析巴林左、巴林右旗地置林东设治局，民国二十一年 8 月改县。

宁城县，民国二十年析平泉县置大宁设治局，同年 12 月改为宁城设治局，民国三十六年5月改县。

凌南县，民国二十年析朝阳、凌源置凌南设治局，民国三十六年5月改县。

天山县，民国十五年7月析阿鲁科尔沁旗地置天山设治局，民国三十六年5月改县。

鲁北县，民国十三年2月析开鲁县置设治局，民国三十六年5月改县。

第三节 伪满时期东北政区变迁①

一、伪满时期新设的县市

吉林市，"康德元年"12月1日析永吉县城区置。

通阳县，伊通县、双阳县"康德八年"1月1日合并。

九台县，"大同元年"设县。

公主岭市，"康德九年"1月1日析怀德县置。

乾安县，"大同二年"10月1日由设治局改县。

齐齐哈尔市，"康德元年"12月1日析龙江县城区置。

甘南县，"大同二年"10月1日由设治局改县。

富裕县，"大同二年"10月1日由设治局改县。

白城县，原名洮安县，"康德五年"5月12日改名。

嫩江县，"康德六年"6月1日划归北安省，"康德十二年"8月1日复归龙江省。

泰康县，"大同二年"10月1日由设治局改县，"康德七年"5月并入杜尔伯特旗。

北安县，原为龙镇县，"康德六年"1月1日改名。

克东县，"大同二年"10月1日由设治局改县。

德都县，"大同二年"10月1日由设治局改县。

铁骊县，"大同二年"10月1日由设治局改县。"康德十年"7月1日与庆城县合并为庆安县。

---

① 本节伪满时期东北政区设置系根据伪满洲国《政府公报》和傅林祥、郑宝恒《中国行政区划通史·中华民国卷》整理，以下不再一一注明。

孙吴县，"康德四年"12月1日析瑷珲县置。

逊克县，"康德十年"7月1日合并奇克县、逊河县置。

牡丹江市，"康德四年"12月1日析宁安县置。???

绥阳县，"康德六年"6月1日析东宁、穆棱县部分地区置。

东安市，"康德九年"1月1日析密山县东安街置。

鸡宁县，"康德八年"9月1日析密山县置。

林口县，"康德六年"6月1日析勃利、密山、穆棱县置。

间岛市，"康德十年"4月1日析延吉县延吉街置。

佳木斯市，"康德四年"12月1日析桦川县置。

凤山县，"大同二年"10月1日由设治局改县，"康德六年"6月1日并入通河县。

鹤立县，"康德六年"6月1日析汤原、萝北两县部分区域置。

东兴县，"大同二年"10月1日由设治局改县。

通化市，"康德九年"1月1日析通化县通化街置。

金川县，"康德八年"7月1日废，并入辉南县及柳河县。

安东市，"康德四年"12月1日析安东县城区置。

双辽县，由双山县、辽源县于"康德七年"5月合并。

沈阳县，"康德十一年"1月1日撤销，分别并入奉天市和抚顺市。

营口市，"康德四年"12月1日析营口县城区置。同时废营口县，并入盖平、海城、盘山3县。

鞍山市，"康德四年"12月1日析辽阳县地置。

辽阳市，"康德四年"12月1日析辽阳县城区置。

铁岭市，"康德四年"12月1日析铁岭县城区置。

本溪湖市，"康德六年"10月1日析本溪县本溪湖街置。

锦州市，"康德四年"12月1日析锦县置。

阜新市，"康德七年"1月1日析阜新县阜新街置。

朝阳县，"康德七年"1月1日并入吐默特右旗。

吐默特中旗，"康德七年"1月1日析吐默特右旗置。

阜新县，"康德七年"1月1日并入吐默特左旗。

青龙县，"大同二年"5月由都山设治局改置。

兴隆县，伪满初废，"康德五年"1月1日复置。

建昌县，"康德四年"3月1日由凌源县、凌南县合并而成，"康德七年"

1月1日并入喀喇沁左旗。

建平县，"康德七年"1月1日并入喀喇沁右旗。

宁城县，"大同二年"10月1日由设治局改置，"康德七年"1月1日并入喀喇沁中旗。

平泉县，"康德四年"3月1日并入青龙县、喀喇沁中旗。

赤峰县，"康德七年"1月1日并入翁牛特右旗。

翁牛特左旗，"康德元年"12月1日由热河省划归兴安西省，"康德四年"1月1日再次划归热河省。"康德四年"3月1日析置乌丹县，"康德七年"1月1日省并。

新惠县，"康德四年"3月1日析敖汉旗置，"康德七年"1月1日省并。

布特哈左翼旗，"大同元年"6月置，驻扎兰屯。布特哈右翼旗，"大同元年"9月5日置，雅鲁县并入。"大同二年"5月10日两旗合并，驻扎兰屯。

阿荣旗，"大同元年"6月27日以原布西县等地置。

莫力达瓦旗，"大同元年"6月27日以原布西县等地置。

巴彦旗，"大同元年"6月27日置。

扎鲁特左翼旗，"大同二年"5月10日置，鲁北设置局并入。"康德二年"5月24日与扎鲁特右翼旗合并。

科尔沁右翼中旗，"大同元年"6月27日置。旧本旗除去瞻榆及突泉各县之地域。

科尔沁右翼前旗，"大同元年"6月27日置。驻乌兰哈达，康德二年迁王爷庙街。

科尔沁右翼后旗，"大同元年"6月27日置。驻察尔森。

扎赉特旗，"大同元年"6月27日置。

索伦山设治局，"大同元年"6月1日升为索伦县，同月27日改为喜扎嘎尔旗。

突泉县，原属奉天省，"康德元年"10月改隶龙江省，"康德四年"3月25日改名醴泉县。

科尔沁左翼中旗，"大同元年"6月27日置。驻巴彦塔拉。

科尔沁左翼后旗，"大同元年"6月27日置。旧本旗除去昌图、辽源之各县。

科尔沁左翼前旗，"大同元年"6月27日置。旧本旗除去康平、法库部分地区。

库伦旗，"康德元年" 12 月 1 日合并旧锡埒图库伦旗、旧喀尔喀左翼旗、旧唐古特喀尔喀三旗置。

奈曼旗，"康德元年" 12 月 1 日实行旗制，旧绥东县除去原锡埒图库伦旗以外之蒙汉各区。

绥东县，"康德元年" 12 月裁，并入奈曼、库伦两旗。

阿鲁科尔沁旗，"大同二年" 5 月 10 日置。天山设治局并入。旧本旗内除去开鲁县之地域外其余区域。

巴林左翼旗，"大同二年" 5 月 10 日置，林东县并入。

巴林右翼旗，"大同二年" 5 月 10 置。

克什克腾旗，"大同二年" 5 月 10 置，经棚县并入。

"大同元年" 6 月 27 日置索伦左翼旗、索伦右翼旗、鄂鲁特旗、布里亚特旗，"大同二年" 7 月 12 日合并成索伦。呼伦县并入。

新巴尔虎左翼旗，"大同元年" 6 月 27 日置。

新巴尔虎右翼旗，"大同元年" 6 月 27 日置。

陈巴尔虎旗，"大同元年" 6 月 27 日置。

室韦县，"大同二年" 6 月 27 日改置为吉拉林旗，7 月 12 日改为额尔克纳左翼旗。

奇乾县，"大同二年" 1 月 1 日裁县治，改置为奇乾办事处，7 月 12 日，改置为额尔克纳右翼旗。

呼伦县，"大同二年" 1 月 1 日改为索伦旗，将海拉尔析出，设立海拉尔市办事处。

胪滨县，"大同二年" 1 月 1 日废县制，改城区为满洲里办事处，其余区域并入新巴尔虎左翼及右翼旗。

二、伪满历年县级政区变迁

1932 年

6 月置布特哈左翼旗。

6 月 1 日索伦山设治局改为索伦县。

6 月 27 日置旗：以原布西县等地置阿荣旗，以原布西县等地置莫力达瓦旗，巴彦旗，科尔沁右翼中旗，科尔沁右翼前旗，科尔沁右翼后旗，扎赉特旗，索伦县改为喜扎嘎尔旗，科尔沁左翼中旗，科尔沁左翼后旗，科尔沁左翼前旗，索伦左翼旗、索伦右翼旗、鄂鲁特旗、布里亚特旗，新巴尔虎左翼旗，新巴尔虎右翼旗，陈巴尔虎旗。

9 月 5 日置布特哈右翼旗，雅鲁县并入。

1933 年

1 月 1 日，裁奇乾县为奇乾办事处，改呼伦县为索伦旗，将海拉尔析出，设立海拉尔市办事处，改胪滨县城区为满洲里办事处，其余区域并入新巴尔虎左翼及右翼旗。

5 月都山设治局改青龙县，

5 月 10 日布特哈左翼旗、右翼旗合并成布特哈旗，置扎鲁特左翼旗，鲁北设治局并入，置阿鲁科尔沁旗，天山设治局并入，置巴林左翼旗，林东县并入，置巴林右翼旗，置克什克腾旗，经棚县并入。

6 月 27 日，改室韦县为吉拉林旗。

7 月 12 日索伦左翼旗、索伦右翼旗、鄂鲁特旗、布里亚特旗合并成索伦旗，呼伦县并入，改吉拉林旗为额尔克纳左翼旗，改奇乾办事处为额尔克纳右翼旗。

10 月 1 日设置局改县：乾安县、甘南县、富裕县、泰康县、克东县、德都县、铁骊县、凤山县、东兴县、宁城县。

1934 年

12 月绥东县并入奈曼、库伦两旗。

12 月 1 日析县置市：析永吉县城区置吉林市、析龙江县城区置齐齐哈尔市，合并旧锡埒图库伦旗、旧喀尔喀左翼旗、旧唐古特喀尔喀三旗置库伦旗，奈曼旗。

1935 年

5 月 24 日扎鲁特左翼旗、右翼旗合并成扎鲁特旗。

1937 年

3 月 1 日凌源县、凌南县合并成建昌县，平泉县并入青龙县、喀喇沁中旗，析翁牛特左旗置乌丹县，析敖汉旗置新惠县。

3 月 25 日突泉县改名醴泉县。

12 月 1 日析瑷珲县置孙吴县，析宁安县置牡丹江市，析桦川县置佳木斯市，析安东县城区置安东市，析抚顺县城区置抚顺市，析营口县城区置营口市，同时营口县并入盖平、海城、盘山 3 县，析辽阳县地置鞍山市，析辽阳县城区置辽阳市，析铁岭县城区置铁岭市，析锦县置锦州市。

1938 年

1 月 1 日复置兴隆县。

5 月 12 日洮安县改名白城县。

1939 年

1 月 1 日龙镇县改名北安县。

6 月 1 日析东宁、穆棱县部分地区置绥阳县，析勃利、密山、穆棱县置林口县，析汤原、萝北两县部分区域置鹤立县，凤山县并入通河县。

10 月 1 日析本溪县本溪湖街置本溪湖市。

1940 年

1 月 1 日析阜新县阜新街置阜新市，阜新县并入吐默特左旗，析吐默特右旗置吐默特中旗，朝阳县并入吐默特右旗，建昌县并入喀喇沁左旗，建平县并入喀喇沁右旗，宁城县并入喀喇沁中旗，乌丹县并入翁牛特左旗，赤峰县并入翁牛特右旗，新惠县并入敖汉旗。

5 月泰康县并入杜尔伯特旗，双山县、辽源县合并成双辽县。

1941 年

1 月 1 日伊通县、双阳县合并成通阳县。

7 月 1 日金川县并入辉南县及柳河县。

9 月 1 日析密山县置鸡宁县。

1942 年

1 月 1 日析密山县东安街置东安市，析通化县通化街置通化市。

1943 年

4 月 1 日析延吉县延吉街置间岛市，

7 月 1 日庆城县、铁骊县合并成庆安县，奇克县、逊河县合并成逊克县。

1944 年

1 月 1 日沈阳县并入奉天市和抚顺市。

三、伪满省级政区变迁

1932 年，伪满洲国成立，宣布辖吉林、奉天、黑龙江、热河四省及东省特别区，同时设置国务总理直属之兴安局，管理蒙地行政。1932 年 4 月，设立兴安东、南、北三分省，隶兴安局，5 月又添兴安西分省。另置新京、哈尔滨两特别市。1934 年，公布《省公署官制》，将原政区改划为吉林、奉天、黑河、滨江、安东、三江、间岛、锦州、热河十省，兴安东、兴安西、兴安南、兴安北四分省，新京、哈尔滨两特别市及北满特别区。废兴安总署，所属各分省改置为省。1936 年 1 月北满特别区裁撤。1937 年 7 月增设牡丹江、通化两省。1939 年 6 月又增设东安、北安两省。1941 年 7 月再增设四平省。1943 年 10 月将原牡丹江、东安、间岛三省合并为东满总省，将原兴安东、兴安南、兴安西、兴安北四省合并为兴安总省。1945 年裁撤东满总省，分设东满省（含牡丹江、东安两省）和间岛省。以下是分年的省级政区变迁：

1932 年——"大同元年"行政区域的调整

在蒙古盟旗地区设立"兴安省"，分设兴安东、兴安北、兴安南三分省。兴安省不设省公署，行政管理机构为"国务院兴安局"。"大同元年" 3 月 9 日置兴安南分省，辖科尔沁左翼前旗、科尔沁左翼后旗、科尔沁左翼中旗、科尔沁右翼中旗、科尔沁右翼前旗、科尔沁右翼后旗、札赉特 7 旗。置兴安北分省，辖索伦左翼旗、索伦右翼旗、新巴尔虎左翼旗、新巴尔虎右翼旗、陈巴尔虎旗、鄂鲁特旗、布里雅特旗、鄂伦春旗，相当于原黑龙江省呼伦贝尔地区。6 月 27 日郭尔罗斯前旗来属吉林省，札赉图旗、郭尔罗斯后旗、杜尔伯特旗、依克明安旗、东布特哈八旗、齐齐哈尔八旗、墨尔根八旗来属黑龙江省。12 月，原属黑龙江省的胪滨、室韦、奇乾、呼伦等县划入兴安北分省，布西设治局、索伦设治局、雅鲁县划入兴安东分省。

1933 年

"大同二年" 3 月 10 日，原属热河省的昭乌达盟西拉木伦河流域以北区域，包括经棚、开鲁、林西、林东、天山、鲁北等县局，置兴安西分省。辖扎鲁特左翼旗、扎鲁特右翼旗、阿鲁科尔沁旗、巴林左翼旗、巴林右翼旗、克什克腾旗、开鲁县、林西县等旗县。

1934 年——"康德元年" 12 月 1 日省制改革与新十四省的形成：

原奉天省所属各县大体划入奉天省、安东省、锦州省，部分县（主要是原洮昌道）构成龙江省一部分，部分县划入兴安南省，个别县划入吉林、间岛省。奉天市、辽阳、辽中、本溪、抚顺、沈阳、铁岭、开原、新民、法库、康平、海城、营口、盖平、复县、兴京、清原、西丰、昌图、梨树、双山、辽源、海龙、辉南、金川、柳河、东丰、西安、濛江等县构成奉天省；安东、凤城、岫岩、庄河、宽甸、桓仁、辑安、通化、临江、长白、抚松等县构成安东省；锦县、锦西、兴城、绥中、义县、北镇、盘山、台安、黑山、彰武等县划入锦州省。突泉、安广、镇东、开通、瞻榆、洮南、洮安等县划入龙江省。怀德县划入吉林省，安图县划入间岛省，通辽县划入兴安南省。

原吉林省分为吉林省、间岛省，部分县构成滨江省、三江省一部分。吉林市、长春、双阳、伊通、德惠、农安、长岭、乾安、扶余、永吉、舒兰、额穆、敦化、桦甸、磐石、榆树等县划入吉林省；延吉、汪清、珲春、和龙等县划入间岛省；阿城、宾县、双城、五常、珠河、苇河、延寿、东宁、宁安、穆棱、密山、虎林等县划入滨江省；方正、依兰、勃利、宝清、饶河、抚远、同江、富锦、桦川等县划入三江省。

原黑龙江省分为黑河省、兴安东省、兴安北省，部分县构成龙江省、滨江省、三江省一部分。漠河、欧浦、呼玛、瑷珲、奇克、逊河、佛山、乌云等县构成黑河省；齐齐哈尔市、龙江、泰来、泰康、景星、甘南、富裕、林甸、依安、讷河、克山、明水、克东、拜泉、德都、嫩江、龙镇、通北、大赉划入龙江省；绥化、呼兰、海伦、巴彦、肇东、肇州、兰西、木兰、望奎、青冈、安达、庆城、绥棱、铁骊、东兴、郭尔罗斯后旗划入滨江省；汤原、萝北、绥滨、通河、凤山等县划入三江省。

原热河省分为热河省、兴安西省，个别县划入锦州省。承德、滦平、丰宁、隆化、平泉、凌源、凌南、青龙、宁城、赤峰、围场、建平等县构成热河省；朝阳、阜新两县划入锦州省。奈曼旗划入兴安西省。

兴安东分省改置为兴安东省，辖喜扎嘎尔、布特哈、阿荣、莫力达瓦及巴彦等旗。兴安南分省改置为兴安南省，辖库伦、科尔沁左翼前、科尔沁左翼后、科尔沁左翼中、科尔沁右翼中、科尔沁右翼前、科尔沁右翼后、扎赉特等旗及通辽县。兴安西分省改置为兴安西省，辖扎鲁特左翼、扎鲁特右翼、阿鲁科尔沁、巴林左翼、巴林右翼、克什克腾、翁牛特左翼、奈曼等旗及开鲁县、林西县。兴安北分省改置为兴安北省，辖索伦、新巴尔虎左翼、新巴尔虎右翼、陈巴尔虎、额尔克纳左翼及额尔克纳右翼等旗。

1937 年

"康德四年" 1 月 1 日，《热河省及锦州省内旗制》实行，两省境内各旗成为行政区划，翁牛特左旗从兴安西省划入热河省。7 月 1 日，从滨江省划出宁安、东宁、穆棱、密山、虎林等县，设立牡丹江省；从安东省划出通化、临江、长白、抚松、辑安，从奉天省划出辉南、柳河、金川、濛江等县，设立通化省。

1939 年

"康德六年" 6 月 1 日，从牡丹江省划出密山、虎林，从三江省划出（林口）、宝清、饶河等县，设立东安省；从滨江省划出绥化、望奎、庆城、铁骊、绥棱、海伦，从龙江省划出北安、克山、明水、克东、拜泉、德都、依安、通北等县，设立北安省。

1940 年

"康德七年"1月1日，热河、锦州两省建昌、建平、宁城、赤峰、乌丹、新惠、朝阳、阜新8县县制废除，实行单一的旗制。

1941 年

"康德八年"1月1日，勃利县从三江省划归东安省。7月1日，从吉林省划出长岭县，从奉天省划出四平街市及梨树、西安、东丰、海龙、西丰、开原、昌图、双辽等县，设立四平省。8月1日，黑河省佛山县划归三江省，兴安东省喜扎嘎尔旗划归兴安南省。

1943 年

"康德十年"1月1日，北安省嫩江县划归黑河省。10月1日，龙江省醴泉县划归兴安总省。10月1日，合并牡丹江、东安、间岛三省置东满总省，下辖间岛省、东安省及牡丹江市和宁安、东宁、绥阳、穆棱等县。

1945 年

"康德十二年"6月1日，废东满总省，以原东安省及牡丹江省置东满省，辖牡丹江市、东安市和宁安、东宁、绥阳、穆棱、密山、虎林、林口、宝清、饶河、勃利、鸡宁等县。间岛省恢复。8月1日，黑河省嫩江县划归龙江省，安东省桓仁县划归通化省。

据此画出 1930 年代历年东北政区图，如图 1－1、1－2 所示。

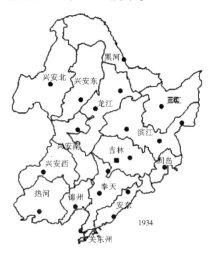

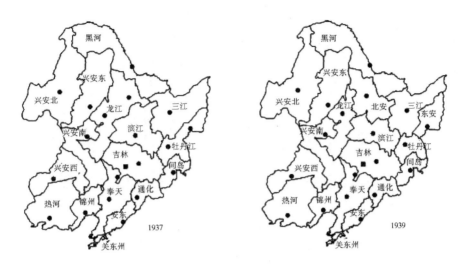

图1-1 1930年代伪满洲国省级政区变迁

小 结

如前所述，县级政区的设立，标志着某地的开发达到一定程度。清代在东北新开发地区设置的不领县的府，及州、厅等，事实上都是县级政区。下面综合各个时间段的县级政区设置情况，来考察东北地区开发的空间进展。

表1-1 清代以来各时间段东北三省县级政区设置数目

时间段	辽宁	吉林	黑龙江西	黑龙江东	全部
1653-1675	8	0	0	0	8
1726-1866	5	5	0	0	10
1875-1889	8	8	0	2	18
1902-1910	22	22	1	13	58
1912-1920	6	2	7	10	25
1921-1931	2	3	4	11	20
1932-1945	7	4	6	2	19
合计	58	44	18	38	158

（资料来源：综合本章叙述而得。）

图 1 - 2　1940 年代伪满洲国省级政区变迁

　　表 1 - 1 中，各省所指的范围系以 1931 年"九一八事变"前省界为准，和今天的东北三省所指有所不同。其中辽宁省包括吉林西北草原（即伪满兴安南省和龙江省南部地区）和东部部分长白山区（即伪满通化省），该省新设立的县级政区主要集中在这两个地区。吉林省和黑龙江省以松花江为界。由于黑龙江省幅员辽阔，为了便于考察，以嫩江为界将其分为两部分，黑龙江西和黑龙江东。综合各县级政区的设置年份划分了七个时间段，其中第一阶段是从顺治十年到康熙十四年，第二阶段是从雍正四年到咸丰五年，属于早期阶段。第三阶段是从光绪元年到光绪十五年，第四阶段是从光绪二十八年到宣统二

年，属于晚清东北开禁后的阶段。第五阶段也就是 1910 年代，第六阶段也就是 1920 年代，正是民国头二十年，属于"闯关东"逐渐达到高潮的阶段。第七阶段也就是伪满洲国时代。据此可得表 1 - 2 如下。

表 1 - 2　各时间段所设县级政区的空间分布（百分比）

时间段	辽宁	吉林	黑龙江西	黑龙江东	全部
1653 - 1675	100.0	0.0	0.0	0.0	100.0
1726 - 1866	50.0	50.0	0.0	0.0	100.0
1875 - 1889	44.4	44.4	0.0	11.1	100.0
1902 - 1910	37.9	37.9	1.7	22.4	100.0
1912 - 1920	24.0	8.0	28.0	40.0	100.0
1921 - 1931	10.0	15.0	20.0	55.0	100.0
1932 - 1945	36.8	21.1	31.6	10.5	100.0
合计	36.7	27.8	11.4	24.1	100.0

（资料来源：根据表 1 -1 计算。）

　　由表 1 - 2 可知，1653 - 1675 年间所设县级政区全部位于辽宁。1726 - 1866 年间所设县级政区一半在辽宁一半在吉林。1875 - 1889 年间所设县级政区主要还是位于辽宁和吉林，黑龙江东部也开始出现一些。1902 - 1910 年间所设县级政区，三省已经相差不多了，但黑龙江西部还是空白。1912 - 1920 年间所设县级政区，三分之二集中在黑龙江，主要在东部。1921 - 1931 年间所设县级政区，四分之三集中在黑龙江，也是主要在东部。1932 - 1945 年间所设县级政区，三省又趋于平均化，在黑龙江内部，西部首次超过了东部。可见早期的县级政区设置主要在辽宁，其次在吉林。从东北开禁到清代结束，所设县级政区主要还是在辽宁和吉林。民国头二十年，正是"闯关东"逐步达到高潮的时代，黑龙江设县数量占了绝对优势。伪满设县不少是改自蒙古盟旗，所以在这一阶段辽宁的比例又有所回升，而黑龙江设县的重点也从东部转到西部。

表1-3　各省县级政区设置时间段分布（百分比）

时间段	辽宁	吉林	黑龙江西	黑龙江东	全部
1653－1675	13.8	0.0	0.0	0.0	5.1
1726－1866	8.6	11.4	0.0	0.0	6.3
1875－1889	13.8	18.2	0.0	5.3	11.4
1902－1910	37.9	50.0	5.6	34.2	36.7
1912－1920	10.3	4.5	38.9	26.3	15.8
1921－1931	3.4	6.8	22.2	28.9	12.7
1932－1945	12.1	9.1	33.3	5.3	12.0
合计	100.0	100.0	100.0	100.0	100.0

（资料来源：根据表1-1计算。）

　　由1-3表可知，东北三省的县级政区，在1902－1910年间设立的最多（36.7%），其次是在1912－1920年间（15.8%）和1921－1931年间（12.7%），再次是在1932－1945年间（12.0%）和1875－1889年间（11.4%）。20世纪以来，每十年间设县数量呈递减的趋势。辽宁和吉林的情况有些相似，设县最多的是1902－1910年间，其次是1875－1889年间，即光绪年间设县最多。黑龙江的情况有所不同，其县级政区大部分是在民国以后设立的，尤其是在西部。这反映了地区开发从南到北、从东到西依次推进的趋势。如图1-3、1-4、1-5所示。

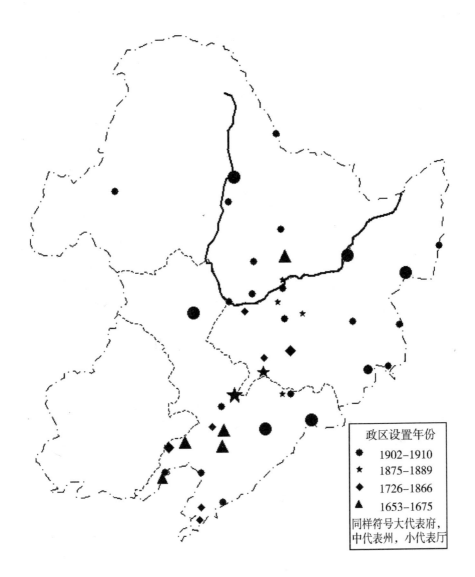

图 1-3　清代东北地区所设府州厅

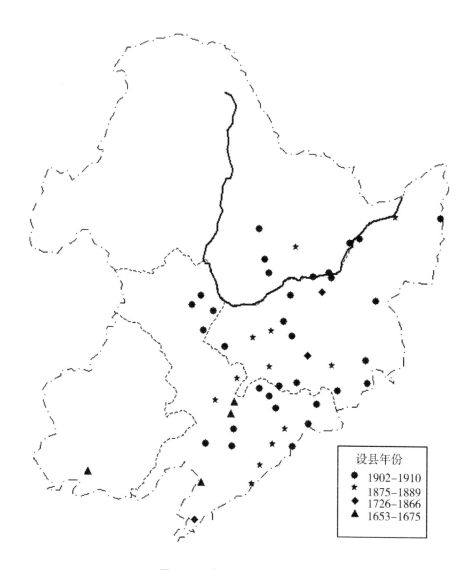

图 1-4　清代东北地区所设县

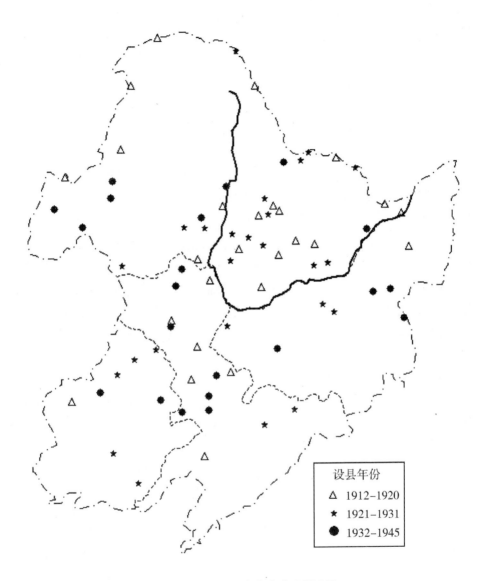

图 1-5　民国时期东北地区所设县

第二章

分地区的人口增长

　　本章依据伪满洲国历次户口登记的信息，来考察各地区分时段的人口增长。为方便计，以 1941 年伪满洲国所分 19 省为准，而将 1941 年以前各县分别划入此 19 省进行比较。由于县级政区的分析省并[①]，各年份的分县数据并不完全能对得上。此外 1933 年及以前的北满特别区、1935 年及以前的满铁附属地尚未并入相应的县级政区，故其人口数据是单独统计的。对于在不同时期有分合的县级政区，将其加起来作为一个整体进行研究[②]。对于析两县甚至三县相邻部分设置的新县，由于难以处理，也只好将此几县视为一个整体来加以考察。

　　伪满洲国从 1932 年开始有了户口登记，但 1932 年数据覆盖不全面（缺兴安四省），质量也较差。本章选择 1933、1935、1938、1940 年四个年份作为代表，这样 1933 – 1935、1935 – 1938、1938 – 1940 正好可以代表 1930 年代早中晚三段时期。

表 2 – 1 1933 – 1940 年关内移民入离满人数

年份	入满人数	离满人数	留满人数
1933	568767	447523	121244
1934	627322	399571	227751
1935	440540	420314	20226
1936	359761	382966	− 23205
1937	322689	259093	63596

---

① 伪满洲国政区变动频繁，具体情形如前一章所述。
② 如 1935 年前满铁附属地之抚顺部分与抚顺县同时存在，后来并入抚顺县，1937 年后抚顺市又从抚顺县析出，为了便于前后比较，本书将这几部分人口加在一起计算，故后文不同时期的抚顺县人口实包含前述几部分人口在内。

年份	入满人数	离满人数	留满人数
1938	492376	252795	239581
1939	985669	391158	594511
1940	1318908	846581	472327
合计	5116032	3400001	1716031

（资料来源：满洲矿工技术员协会《满洲矿工年鉴》，东亚文化图书株式会社1944年日文版，第70页。）

由表2－1可知，1933－1940年间关内移民实际留满人数171.6万，将这部分人口从全满人口增长总数1057.7万中排除掉，由此可计算全满人口1933－1940年间人口增长率为29.5%（年增长率约为37.6‰）。由于出生率和死亡率并无显著的空间差异，各地人口增长率的差异主要是伪满洲国内部人口流动的结果，故可将各地人口增长率作为内部移民的判断标准。由此可以大致判断哪些县份有人口移入，哪些县份有人口移出。

正常情况下的人口增长，某一段时间内新增男女人口数应该是相当接近的，否则就是有外来移民进入，移民影响到新增人口性别比。考虑到1930年代伪满洲国女性人口大多数都是无业或者从事家庭服务业，不太可能单独长距离大规模迁徙，故人口迁徙一般只有两种可能：男性携家迁徙和男性单独迁徙。将某地新增男性人口数减去新增女性人口数，多出来的男性人口，就是单身男性移民①。而如果某地新增男性人口数量明显少于女性，就可以认定发生了男性人口外流。

为了考察某省单身男性移民与人口增长之间的关系，可以在该省内部各县之间用新增男女人口数之差②与总人口增长率作一相关分析，得到的相关系数就可以反映两者之间的密切程度。再将各省的相关系数作一比较，就可以看出单身男性移民对人口增长的贡献在哪些省份较大，在哪些省份较小。

下面就这些方面对各省分别展开考察。

① 这里的单身移民，并不是涉及移民的婚姻状态，而是指其单独迁徙，没有携带家眷。

② 为什么要用实际新增男女人口数来比较，而不用男女人口增长率来比较？因为人口增长率跟原来的基数密切相关，不能反映实际增加人口的情况。例如在某些县，在某一段时间内女性人口增长率高于男性，但实际新增人口还是男性多于女性。原因就在于这些县原来的男女性别比严重失衡，女性人口基数小，女性人口增长率很容易超过男性。

第一节　吉林省、龙江省、北安省、黑河省

一、吉林省

表 2－2　吉林省各县历年人口数

地方别	男				女			
	1933 年	1935 年	1938 年	1940 年	1933 年	1935 年	1938 年	1940 年
新京特别市	121586	197794	226244	299618	77734	113727	152081	193540
吉林市	85832	75000	75531	84102	57418	53754	55582	64703
永吉县	439189	490717	501249	525648	373485	422905	436319	450556
额穆县	61864	78613	83030	102431	41988	47667	57215	76629
敦化县	42359	38368	48179	68184	26114	28305	31246	41401
桦甸县	79038	104276	105376	98955	53272	62835	63327	61850
磐石县	80990	78941	127644	141279	54499	54620	83985	97505
伊通县	191376	184707	186450	195946	164486	181857	163235	172626
双阳县	127823	134944	129153	130016	125447	135687	118356	119931
长春县	246073	240790	226790	230088	222355	223832	214675	219025
怀德县	174115	202079	187718	206694	148970	171574	170249	185138
乾安县	28516	30099	40250	45019	24275	26225	35385	40184
扶余县	200517	213623	219254	220938	179648	193522	206119	202155
农安县	155265	196866	187080	187265	137204	170974	173595	176612
德惠县	129807	144307	142567	140806	121593	136042	138448	137644
榆树县	296297	308818	306180	300530	257462	279131	279308	277931
舒兰县	132805	116899	132472	166930	102645	93213	105634	118104
郭尔罗斯前旗		41211	68877	69537		35225	56299	60727
全省	2593452	2878052	2994044	3213986	2168595	2431095	2541058	2696261

（资料来源：根据伪满洲国国务院统计处《大同二年末现住户口统计》，治安部警务司《康德二年末满洲帝国现住户口统计》、《康德五年末满洲帝国现住户口统计》、《康德七年末满洲帝国现住户口统计》相关统计数字整理而成。）

表 2－2 是吉林省各县历年人口数，其中怀德县 1933、1935 年人口包含满

铁附属地之公主岭和范家屯人口在内。德惠县 1933 年人口包含北满特别区张家湾警察署管内人口在内。永吉县历年人口包含九台县人口在内。郭尔罗斯前旗 1933 年人口数据缺。在伪满洲国的户口统计中，新京特别市是与各省级政区并列的，但由于其地处吉林省包围之中，人口增长与周围各县息息相关，故将其纳入吉林省内来加以考察。新京特别市 1933 年人口包含满铁附属地之新京人口及北满特别区宽城子警察署管内人口在内，1935 年人口包含满铁附属地之新京人口在内。据此可得吉林省各县分时段人口增长率如下。

表 2 - 3　吉林省各县分时段人口增长数及增长率（百分比）

地方别	1933 - 1935		1935 - 1938		1938 - 1940		1933 - 1940	
	增长数	增长率	增长数	增长率	增长数	增长率	增长数	增长率
新京特别市	112201	56.3	66804	21.4	114833	30.4	293838	147.4
吉林市	-14496	-10.1	2359	1.8	17692	13.5	5555	3.9
永吉县	100948	12.4	23946	2.6	38636	4.1	163530	20.1
额穆县	22428	21.6	13965	11.1	38815	27.7	75208	72.4
敦化县	-1800	-2.6	12752	19.1	30160	38.0	41112	60.0
桦甸县	34801	26.3	1592	1.0	-7898	-4.7	28495	21.5
磐石县	-1928	-1.4	78068	58.5	27155	12.8	103295	76.2
伊通县	10702	3.0	-16879	-4.6	18887	5.4	12710	3.6
双阳县	17361	6.9	-23122	-8.5	2438	1.0	-3323	-1.3
长春县	-3806	-0.8	-23157	-5.0	7648	1.7	-19315	-4.1
怀德县	50568	15.7	-15686	-4.2	33865	9.5	68747	21.3
乾安县	3533	6.7	19311	34.3	9568	12.7	32412	61.4
扶余县	26980	7.1	18228	4.5	-2280	-0.5	42928	11.3
农安县	75371	25.8	-7165	-1.9	3202	0.9	71408	24.4
德惠县	28949	11.5	666	0.2	-2565	-0.9	27050	10.8
榆树县	34190	6.2	-2461	-0.4	-7027	-1.2	24702	4.5
舒兰县	-25338	-10.8	27994	13.3	46928	19.7	49584	21.1
全省	547100	11.5	225955	4.3	375145	6.8	1148200	24.1

（资料来源：根据表 2 - 2 计算而得。）

　　由表 2 - 3 可知，1933 - 1940 年间，吉林省人口增长了 24.1%，相对于全满34.0%的增长水平，属于人口流出省份。人口增长率高于平均值的有新京特别市（147.4%）、磐石县（76.2%）、额穆县（72.4%）、乾安县（61.4%）和敦化县（60.0%）。其余县人口增长低于平均值，均处于不同程度的外流状态。其中长春县（－4.1%）和双阳县（－1.3%）出现了负增长，人口外流最为严重。由此可知，吉林省人口流动的空间模式是：人口主要流向西北和东部南部边缘地区，还有就是向新京特别市集中。如图2－1所示。

表2－4　1933－1940年间吉林省各县男女人口增长的比较

地方别	男增长数	男增长率	女增长数	女增长率	男女数差	总增长率
新京特别市	178032	146.4	115806	149.0	62226	147.4
吉林市	－1730	－2.0	7285	12.7	－9015	3.9
永吉县	86459	19.7	77071	20.6	9388	20.1
额穆县	40567	65.6	34641	82.5	5926	72.4
敦化县	25825	61.0	15287	58.5	10538	60.0
桦甸县	19917	25.2	8578	16.1	11339	21.5
磐石县	60289	74.4	43006	78.9	17283	76.2
伊通县	4570	2.4	8140	4.9	－3570	3.6
双阳县	2193	1.7	－5516	－4.4	7709	－1.3
长春县	－15985	－6.5	－3330	－1.5	－12655	－4.1
怀德县	32579	18.7	36168	24.3	－3589	21.3
乾安县	16503	57.9	15909	65.5	594	61.4
扶余县	20421	10.2	22507	12.5	－2086	11.3
农安县	32000	20.6	39408	28.7	－7408	24.4
德惠县	10999	8.5	16051	13.2	－5052	10.8
榆树县	4233	1.4	20469	8.0	－16236	4.5
舒兰县	34125	25.7	15459	15.1	18666	21.1
全省	620534	23.9	527666	24.3	92868	24.1

（资料来源：根据表2－2计算而得。）

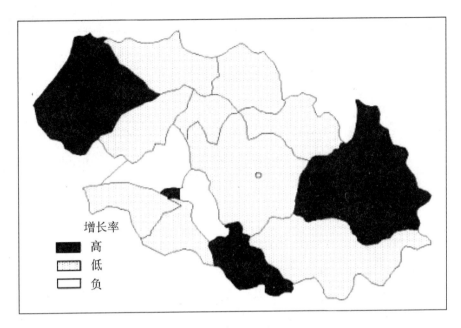

图 2 - 1　1933 - 1940 年吉林省分县人口增长率

由表 2 - 4 可知，男性人口增长数远超过女性的县市，如新京特别市、永吉县、额穆县、敦化县、桦甸县、磐石县、舒兰县，其中只有永吉县（20.1%）、桦甸县（21.5%）、舒兰县（21.1%）人口增长率为中等，其他县份人口增长率都很高。男女人口增长数相当的县市，如乾安县，人口增长率较高（61.4%）。而女性人口增长数超过男性的县份，如伊通县、怀德县、扶余县、农安县、德惠县、榆树县，其中只有农安县（24.4%）和怀德县（21.3%）人口增长率为中等，其他几县人口增长率都很低。将各县市男女人口增长数之差与总人口增长率作一相关分析，得相关系数为 0.82，两者呈强正相关。这说明吉林省的人口增长与单身男性移民流动有密切关系。

二、龙江省

表 2 - 5　龙江省各县历年人口数

地方别	男				女			
	1933 年	1935 年	1938 年	1940 年	1933 年	1935 年	1938 年	1940 年
齐齐哈尔市	46607	59248	57009	70168	29494	37404	40446	48289
景星县	24303	24200	32888	37221	18382	19043	27715	33048
甘南县	22566	32525	40510	52589	19153	25735	32610	43673

续表

地方别	男				女			
	1933 年	1935 年	1938 年	1940 年	1933 年	1935 年	1938 年	1940 年
富裕县	14653	13786	18216	22296	10859	10572	13772	17096
讷河县	77056	87448	115222	132240	59342	64012	88676	104272
林甸县	32009	41208	51690	54869	26150	31795	40579	44736
泰来县	79242	55212	69432	71387	63111	45785	58130	61265
镇东县	23575	28062	33381	35925	20993	24235	28682	31832
大赉县	46115	56999	66084	67458	40066	50750	58714	62707
安广县	34546	46842	54540	57537	29223	40172	48325	51956
洮安县	47803	50755	66530	67952	39868	46955	58852	60789
洮南县	86942	102584	91476	105777	70569	80559	76822	90767
开通县	37746	39892	44607	47199	29059	30564	36954	40822
瞻榆县	24718	19918	24552	31313	19861	15306	19470	24565
醴泉县	44241	41930	47995	56995	34732	34690	40025	47422
龙江县	80247	92695	111434	125148	61482	71647	88430	103373
泰康县	7901	27640	34928	41136	7193	27557	28328	34224
依克明安旗		1356	1971	2468		952	1297	1642
全省	730270	822300	962465	1079678	579537	657733	787827	902478

（资料来源：根据伪满洲国国务院统计处《大同二年末现住户口统计》，治安部警务司《康德二年末满洲帝国现住户口统计》、《康德五年末满洲帝国现住户口统计》、《康德七年末满洲帝国现住户口统计》相关统计数字整理而成。）

表2-5是龙江省各县历年人口数，其中龙江县1933年人口包含北满特别区之昂昂溪警察署管内人口在内。泰康县1935、1938、1940年人口包含杜尔伯特旗人口在内。依克明安旗1933年人口数据缺。据此可得龙江省各县分时段人口增长率如下。

表 2 – 6　龙江省各县分时段人口增长数及增长率（百分比）

地方别	1933 – 1935		1935 – 1938		1938 – 1940		1933 – 1940	
	增长数	增长率	增长数	增长率	增长数	增长率	增长数	增长率
齐齐哈尔市	20551	27.0	803	0.8	21002	21.6	42356	55.7
景星县	558	1.3	17360	40.1	9666	15.9	27584	64.6
甘南县	16541	39.6	14860	25.5	23142	31.6	54543	130.7
富裕县	– 1154	– 4.5	7630	31.3	7404	23.1	13880	54.4
讷河县	15062	11.0	52438	34.6	32614	16.0	100114	73.4
林甸县	14844	25.5	19266	26.4	7336	8.0	41446	71.3
泰来县	– 41356	– 29.1	26565	26.3	5090	4.0	– 9701	– 6.8
镇东县	7729	17.3	9766	18.7	5694	9.2	23189	52.0
大赉县	21568	25.0	17049	15.8	5367	4.3	43984	51.0
安广县	23245	36.5	15851	18.2	6628	6.4	45724	71.7
洮安县	10039	11.5	27672	28.3	3359	2.7	41070	46.8
洮南县	25632	16.3	– 14845	– 8.1	28246	16.8	39033	24.8
开通县	3651	5.5	11105	15.8	6460	7.9	21216	31.8
瞻榆县	– 9355	– 21.0	8798	25.0	11856	26.9	11299	25.3
突泉县	– 2353	– 3.0	11400	14.9	16397	18.6	25444	32.2
龙江县	22613	16.0	35522	21.6	28657	14.3	86792	61.2
泰康县	40103	265.7	8059	14.6	12104	19.1	60266	399.3
全省	170226	13.0	270259	18.3	231864	13.2	672349	51.3

（资料来源：根据表 2 – 5 计算而得。）

由表 2 – 6 可知，1933 – 1940 年间，龙江省人口增长了 51.3%，相对于全满 34.0% 的增长水平，属于人口流入省份。人口增长率高于平均值的有泰康县（399.3%）[1]、甘南县（130.7%）、讷河县（73.4%）、安广县（71.7%）、林甸县（71.3%）、景星县（64.6%）、龙江县（61.2%）、齐齐哈尔市（55.7%）、富裕县（54.4%）、镇东县（52.0%）、大赉县（51.0%）和洮安县（46.8%）。其余县人口增长接近或低于平均水平，处于人口较少流入或人

---

[1]　泰康县 1933 年人口数字可能有问题，因为 1933 – 1935 年间增长率太高，达 265.7%。

口外流状态。其中泰来县（－6.8%）出现了负增长，人口外流最为严重。由此可知，龙江省人口流动的空间模式是：人口主要流向北部，南部流入较少，甚至有流出。如图2－2所示。

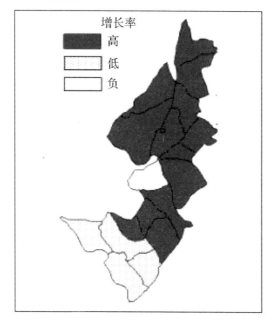

图2－2　1933－1940年龙江省分县人口增长率

表2－7　1933－1940年间龙江省各县男女人口增长的比较

地方别	男增长数	男增长率	女增长数	女增长率	男女数差	总增长率
齐齐哈尔市	23561	50.6	18795	63.7	4766	55.7
景星县	12918	53.2	14666	79.8	－1748	64.6
甘南县	30023	133.0	24520	128.0	5503	130.7
富裕县	7643	52.2	6237	57.4	1406	54.4
讷河县	55184	71.6	44930	75.7	10254	73.4
林甸县	22860	71.4	18586	71.1	4274	71.3
泰来县	－7855	－9.9	－1846	－2.9	－6009	－6.8
镇东县	12350	52.4	10839	51.6	1511	52.0
大赍县	21343	46.3	22641	56.5	－1298	51.0
安广县	22991	66.6	22733	77.8	258	71.7

续表

地方别	男增长数	男增长率	女增长数	女增长率	男女数差	总增长率
洮安县	20149	42.2	20921	52.5	-772	46.8
洮南县	18835	21.7	20198	28.6	-1363	24.8
开通县	9453	25.0	11763	40.5	-2310	31.8
瞻榆县	6595	26.7	4704	23.7	1891	25.3
突泉县	12754	28.8	12690	36.5	64	32.2
龙江县	44901	56.0	41891	68.1	3010	61.2
泰康县	33235	420.6	27031	375.8	6204	399.3
全省	349408	47.8	322941	55.7	26467	51.3

（资料来源：根据表2－5计算而得。）

由表2－7可知，男性人口增长数远超过女性的县市，如齐齐哈尔市、甘南县、富裕县、讷河县、林甸县、镇东县、瞻榆县、龙江县、泰康县，其中只有瞻榆县（25.3%）人口增长率较低，其他县市人口增长率都较高。男女人口增长数相当的县市，如安广县和突泉县，前者人口增长率较高（71.7%），后者人口增长率较低（32.2%）。而女性人口增长数超过男性的县份，如景星县、大赉县、洮安县、洮南县、开通县，其中只有景星县（64.6%）人口增长率较高，其他几县人口增长率中等或较低。排除人口数字明显有问题的县，如泰康县，将其余各县市男女人口增长数之差与总人口增长率作一相关分析，得相关系数为0.67，两者呈较强正相关。这说明龙江省的人口增长与单身男性移民流动有较密切关系。

三、北安省

表2－8　北安省各县历年人口数

地方别	男				女			
	1933年	1935年	1938年	1940年	1933年	1935年	1938年	1940年
北安县	11624	13671	27294	42394	7482	9421	15081	27195
通北县	9584	8346	14319	16657	5715	5522	8143	10364
绥棱县	22996	26119	39853	40879	17250	19938	31840	33463
铁骊县	6380	6811	19020	26472	4659	4020	5695	9863
庆城县	60468	71883	79059	88565	52790	60982	66722	71930

续表

地方别	男				女			
	1933 年	1935 年	1938 年	1940 年	1933 年	1935 年	1938 年	1940 年
绥化县	135918	130634	134974	141741	107573	112793	116586	123643
望奎县	94890	108903	109861	112448	82070	93805	99656	101305
海伦县	122566	171980	185836	204467	99722	142587	157551	164954
明水县	59145	71817	74701	79827	47941	54450	61205	66588
拜泉县	140085	147632	168487	173918	111400	115196	135934	145375
依安县	30033	47283	57323	62307	22706	35487	42598	48029
克山县	94542	96831	126054	126894	64860	66865	92333	98439
克东县	24445	30550	40086	43474	18839	22762	30074	32901
德都县	13529	15495	22084	23600	8447	10251	15694	17361
嫩江县	12594	12741	33691	39316	10030	8601	14049	17442
全省	838799	960696	1132642	1222959	661484	762680	893161	968852

（资料来源：根据伪满洲国国务院统计处《大同二年末现住户口统计》，治安部警务司《康德二年末满洲帝国现住户口统计》、《康德五年末满洲帝国现住户口统计》、《康德七年末满洲帝国现住户口统计》相关统计数字整理而成。）

表2-8是北安省各县历年人口数，据此可得北安省各县分时段人口增长率如下。

表 2-9　北安省各县分时段人口增长数及增长率（百分比）

地方别	1933-1935		1935-1938		1938-1940		1933-1940	
	增长数	增长率	增长数	增长率	增长数	增长率	增长数	增长率
北安县	3986	20.9	19283	83.5	27214	64.2	50483	264.2
通北县	-1431	-9.4	8594	62.0	4559	20.3	11722	76.6
绥棱县	5811	14.4	25636	55.7	2649	3.7	34096	84.7
铁骊县	-208	-1.9	13884	128.2	11620	47.0	25296	229.2
庆城县	19607	17.3	12916	9.7	14714	10.1	47237	41.7
绥化县	-64	0.0	8133	3.3	13824	5.5	21893	9.0
望奎县	25748	14.6	6809	3.4	4236	2.0	36793	20.8

地方别	1933－1935		1935－1938		1938－1940		1933－1940	
	增长数	增长率	增长数	增长率	增长数	增长率	增长数	增长率
海伦县	92279	41.5	28820	9.2	26034	7.6	147133	66.2
明水县	19181	17.9	9639	7.6	10509	7.7	39329	36.7
拜泉县	11343	4.5	41593	15.8	14872	4.9	67808	27.0
依安县	30031	56.9	17151	20.7	10415	10.4	57597	109.2
克山县	4294	2.7	54691	33.4	6946	3.2	65931	41.4
克东县	10028	23.2	16848	31.6	6215	8.9	33091	76.5
德都县	3770	17.2	12032	46.7	3183	8.4	18985	86.4
嫩江县	－1282	－5.7	26398	123.7	9018	18.9	34134	150.9
全省	223093	14.9	302427	17.5	166008	8.2	691528	46.1

（资料来源：根据表2－8计算而得。）

由表2－9可知，1933－1940年间，北安省人口增长了46.1%，相对于全满34.0%的增长水平，属于人口流入省份。人口增长率高于平均值的有北安县（264.2%）、铁骊县（229.2%）、嫩江县（150.9%）、安广县（71.7%）、依安县（109.2%）、德都县（86.4%）、绥棱县（84.7%）、通北县（76.6%）、克东县（76.5%）、海伦县（66.2%）、庆城县（41.7%）和克山县（41.4%）。其余县人口增长接近或低于平均水平，处于人口较少流入或人口外流状态。由此可知，北安省人口流动的空间模式是：人口主要流向北部，南部与滨江省接壤几个县份流入较少，甚至有流出。如图2－3所示。

表2－10　1933－1940年间北安省各县男女人口增长的比较

地方别	男增长数	男增长率	女增长数	女增长率	男女数差	总增长率
北安县	30770	264.7	19713	263.5	11057	264.2
通北县	7073	73.8	4649	81.3	2424	76.6
绥棱县	17883	77.8	16213	94.0	1670	84.7
铁骊县	20092	314.9	5204	111.7	14888	229.2
庆城县	28097	46.5	19140	36.3	8957	41.7
绥化县	5823	4.3	16070	14.9	－10247	9.0
望奎县	17558	18.5	19235	23.4	－1677	20.8

续表

地方别	男增长数	男增长率	女增长数	女增长率	男女数差	总增长率
海伦县	81901	66.8	65232	65.4	16669	66.2
明水县	20682	35.0	18647	38.9	2035	36.7
拜泉县	33833	24.2	33975	30.5	-142	27.0
依安县	32274	107.5	25323	111.5	6951	109.2
克山县	32352	34.2	33579	51.8	-1227	41.4
克东县	19029	77.8	14062	74.6	4967	76.5
德都县	10071	74.4	8914	105.5	1157	86.4
嫩江县	26722	212.2	7412	73.9	19310	150.9
全省	384160	45.8	307368	46.5	76792	46.1

（资料来源：根据表2－8计算而得。）

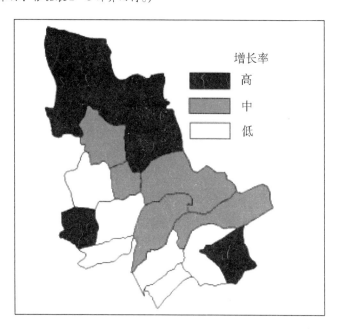

图2－3　1933－1940年北安省分县人口增长率

　　由表2－10可知，男性人口增长数远超过女性的县市，如北安县、通北县、绥棱县、铁骊县、庆城县、海伦县、明水县、依安县、克东县、德都县、嫩江县，其中只有庆城县（41.7％）人口增长率中等，其他县市人口增长率都很高。女性人口增长数超过男性的县份，如绥化县、望奎县、拜泉县、克山县，其中只有克山县（41.4%）人口增长率达到中等，其他几县人口增长率都很低。将各县市男女人口增长数之差与总人口增长率作一相关分析，得相关系数为0.66，两者呈较强正相关。这说明北安省的人口增长与单身男性移民流动有较密切关系。

四、黑河省

表2-11 黑河省各县历年人口数

地方别	男				女			
	1933年	1935年	1938年	1940年	1933年	1935年	1938年	1940年
瑷珲县	11929	33343	31102	43625	9426	20234	16616	22862
漠河县	954	1957	2165	2496	310	1551	493	733
鸥浦县	567	2227	1046	2500	262	1822	425	1046
呼玛县	1334	2595	3227	8683	378	1633	1417	2179
奇克县	3582	5765	4309	3758	1972	3466	2179	2081
逊河县	1904	4486	2855	3723	1044	3043	1696	2226
乌云县	2219	3394	2643	2948	1280	2132	1562	1463
佛山县	951	1278	1011	5414	390	889	496	804
全省	23440	55045	48358	73147	15062	34770	24884	33394

（资料来源：根据伪满洲国国务院统计处《大同二年末现住户口统计》，治安部警务司《康德二年末满洲帝国现住户口统计》、《康德五年末满洲帝国现住户口统计》、《康德七年末满洲帝国现住户口统计》相关统计数字整理而成。）

表2-11是黑河省各县历年人口数，其中瑷珲县历年人口包含孙吴县人口在内。据此可得黑河省各县分时段人口增长率如下。

表2-12 黑河省各县分时段人口增长数及增长率（百分比）

地方别	1933-1935		1935-1938		1938-1940		1933-1940	
	增长数	增长率	增长数	增长率	增长数	增长率	增长数	增长率
瑷珲县	32222	150.9	-5859	-10.9	18769	39.3	45132	211.3
漠河县	2244	177.5	-850	-24.2	571	21.5	1965	155.5
鸥浦县	3220	388.4	-2578	-63.7	2075	141.1	2717	327.7

地方别	1933－1935		1935－1938		1938－1940		1933－1940	
	增长数	增长率	增长数	增长率	增长数	增长率	增长数	增长率
呼玛县	2516	147.0	416	9.8	6218	133.9	9150	534.5
奇克县	3677	66.2	－2743	－29.7	－649	－10.0	285	5.1
逊河县	4581	155.4	－2978	－39.6	1398	30.7	3001	101.8
乌云县	2027	57.9	－1321	－23.9	206	4.9	912	26.1
佛山县	826	61.6	－660	－30.5	4711	312.6	4877	363.7
全省	51313	133.3	－16573	－18.5	33299	45.5	68039	176.7

（资料来源：根据表 2－11 计算而得。）

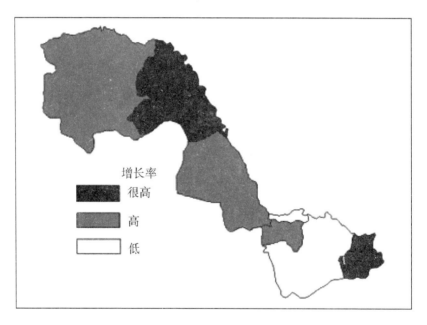

图 2－4　1933－1940 年黑河省分县人口增长率

由表 2－12 可知，1933－1940 年间，黑河省人口增长了 176.7%，是人口增长率最高的省份，相对于全满 34.0% 的增长水平，属于人口流入省份。人口增长率高于平均值的有呼玛县（534.5%）、佛山县（363.7%）、鸥浦县（327.7%）、瑷珲县（211.3%）、漠河县（155.5%）和逊河县（101.8%）。只有乌云县（26.1%）和奇克县（5.1%）人口增长低于平均水平，处于人口较少流入或人口外流状态。奇克县人口很有可能流向相邻的逊河等县。由此可知，黑河省人口流动的空间模式是：大多数县份都是人口流入区，人口增长最显著的是西北和东南两端。如图2-4所示。

表2-13　1933-1940年间黑河省各县男女人口增长的比较

地方别	男增长数	男增长率	女增长数	女增长率	男女数差	总增长率
瑷珲县	31696	265.7	13436	142.5	18260	211.3
漠河县	1542	161.6	423	136.5	1119	155.5
鸥浦县	1933	340.9	784	299.2	1149	327.7
呼玛县	7349	550.9	1801	476.5	5548	534.5
奇克县	176	4.9	109	5.5	67	5.1
逊河县	1819	95.5	1182	113.2	637	101.8
乌云县	729	32.9	183	14.3	546	26.1
佛山县	4463	469.3	414	106.2	4049	363.7
全省	49707	212.1	18332	121.7	31375	176.7

（资料来源：根据表2-11计算而得。）

由表2-13可知，黑河省各县男性人口增长数均远超过女性，且大多数县份人口增长率都很高，其中只有奇克县（5.1%）和乌云县（26.1%）人口增长率较低。将各县男女人口增长数之差与总人口增长率作一相关分析，得相关系数为0.28，两者相关性并不是很强。但这主要是瑷珲县和其余几县人口规模过于悬殊造成的，如果排除了瑷珲县，再将其余几县男女人口增长数之差与总人口增长率作一相关分析，得相关系数为0.91，呈强正相关。这说明黑河省的人口增长与单身男性移民流动有密切关系。

第二节　三江省、东安省、牡丹江省、滨江省

一、三江省

表2-14是三江省各县历年人口数，其中桦川县1938、1940年人口含佳木斯市人口在内。通河县1933、1935、1938年人口含凤山县人口在内。由于鹤立县系1939年6月1日析汤原、萝北两县部分区域置，故将三县合在一起计算。据此可得三江省各县分时段人口增长率如下。

表 2－14　三江省各县历年人口数

地方别	男				女			
	1933 年	1935 年	1938 年	1940 年	1933 年	1935 年	1938 年	1940 年
桦川县	68183	155554	128533	169747	53061	87454	91629	120123
富锦县	92230	177357	131996	122871	70489	98852	93474	96302
依兰县	88930	183353	165095	128517	68852	102449	126019	102472
方正县	36612	73970	43503	42914	27700	41721	33202	34109
绥滨县	7817	22488	20962	28288	7073	12540	16797	20295
同江县	18854	34784	24869	26176	14669	19990	19421	19443
抚远县	4427	8286	4542	5637	2420	5526	2111	2601
通河县	27952	55944	32276	38889	21087	31634	24651	29786
汤原萝北鹤立	39239	94068	71822	134003	27848	54592	48117	61909
全省	384244	805804	623598	697042	293199	454758	455421	487040

（资料来源：根据伪满洲国国务院统计处《大同二年末现住户口统计》，治安部警务司《康德二年末满洲帝国现住户口统计》、《康德五年末满洲帝国现住户口统计》、《康德七年末满洲帝国现住户口统计》相关统计数字整理而成。）

表 2－15　三江省各县分时段人口增长数及增长率（百分比）

地方别	1933－1935		1935－1938		1938－1940		1933－1940	
	增长数	增长率	增长数	增长率	增长数	增长率	增长数	增长率
桦川县	121764	100.4	－22846	－9.4	69708	31.7	168626	139.1
富锦县	113490	69.7	－50739	－18.4	－6297	－2.8	56454	34.7
依兰县	128020	81.1	5312	1.9	－60125	－20.7	73207	46.4
方正县	51379	79.9	－38986	－33.7	318	0.4	12711	19.8
绥滨县	20138	135.2	2731	7.8	10824	28.7	33693	226.3
同江县	21251	63.4	－10484	－19.1	1329	3.0	12096	36.1
抚远县	6965	101.7	－7159	－51.8	1585	23.8	1391	20.3
通河县	38539	78.6	－30651	－35.0	11748	20.6	19636	40.0
汤原萝北鹤立	81573	121.6	－28721	－19.3	75973	63.3	128825	192.0
全省	583119	88.2	－181543	－13.6	105063	8.4	506639	76.3

（资料来源：根据表 2－14 计算而得。）

由表 2 – 15 可知，1933 – 1940 年间，三江省人口增长了 76.3%，相对于全满 34.0% 的增长水平，属于人口流入省份。人口增长率高于平均值的有绥滨县（226.3%）、汤原萝北鹤立（192.0%）、桦川县（139.1%）、依兰县（46.4%）、通河县（40.0%）。其余县人口增长接近或低于平均水平，处于人口较少流入或人口外流状态。由此可知，三江省人口流动的空间模式是：人口主要流向中部，即佳木斯市周边的几个县。这反映了人口向中心城市和林业基地的集中。如图 2 – 5 所示。

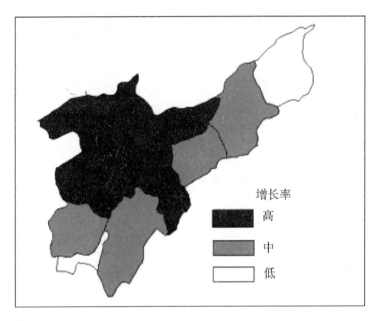

图 2 – 5　1933 – 1940 年三江省分县人口增长率

表 2 – 16　1933 – 1940 年间三江省各县男女人口增长的比较

地方别	男增长数	男增长率	女增长数	女增长率	男女数差	总增长率
桦川县	101564	149.0	67062	126.4	34502	139.1
富锦县	30641	33.2	25813	36.6	4828	34.7
依兰县	39587	44.5	33620	48.8	5967	46.4
方正县	6302	17.2	6409	23.1	– 107	19.8
绥滨县	20471	261.9	13222	186.9	7249	226.3
同江县	7322	38.8	4774	32.5	2548	36.1
抚远县	1210	27.3	181	7.5	1029	20.3

续表

地方别	男增长数	男增长率	女增长数	女增长率	男女数差	总增长率
通河县	10937	39.1	8699	41.3	2238	40.0
汤原萝北鹤立	94764	241.5	34061	122.3	60703	192.0
全省	312798	81.4	193841	66.1	118957	76.3

（资料来源：根据表 2-14 计算而得。）

由表 2-16 可知，三江省大多数县份男性人口增长数均远超过女性，其中绥滨县（226.3%）、汤原萝北鹤立（192.0%）、桦川县（139.1%）人口增长率很高，其他县份人口增长率中等或较低。女性人口增长数超过男性的只有方正县，人口增长率较低（19.8%）。将各县男女人口增长数之差与总人口增长率作一相关分析，得相关系数为 0.66，两者呈较强正相关。这说明三江省的人口增长与单身男性移民流动有较密切关系。

二、东安省

表 2-17　东安省各县历年人口数

地方别	男				女			
	1933 年	1935 年	1938 年	1940 年	1933 年	1935 年	1938 年	1940 年
宝清县	28646	52212	33464	35075	22865	29214	26332	26552
饶河县	29302	30634	11718	9380	7156	24053	5335	4705
虎林县	23235	18647	17076	23563	11298	11258	12010	13990
勃利密山林口	117913	171435	192989	260441	89575	118344	140176	169736
全省	199096	272928	255247	328459	130894	182869	183853	214983

（资料来源：根据伪满洲国国务院统计处《大同二年末现住户口统计》，治安部警务司《康德二年末满洲帝国现住户口统计》、《康德五年末满洲帝国现住户口统计》、《康德七年末满洲帝国现住户口统计》相关统计数字整理而成。）

表 2-17 是东安省各县历年人口数，由于林口县系 1939 年 6 月 1 日析勃利、密山县部分区域置，故将三县合在一起计算。据此可得东安省各县分时段人口增长率如下。

表 2 – 18　东安省各县分时段人口增长数及增长率（百分比）

地方别	1933 – 1935		1935 – 1938		1938 – 1940		1933 – 1940	
	增长数	增长率	增长数	增长率	增长数	增长率	增长数	增长率
宝清县	29915	58.1	− 21630	− 26.6	1831	3.1	10116	19.6
饶河县	18229	50.0	− 37634	− 68.8	− 2968	− 17.4	− 22373	− 61.4
虎林县	− 4628	− 13.4	− 819	− 2.7	8467	29.1	3020	8.7
勃利密山林口	82291	39.7	43386	15.0	97012	29.1	222689	107.3
全省	125807	38.1	− 16697	− 3.7	104342	23.8	213452	64.7

（资料来源：根据表 2 – 17 计算而得。）

由 2 – 18 表可知，1933 – 1940 年间，东安省人口增长了 64.7%，相对于全满 34.0% 的增长水平，属于人口流入省份。人口增长率高于平均值的只有勃利密山林口（107.3%），其余县人口增长低于平均水平，处于人口较少流入或人口外流状态。其中饶河县（ − 61.4%）出现了负增长，人口外流最为严重。由此可知，东安省人口流动的空间模式是：人口主要流向南部，北部流入较少，甚至有流出。鸡西煤矿在南部，这反映了人口向矿业中心的集中。如图 2 – 6 所示。

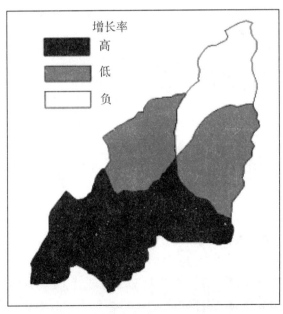

图 2 – 6　1933 – 1940 年东安省分县人口增长率

表 2 - 19　1933 - 1940 年间东安省各县男女人口增长的比较

地方别	男增长数	男增长率	女增长数	女增长率	男女数差	总增长率
宝清县	6429	22.4	3687	16.1	2742	19.6
饶河县	-19922	-68.0	-2451	-34.3	-17471	-61.4
虎林县	328	1.4	2692	23.8	-2364	8.7
勃利密山林口	142528	120.9	80161	89.5	62367	107.3
全省	129363	65.0	84089	64.2	45274	64.7

（资料来源：根据表 2 - 17 计算而得。）

　　由表 2 - 19 可知，男性人口增长数远超过女性的县市，如宝清县、勃利密山林口，前者人口增长率较低，而后者很高。女性人口增长数超过男性的县份，如虎林县，人口增长率很低（8.7%）。将各县男女人口增长数之差与总人口增长率作一相关分析，得相关系数为 0.95，两者呈强正相关。这说明东安省的人口增长与单身男性移民流动有密切关系。

三、牡丹江省

表 2 - 20　牡丹江省各县历年人口数

地方别	男				女			
	1933 年	1935 年	1938 年	1940 年	1933 年	1935 年	1938 年	1940 年
宁安县	100496	138281	182559	277105	73665	98559	128246	182261
穆棱县	39272	38346	42135	46871	23235	25057	26858	32798
东宁绥阳	33399	34183	32580	34591	18089	19508	19643	20744
全省	173167	210810	257274	358567	114989	143124	174747	235803

（资料来源：根据伪满洲国国务院统计处《大同二年末现住户口统计》，治安部警务司《康德二年末满洲帝国现住户口统计》、《康德五年末满洲帝国现住户口统计》、《康德七年末满洲帝国现住户口统计》相关统计数字整理而成。）

　　表 2 - 20 是牡丹江省各县历年人口数，其中宁安县 1933 年人口含北满特别区之横道河子警察署管内人口在内。穆棱县 1933 年人口含北满特别区之穆棱警察署管内人口在内。宁安县 1938、1940 年人口含牡丹江市人口在内。由于绥阳县系 1939 年 6 月 1 日析东宁县部分区域置，故将两县合在一起计算。东宁绥阳 1933 年人口含北满特别区之绥芬河警察署管内人口在内。据此可得牡丹江省各县分时段人口增长率如下。

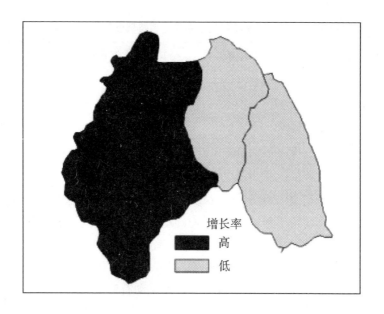

图 2 - 7　1933 - 1940 年牡丹江省分县人口增长率

表 2 - 21　牡丹江省各县分时段人口增长数及增长率（百分比）

地方别	1933 - 1935		1935 - 1938		1938 - 1940		1933 - 1940	
	增长数	增长率	增长数	增长率	增长数	增长率	增长数	增长率
宁安县	62679	36.0	73965	31.2	148561	47.8	285205	163.8
穆棱县	896	1.4	5590	8.8	10676	15.5	17162	27.5
东宁绥阳	2203	4.3	-1468	-2.7	3112	6.0	3847	7.5
全省	65778	22.8	78087	22.1	162349	37.6	306214	106.3

（资料来源：根据表 2 - 20 计算而得。）

　　由表 2 - 21 可知，1933 - 1940 年间，牡丹江省人口增长了 106.3%，相对于全满 34.0% 的增长水平，属于人口流入省份。人口增长率高于平均值的只有宁安县（163.8%），其余县人口增长低于平均水平，处于人口较少流入或人口外流状态。由此可知，牡丹江省人口流动的空间模式是：人口主要流向西部，即牡丹江市及外围的宁安县。这反映了人口向中心城市的集中。如图 2 - 7 所示。

表 2 - 22　1933 - 1940 年间牡丹江省各县男女人口增长的比较

地方别	男增长数	男增长率	女增长数	女增长率	男女数差	总增长率
宁安县	176609	175.7	108596	147.4	68013	163.8
穆棱县	7599	19.3	9563	41.2	-1964	27.5
东宁绥阳	1192	3.6	2655	14.7	-1463	7.5
全省	185400	107.1	120814	105.1	64586	106.3

（资料来源：根据表 2 - 20 计算而得。）

由表 2 - 22 可知，男性人口增长数远超过女性的县份，如宁安县（163.8%），人口增长率很高。女性人口增长数超过男性的县份，如穆棱县（27.5%）、东宁绥阳（7.5%），人口增长率都很低。将各县男女人口增长数之差与总人口增长率作一相关分析，得相关系数为 0.99，两者呈强正相关。这说明牡丹江省的人口增长与单身男性移民流动有密切关系。

四、滨江省

表 2 - 23　滨江省各县历年人口数

地方别	男				女			
	1933 年	1935 年	1938 年	1940 年	1933 年	1935 年	1938 年	1940 年
哈尔滨市	255701	291408	287050	382260	157685	166971	174756	238294
呼兰县	135449	145648	154326	160813	118482	126583	133885	143782
宾县	158195	147132	151626	155291	133936	125529	127226	134115
阿城县	97399	105078	123009	133995	79638	87750	107229	115279
五常县	122323	112231	110021	122637	91748	89520	87365	95881
双城县	263556	263755	275962	269826	227292	227976	243711	244833
肇州县	146556	106646	124760	121716	124267	90852	111079	111053
兰西县	81787	81487	95994	98718	70981	71451	83852	87731
青冈县	80585	92818	104089	105201	66309	78860	87305	92445
东兴县	12132	16485	19725	21917	8838	11924	14328	15470
巴彦县	149385	141335	153760	160148	124612	125933	135766	142871
木兰县	35196	49561	44670	51685	30218	39863	35041	35797
延寿县	81452	80869	69556	87535	57223	56739	49245	63139

地方别	男				女			
	1933 年	1935 年	1938 年	1940 年	1933 年	1935 年	1938 年	1940 年
苇河县	6847	17742	20906	31125	3227	8431	13082	19959
肇东县	100521	94152	102116	103894	79596	76348	86204	92471
安达县	49818	49030	56262	61741	39801	38760	45921	51030
珠河县	58835	46810	49949	76423	31025	26469	32398	43949
郭尔罗斯后旗		87342	108104	110392		77614	97623	99894
全省	1835737	1929529	2051885	2255317	1444878	1527573	1666016	1827993

（资料来源：根据伪满洲国国务院统计处《大同二年末现住户口统计》，治安部警务司《康德二年末满洲帝国现住户口统计》、《康德五年末满洲帝国现住户口统计》、《康德七年末满洲帝国现住户口统计》相关统计数字整理而成。）

表 2 - 23 是滨江省各县历年人口数，其中肇东县 1933 年人口含北满特别区之满沟警察署管内人口在内。安达县 1933 年人口含北满特别区之安达警察署管内人口在内。珠河县 1933 年人口含北满特别区之一面坡警察厅管内人口在内。据此可得滨江省各县分时段人口增长率如下。

表 2 - 24　滨江省各县分时段人口增长数及增长率（百分比）

地方别	1933 - 1935		1935 - 1938		1938 - 1940		1933 - 1940	
	增长数	增长率	增长数	增长率	增长数	增长率	增长数	增长率
哈尔滨特别市	44993	10.9	3427	0.7	158748	34.4	207168	50.1
呼兰县	18300	7.2	15980	5.9	16384	5.7	50664	20.0
宾县	- 19470	- 6.7	6191	2.3	10554	3.8	- 2725	- 0.9
阿城县	15791	8.9	37410	19.4	19036	8.3	72237	40.8
五常县	- 12320	- 5.8	- 4365	- 2.2	21132	10.7	4447	2.1
双城县	883	0.2	27942	5.7	- 5014	- 1.0	23811	4.9
肇州县	- 73325	- 27.1	38341	19.4	- 3070	- 1.3	- 38054	- 14.1
兰西县	170	0.1	26908	17.6	6603	3.7	33681	22.0
青冈县	24784	16.9	19716	11.5	6252	3.3	50752	34.6
东兴县	7439	35.5	5644	19.8	3334	9.8	16417	78.3
巴彦县	- 6729	- 2.5	22258	8.3	13493	4.7	29022	10.6

续表

地方别	1933-1935		1935-1938		1938-1940		1933-1940	
	增长数	增长率	增长数	增长率	增长数	增长率	增长数	增长率
木兰县	24010	36.7	-9713	-10.9	7771	9.7	22068	33.7
延寿县	-1067	-0.8	-18807	-13.7	31873	26.8	11999	8.7
苇河县	16099	159.8	7815	29.9	17096	50.3	41010	407.1
肇东县	-9617	-5.3	17820	10.5	8045	4.3	16248	9.0
安达县	-1829	-2.0	14393	16.4	10588	10.4	23152	25.8
珠河县	-16581	-18.5	9068	12.4	38025	46.2	30512	34.0
全省	176487	5.4	260799	7.5	365409	9.8	802695	24.5

（资料来源：根据表2-23计算而得。）

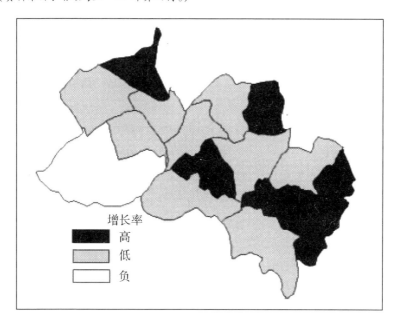

图2-8　1933-1940年滨江省分县人口增长率

由表2-24可知，1933-1940年间，省人口增长了24.5%，相对于全满34.0%的增长水平，属于人口流出省份。人口增长率高于平均值的有苇河县（407.1%）[1]、东兴县（78.3%）、哈尔滨市（50.1%）、阿城县（40.8%），

---

[1]　苇河县1933年人口数字可能有问题，因为1933-1935年间增长率太高，达159.8%。

人口增长率接近平均值的有青冈县（34.6%）、珠河县（34.0%）、木兰县
（33.7%），其余县人口增长低于平均水平，处于人口外流状态。其中肇州县
（－14.1%）和宾县（－0.9%）出现了负增长，人口外流最为严重。由此可
知，滨江省人口流动的空间模式是：人口主要流向北部和东部毗邻其他人口高
增长省份（北安省、牡丹江省）的个别县，此外就是流向哈尔滨市。这也反
映了人口向中心城市的集中。如图2－8所示。

表2－25　1933－1940年间滨江省各县男女人口增长的比较

地方别	男增长数	男增长率	女增长数	女增长率	男女数差	总增长率
哈尔滨市	126559	49.5	80609	51.1	45950	50.1
呼兰县	25364	18.7	25300	21.4	64	20.0
宾县	－2904	－1.8	179	0.1	－3083	－0.9
阿城县	36596	37.6	35641	44.8	955	40.8
五常县	314	0.3	4133	4.5	－3819	2.1
双城县	6270	2.4	17541	7.7	－11271	4.9
肇州县	－24840	－16.9	－13214	－10.6	－11626	－14.1
兰西县	16931	20.7	16750	23.6	181	22.0
青冈县	24616	30.5	26136	39.4	－1520	34.6
东兴县	9785	80.7	6632	75.0	3153	78.3
巴彦县	10763	7.2	18259	14.7	－7496	10.6
木兰县	16489	46.8	5579	18.5	10910	33.7
延寿县	6083	7.5	5916	10.3	167	8.7
苇河县	24278	354.6	16732	518.5	7546	407.1
肇东县	3373	3.4	12875	16.2	－9502	9.0
安达县	11923	23.9	11229	28.2	694	25.8
珠河县	17588	29.9	12924	41.7	4664	34.0
全省	419580	22.9	383115	26.5	36465	24.5

（资料来源：根据表2－23计算而得。）

由表2－25可知，男性人口增长数远超过女性的县市，如哈尔滨市、东兴
县、木兰县、苇河县、珠河县，其中只有木兰县（33.7%）和珠河县
（34.0%）人口增长率为中等，其他县市人口增长率都很高。男女人口增长数

相当的县市，如呼兰县、阿城县、兰西县、安达县，其中只有阿城县（40.8%）人口增长率为中等，其他几县人口增长率都较低。女性人口增长数超过男性的县份，如五常县、双城县、青冈县、巴彦县、肇东县，其中只有青冈县（34.6%）人口增长率为中等，其他几县人口增长率都很低。排除人口数字明显有问题的县，如苇河县，将其余各县市男女人口增长数之差与总人口增长率作一相关分析，得相关系数为 0.57，两者呈较强正相关。这说明滨江省的人口增长与单身男性移民流动有较密切关系。

第三节　间岛省、通化省、安东省、四平省

一、间岛省

表 2－26　间岛省各县历年人口数

地方别	男				女			
	1933 年	1935 年	1938 年	1940 年	1933 年	1935 年	1938 年	1940 年
延吉县	137663	180638	174157	197624	118468	153444	154868	172045
汪清县	28913	31096	71756	80063	23068	25635	52262	61722
珲春县	31845	49773	54193	57683	28103	42043	44772	47172
和龙县	54766	60369	65076	71818	49941	56022	58843	62893
安图县	9060	10336	17736	19745	6145	6128	10999	13304
全省	262247	332212	382918	426933	225725	283272	321744	357136

（资料来源：根据伪满洲国国务院统计处《大同二年末现住户口统计》，治安部警务司《康德二年末满洲帝国现住户口统计》、《康德五年末满洲帝国现住户口统计》、《康德七年末满洲帝国现住户口统计》相关统计数字整理而成。）

表 2－26 是间岛省各县历年人口数，其中延吉县 1938 年人口含延吉警察厅人口在内。据此可得间岛省各县分时段人口增长率如下。

表 2－27　间岛省各县分时段人口增长数及增长率（百分比）

地方别	1933－1935		1935－1938		1938－1940		1933－1940	
	增长数	增长率	增长数	增长率	增长数	增长率	增长数	增长率
延吉县	77951	30.4	－5057	－1.5	40644	12.4	113538	44.3
汪清县	4750	9.1	67287	118.6	17767	14.3	89804	172.8

续表

地方别	1933－1935		1935－1938		1938－1940		1933－1940	
	增长数	增长率	增长数	增长率	增长数	增长率	增长数	增长率
珲春县	31868	53.2	7149	7.8	5890	6.0	44907	74.9
和龙县	11684	11.2	7528	6.5	10792	8.7	30004	28.7
安图县	1259	8.3	12271	74.5	4314	15.0	17844	117.4
全省	127512	26.1	89178	14.5	79407	11.3	296097	60.7

（资料来源：根据表2－26计算而得。）

由表2－27可知，1933－1940年间，间岛省人口增长了60.7%，相对于全满34.0%的增长水平，属于人口流入省份。人口增长率高于平均值的有汪清县（172.8%）、安图县（117.4%）、珲春县（74.9%）、延吉县（44.3%）。只有和龙县人口增长接近平均水平，处于人口较少流入或人口外流状态。由此可知，间岛省人口流动的空间模式是：大多数县份都是人口流入区，人口增长最显著的是西部毗邻吉林省的两个县。如图2－9所示。

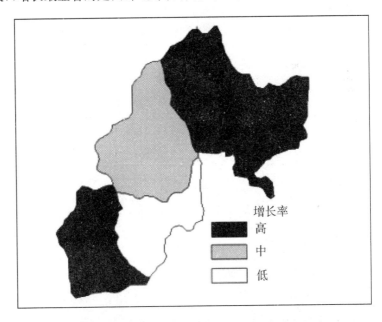

图2－9 1933－1940年间岛省分县人口增长率

表 2 - 28   1933 - 1940 年间间岛省各县男女人口增长的比较

地方别	男增长数	男增长率	女增长数	女增长率	男女数差	总增长率
延吉县	59961	43.6	53577	45.2	6384	44.3
汪清县	51150	176.9	38654	167.6	12496	172.8
珲春县	25838	81.1	19069	67.9	6769	74.9
和龙县	17052	31.1	12952	25.9	4100	28.7
安图县	10685	117.9	7159	116.5	3526	117.4
全省	164686	62.8	131411	58.2	33275	60.7

（资料来源：根据表 2 - 26 计算而得。）

由表 2 - 28 可知，间岛省各县男性人口增长数均远超过女性，且大多数县份人口增长率都很高，其中只有延吉县（44.3%）与和龙县（28.7%）人口增长率为中等或较低。将各县男女人口增长数之差与总人口增长率作一相关分析，得相关系数为 0.68，两者呈较强正相关。这说明省的人口增长与单身男性移民流动有较密切关系。

二、通化省

表 2 - 29   通化省各县历年人口数

地方别	男				女			
	1933 年	1935 年	1938 年	1940 年	1933 年	1935 年	1938 年	1940 年
通化县	122099	106157	104715	133512	94980	78239	73774	93133
柳河县	82456	89718	96132	101789	59648	57811	64262	72042
金川县	24110	23070	29268	28406	15690	13948	17451	19131
辉南县	59836	48652	56026	55534	43415	30960	34882	38216
濛江县	18762	15783	14250	12192	10874	9053	8772	8122
抚松县	39207	40241	33026	33414	22470	24482	18671	19632
长白县	19537	24123	27036	24011	13539	15341	18926	16913
临江县	65990	68899	68237	77053	41988	43959	42167	45696
辑安县	82326	81848	72261	67954	65758	62676	57246	54912
全省	514323	498491	500951	533865	368362	336469	336151	367797

（资料来源：根据伪满洲国国务院统计处《大同二年末现住户口统计》，治安部警务司《康德二年末满洲帝国现住户口统计》、《康德五年末满洲帝国现住户口统计》、《康德七

年末满洲帝国现住户口统计》相关统计数字整理而成。）

表2－29是通化省各县历年人口数，据此可得通化省各县分时段人口增长率如下。

表2－30　通化省各县分时段人口增长数及增长率（百分比）

地方别	1933－1935		1935－1938		1938－1940		1933－1940	
	增长数	增长率	增长数	增长率	增长数	增长率	增长数	增长率
通化县	－32683	－15.1	－5907	－3.2	48156	27.0	9566	4.4
柳河县	5425	3.8	12865	8.7	13437	8.4	31727	22.3
金川县	－2782	－7.0	9701	26.2	818	1.8	7737	19.4
辉南县	－23639	－22.9	11296	14.2	2842	3.1	－9501	－9.2
濛江县	－4800	－16.2	－1814	－7.3	－2708	－11.8	－9322	－31.5
抚松县	3046	4.9	－13026	－20.1	1349	2.6	－8631	－14.0
长白县	6388	19.3	6498	16.5	－5038	－11.0	7848	23.7
临江县	4880	4.5	－2454	－2.2	12345	11.2	14771	13.7
辑安县	－3560	－2.4	－15017	－10.4	－6641	－5.1	－25218	－17.0
全省	－47725	－5.4	2142	0.3	64560	7.7	18977	2.1

（资料来源：根据表2－29计算而得。）

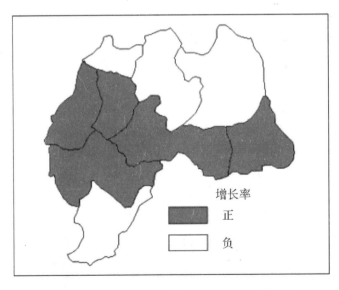

图2－10　1933－1940年通化省分县人口增长率

由表2-30可知，1933-1940年间，通化省人口增长了2.1%，是人口增长率最低的省份，相对于全满34.0%的增长水平，是人口流出最严重的省份。各县人口增长率均低于平均值，其中长白县（23.7%）、柳河县（22.3%）、金川县（19.4%）、临江县（13.7%）最高，而濛江县（-31.5%）、辑安县（-17.0%）、抚松县（-14.0%）、辉南县（-9.2%）出现了负增长，人口外流最为严重。由此可知，通化省人口流动的空间模式是：大多数县份都是人口流出区，其中中部轴线上的四个县人口增长率较高，人口外流不太显著，在此轴线两侧的县份，人口外流最为严重。如图2-10所示。

表2-31　1933-1940年间通化省各县男女人口增长的比较

地方别	男增长数	男增长率	女增长数	女增长率	男女数差	总增长率
通化县	11413	9.3	-1847	-1.9	13260	4.4
柳河县	19333	23.4	12394	20.8	6939	22.3
金川县	4296	17.8	3441	21.9	855	19.4
辉南县	-4302	-7.2	-5199	-12.0	897	-9.2
濛江县	-6570	-35.0	-2752	-25.3	-3818	-31.5
抚松县	-5793	-14.8	-2838	-12.6	-2955	-14.0
长白县	4474	22.9	3374	24.9	1100	23.7
临江县	11063	16.8	3708	8.8	7355	13.7
辑安县	-14372	-17.5	-10846	-16.5	-3526	-17.0
全省	19542	3.8	-565	-0.2	20107	2.1

（资料来源：根据表2-29计算而得。）

　　由表2-31可知，男性人口增长数远超过女性的县市，如柳河县、金川县、长白县、临江县，其人口增长率在通化省内都是最高的。其余县份都出现了程度不等的男女人口负增长。将各县男女人口增长数之差与总人口增长率作一相关分析，得相关系数为0.58，两者呈较强正相关。这说明通化省的人口增长与单身男性移民流动有密切关系。

三、安东省

表 2 – 32　安东省各县历年人口数

地方别	男				女			
	1933 年	1935 年	1938 年	1940 年	1933 年	1935 年	1938 年	1940 年
安东县	225864	230216	312801	334409	161356	171565	254060	274464
庄河县	268757	309725	320640	319682	235167	264103	293551	298657
岫岩县	135252	148803	143914	139559	121199	129112	129388	132130
凤城县	258128	282776	202607	197129	211247	247054	178702	176137
宽甸县	178730	179696	151755	140609	143436	149190	129752	117910
桓仁县	114474	120339	65657	70647	93503	98199	54923	58432
全省	1181205	1271555	1197374	1202035	965908	1059223	1040376	1057730

（资料来源：根据伪满洲国国务院统计处《大同二年末现住户口统计》，治安部警务司《康德二年末满洲帝国现住户口统计》、《康德五年末满洲帝国现住户口统计》、《康德七年末满洲帝国现住户口统计》相关统计数字整理而成。）

表 2 – 32 是安东省各县历年人口数，其中安东县 1933、1935 年人口含满铁附属地之安东人口在内，1938、1940 年人口含安东市人口在内。凤城县 1933、1935 年人口含满铁附属地之凤凰城人口在内。据此可得安东省各县分时段人口增长率如下。

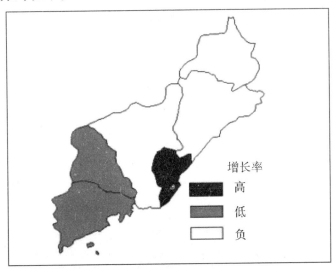

图 2 – 11　1933 – 1940 年安东省分县人口增长率

表 2 – 33　安东省各县分时段人口增长数及增长率（百分比）

地方别	1933 – 1935		1935 – 1938		1938 – 1940		1933 – 1940	
	增长数	增长率	增长数	增长率	增长数	增长率	增长数	增长率
安东县	14561	3.8	165080	41.1	42012	7.4	221653	57.2
庄河县	69904	13.9	40363	7.0	4148	0.7	114415	22.7
岫岩县	21464	8.4	– 4613	– 1.7	– 1613	– 0.6	15238	5.9
凤城县	60455	12.9	– 148521	– 28.0	– 8043	– 2.1	– 96109	– 20.5
宽甸县	6720	2.1	– 47379	– 14.4	– 22988	– 8.2	– 63647	– 19.8
桓仁县	10561	5.1	– 97958	– 44.8	8499	7.0	– 78898	– 37.9
全省	183665	8.6	– 93028	– 4.0	22015	1.0	112652	5.2

（资料来源：根据表 2 – 32 计算而得。）

由表 2 – 33 可知，1933 – 1940 年间，安东省人口增长了 5.2%，人口增长率仅比通化省高，相对于全满 34.0% 的增长水平，属于人口流出省份。人口增长率高于平均值的只有安东县（57.2%），其余县人口增长均低于平均水平，处于人口人口外流状态。其中桓仁县（– 37.9%）、凤城县（– 20.5%）、宽甸县（– 19.8%）出现了负增长，人口外流最为严重。由此可知，安东省人口流动的空间模式是：安东市及外围的安东县是人口流入区，其他县份都是人口流出区，毗邻安东县的几个县人口外流最为严重。这反映了人口向中心城市的集中。如图 2 – 11 所示。

表 2 – 34　1933 – 1940 年间安东省各县男女人口增长的比较

地方别	男增长数	男增长率	女增长数	女增长率	男女数差	总增长率
安东县	108545	48.1	113108	70.1	– 4563	57.2
庄河县	50925	18.9	63490	27.0	– 12565	22.7
岫岩县	4307	3.2	10931	9.0	– 6624	5.9
凤城县	– 60999	– 23.6	– 35110	– 16.6	– 25889	– 20.5
宽甸县	– 38121	– 21.3	– 25526	– 17.8	– 12595	– 19.8
桓仁县	– 43827	– 38.3	– 35071	– 37.5	– 8756	– 37.9
全省	20830	1.8	91822	9.5	– 70992	5.2

（资料来源：根据表 2 – 32 计算而得。）

由表 2 - 34 可知，安东省各县女性人口增长数均超过男性，其中只有安东县（57.2%）人口增长率较高，其余各县人口增长率均较低，甚至为负。将各县男女人口增长数之差与总人口增长率作一相关分析，得相关系数为 0.47，两者呈中等正相关。这说明安东省的人口增长与单身男性移民流动有一定关系。

四、四平省

表 2 - 35　四平省各县历年人口数

地方别	男				女			
	1933 年	1935 年	1938 年	1940 年	1933 年	1935 年	1938 年	1940 年
梨树县	223864	243940	225925	243708	191693	213813	198170	211024
长岭县	68407	68051	89869	88959	58801	61181	79490	82399
昌图县	282927	285504	262629	271214	253878	257031	247749	256169
开原县	177403	195846	173027	175889	147975	165027	151949	156460
西丰县	158307	166557	150957	151413	125273	134925	120499	120463
西安县	173555	178057	189164	212005	136370	137937	145378	155330
东丰县	132904	150898	157169	163343	97273	108443	118596	122755
海龙县	161814	168593	150409	162169	128478	121612	114592	124882
双辽县	75432	89200	114056	117687	65901	75456	93586	98084
全省	1454613	1546646	1513205	1586387	1205642	1275425	1270009	1327566

（资料来源：根据伪满洲国国务院统计处《大同二年末现住户口统计》，治安部警务司《康德二年末满洲帝国现住户口统计》、《康德五年末满洲帝国现住户口统计》、《康德七年末满洲帝国现住户口统计》相关统计数字整理而成。）

表 2 - 35 是四平省各县历年人口数，其中梨树县 1933、1935 年人口含满铁附属地之四平街人口在内，1938、1940 年人口含四平街市人口在内。开原县 1933、1935 年人口含满铁附属地之开原人口在内。双辽县 1933、1935、1938 年人口为双山和辽源两县人口之和。据此可得四平省各县分时段人口增长率如下。

表 2 - 36　四平省各县分时段人口增长数及增长率（百分比）

地方别	1933 - 1935		1935 - 1938		1938 - 1940		1933 - 1940	
	增长数	增长率	增长数	增长率	增长数	增长率	增长数	增长率
梨树县	42196	10.2	- 33658	- 7.4	30637	7.2	39175	9.4
长岭县	2024	1.6	40127	31.1	1999	1.2	44150	34.7
昌图县	5730	1.1	- 32157	- 5.9	17005	3.3	- 9422	- 1.8
开原县	35495	10.9	- 35897	- 9.9	7373	2.3	6971	2.1
西丰县	17902	6.3	- 30026	- 10.0	420	0.2	- 11704	- 4.1
西安县	6069	2.0	18548	5.9	32793	9.8	57410	18.5
东丰县	29164	12.7	16424	6.3	10333	3.7	55921	24.3
海龙县	- 87	0.0	- 25204	- 8.7	22050	8.3	- 3241	- 1.1
双辽县	23323	16.5	42986	26.1	8129	3.9	74438	52.7
全省	161816	6.1	- 38857	- 0.5	130739	4.7	253698	10.5

（资料来源：根据表 2 - 35 计算而得。）

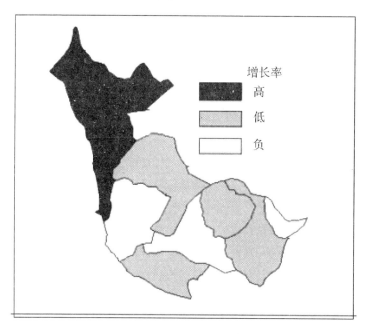

图 2 - 12　1933 - 1940 年四平省分县人口增长率

由表 2-36 可以看出，1933-1940 年间，四平省人口增长了 10.5%，相对于全满 34.0% 的增长水平，属于人口流出省份。人口增长率高于平均值的有双辽县（52.7%）、长岭县（34.7%）。其余县人口增长低于平均水平，处于人口外流状态。其中西丰县（-4.1%）、昌图县（-1.8%）、海龙县（-1.1%）出现了负增长，人口外流最为严重。由此可知，四平省人口流动的空间模式是：人口主要流向西北部毗邻龙江省、吉林省的两个县，人口外流最严重的是南部和东部毗邻奉天省、通化省的三个县。如图 2-12 所示。

表 2-37　1933-1940 年间四平省各县男女人口增长的比较

地方别	男增长数	男增长率	女增长数	女增长率	男女数差	总增长率
梨树县	19844	8.9	19331	10.1	513	9.4
长岭县	20552	30.0	23598	40.1	-3046	34.7
昌图县	-11713	-4.1	2291	0.9	-14004	-1.8
开原县	-1514	-0.9	8485	5.7	-9999	2.1
西丰县	-6894	-4.4	-4810	-3.8	-2084	-4.1
西安县	38450	22.2	18960	13.9	19490	18.5
东丰县	30439	22.9	25482	26.2	4957	24.3
海龙县	355	0.2	-3596	-2.8	3951	-1.1
双辽县	42255	56.0	32183	48.8	10072	52.7
全省	131774	9.1	121924	10.1	9850	10.5

（资料来源：根据表 2-35 计算而得。）

由表 2-37 可知，男性人口增长数远超过女性的县份，如西安县、东丰县、双辽县，人口增长率在四平省内都是较高的。男女人口增长数相当的县，如梨树县，人口增长率较低（9.4%）。女性人口增长数超过男性的县，如长岭县，人口增长率中等（34.7%）。其余县份都出现了程度不等的男女人口负增长。将各县男女人口增长数之差与总人口增长率作一相关分析，得相关系数为 0.49，两者呈中等正相关。这说明四平省的人口增长与单身男性移民流动有一定关系。

第四节　奉天省、锦州省、热河省

一、奉天省

表 2-38　奉天省各县历年人口数

地方别	男				女			
	1933 年	1935 年	1938 年	1940 年	1933 年	1935 年	1938 年	1940 年
辽中县	174539	174762	172157	169254	158578	158971	167453	164690
新民县	230399	237488	233995	231746	223623	218318	222087	219191
法库县	149876	148793	140713	138382	136592	136528	129972	127660
康平县	125038	94576	84865	81402	114251	88665	82935	78088
清原县	89539	74137	62406	79917	68375	56874	55701	60497
兴京县	162919	139360	56266	74807	126486	109108	46960	60864
沈阳县	627319	683038	766300	898440	457924	500136	559661	661055
抚顺县	168464	209406	240317	213199	127145	158478	174293	130854
本溪县	179320	179789	163590	250170	155303	154803	132043	217047
辽阳县	457643	492689	515298	545231	398645	431690	440911	467441
铁岭县	199018	198555	189139	193256	171594	176025	170042	174062
复县	287301	302028	330435	331392	232649	259500	313840	319957
营口县	195090	196701	95043	105438	135153	142937	65219	71625
海城县	340678	365065	385807	401372	310645	322648	362198	371240
盖平县	311068	312919	317227	321104	275472	282203	307657	311748
四县合计	954552	984648	954284	986751	818361	847866	877709	898152
全省	3698211	3809306	3753558	4035110	3092435	3196884	3230972	3436019

（资料来源：根据伪满洲国国务院统计处《大同二年末现住户口统计》，治安部警务司《康德二年末满洲帝国现住户口统计》、《康德五年末满洲帝国现住户口统计》、《康德七年末满洲帝国现住户口统计》相关统计数字整理而成。）

表 2-38 是奉天省各县历年人口数，其中沈阳县历年人口含奉天市人口在内，1933、1935 年人口含满铁附属之苏家屯及奉天人口在内。抚顺县 1933、1935 年人口含满铁附属地之抚顺人口在内，1938、1940 年人口含抚顺市人口

在内。本溪县1933、1935年人口含满铁附属地之本溪湖人口在内，1940年人口含本溪湖市人口在内。辽阳县历年人口含辽阳市、鞍山市人口在内，1933、1935年人口含满铁附属地之辽阳及鞍山人口在内。铁岭县历年人口含铁岭市人口在内，1933、1935年人口含满铁附属地之铁岭人口在内。复县1933、1935年人口含满铁附属地之瓦房店人口在内。营口县1933、1935年人口含满铁附属地之大石桥及营口人口在内。由于1937年12月1日析营口县城区置营口市，同时废营口县，并入盖平、海城、盘山3县。故另外将营口、海城、盖平、盘山四县作为一个整体来考察，如四县合计一栏所示。据此可得奉天省各县分时段人口增长率如下。

表2-39　奉天省各县分时段人口增长数及增长率（百分比）

地方别	1933-1935		1935-1938		1938-1940		1933-1940	
	增长数	增长率	增长数	增长率	增长数	增长率	增长数	增长率
辽中县	616	0.2	5877	1.8	-5666	-1.7	827	0.2
新民县	1784	0.4	276	0.1	-5145	-1.1	-3085	-0.7
法库县	-1147	-0.4	-14636	-5.1	-4643	-1.7	-20426	-7.1
康平县	-56048	-23.4	-15441	-8.4	-8310	-5.0	-79799	-33.3
清原县	-26903	-17.0	-12904	-9.8	22307	18.9	-17500	-11.1
兴京县	-40937	-14.1	-145242	-58.5	32445	31.4	-153734	-53.1
沈阳县	97931	9.0	142787	12.1	233534	17.6	474252	43.7
抚顺县	72275	24.4	46726	12.7	-70557	-17.0	48444	16.4
本溪县	-31	0.0	-38959	-11.6	171584	58.0	132594	39.6
辽阳县	68091	8.0	31830	3.4	56463	5.9	156384	18.3
铁岭县	3968	1.1	-15399	-4.1	8137	2.3	-3294	-0.9
复县	41578	8.0	82747	14.7	7074	1.1	131399	25.3
营口县	9395	2.8	-179376	-52.8	16801	10.5	-153180	-46.4
海城县	36390	5.6	60292	8.8	24607	3.3	121289	18.6
盖平县	8582	1.5	29762	5.0	7968	1.3	46312	7.9
四县合计	59601	3.4	-521	0.0	52910	2.9	111990	6.3
全省	215544	3.2	-21660	-0.3	486599	7.0	680483	10.0

（资料来源：根据表2-38计算而得。）

由表 2 - 39 可知，1933 - 1940 年间，奉天省人口增长了 10.0%，相对于
全满 34.0% 的增长水平，属于人口流出省份。人口增长率高于平均值的有沈
阳县（43.7%）、本溪县（39.6%）。其余县人口增长接近或低于平均水平，
处于人口较少流入或人口外流状态。其中复县（25.3%）、海城县（18.6%）、
辽阳县（18.3%）、抚顺县（16.4%）属于增长率相对较高的，而兴京县（ -
53.1%）、康平县（ - 33.3%）、清原县（ - 11.1%）、法库县（ - 7.1%）、
铁岭县（ - 0.9%）、新民县（ - 0.7%）出现了不同程度的负增长，人口外流
最为严重。营口县的情况有点特殊，人口负增长主要是由政区变动引起的。此
外，抚顺、本溪、辽阳等地是将市县合在一起计算，在其内部也是人口从外围
县流向中心市。由此可知，奉天省人口流动的空间模式是：人口主要流向中部
奉天及周围一圈城市（如抚顺、本溪、辽阳等），而北部毗邻四平省的几个
县，人口外流最为严重。这反映了人口向中心城市的集中。如图 2 - 13 所示。

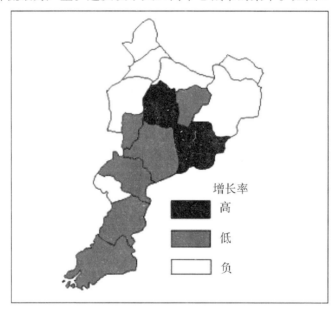

图 2 - 13　1933 - 1940 年奉天省分县人口增长率

表 2 - 40　1933 - 1940 年间奉天省各县男女人口增长的比较

地方别	男增长数	男增长率	女增长数	女增长率	男女数差	总增长率
辽中县	-5285	-3.0	6112	3.9	-11397	0.2
新民县	1347	0.6	-4432	-2.0	5779	-0.7

续表

地方别	男增长数	男增长率	女增长数	女增长率	男女数差	总增长率
法库县	−11494	−7.7	−8932	−6.5	−2562	−7.1
康平县	−43636	−34.9	−36163	−31.7	−7473	−33.3
清原县	−9622	−10.7	−7878	−11.5	−1744	−11.1
兴京县	−88112	−54.1	−65622	−51.9	−22490	−53.1
沈阳县	271121	43.2	203131	44.4	67990	43.7
抚顺县	44735	26.6	3709	2.9	41026	16.4
本溪县	70850	39.5	61744	39.8	9106	39.6
辽阳县	87588	19.1	68796	17.3	18792	18.3
铁岭县	−5762	−2.9	2468	1.4	−8230	−0.9
复县	44091	15.3	87308	37.5	−43217	25.3
营口县	−89652	−46.0	−63528	−47.0	−26124	−46.4
海城县	60694	17.8	60595	19.5	99	18.6
盖平县	10036	3.2	36276	13.2	−26240	7.9
四县合计	32199	3.4	79791	9.8	−47592	6.3
全省	336899	9.1	343584	11.1	−6685	10.0

（资料来源：根据表2-38计算而得。）

由表2-40可知，男性人口增长数远超过女性的县市，如沈阳县、抚顺县、本溪县、辽阳县，人口增长率在奉天省内都算较高。男女人口增长数相当的县市，如海城县，人口增长率在奉天省内也算较高（18.6%）。女性人口增长数超过男性的县份，如复县、盖平县，人口增长率前者较高（25.3%），而后者较低（7.9%）。其余县份都出现了程度不等的男女人口负增长。将各县市男女人口增长数之差与总人口增长率作一相关分析，得相关系数为0.52，两者呈中等正相关。这说明奉天省的人口增长与单身男性移民流动有一定关系。

二、锦州省

表 2 -41　锦州省各县历年人口数

地方别	男				女			
	1933 年	1935 年	1938 年	1940 年	1933 年	1935 年	1938 年	1940 年
锦县	235747	232971	256358	270836	196157	199312	229119	241925
阜新县	57521	113913	245707	493004	44578	94992	199305	232203
朝阳县	161311	323202	419669	430575	140991	281151	372749	379745
北镇县	116310	123186	136486	135240	108467	114196	128173	129775
黑山县	172205	205584	202946	202639	150891	182051	188315	187584
台安县	102935	101167	96590	102607	103884	99078	93634	99294
盘山县	107716	109963	156207	158837	97091	100078	142635	143539
绥中县	123313	147242	154511	150383	112229	130731	140767	141676
兴城县	99739	123300	136750	129130	87336	110238	121553	122359
锦西县	119795	131476	144977	145274	110401	119616	131488	134775
义县	183655	188297	182853	168995	158758	164921	173076	175258
彰武县	78539	87557	101579	101102	69140	75992	88119	89510
全省	1558786	1887858	2234633	2488622	1379923	1672356	2008933	2077643

（资料来源：根据伪满洲国国务院统计处《大同二年末现住户口统计》，治安部警务司《康德二年末满洲帝国现住户口统计》、《康德五年末满洲帝国现住户口统计》、《康德七年末满洲帝国现住户口统计》相关统计数字整理而成。）

　　表 2 -41 是锦州省各县历年人口数，其中锦县 1938、1940 年人口含锦州市人口在内。阜新县 1938 年人口含阜新县及吐默特左旗人口在内，1940 年人口含阜新市及吐默特左旗人口在内。朝阳县 1938 年人口含朝阳县及吐默特右旗人口在内，1940 年人口含吐默特右旗及吐默特中旗人口在内。据此可得锦州省各县分时段人口增长率如下。

表2-42 锦州省各县分时段人口增长数及增长率（百分比）

地方别	1933-1935		1935-1938		1938-1940		1933-1940	
	增长数	增长率	增长数	增长率	增长数	增长率	增长数	增长率
锦县	379	0.1	53194	12.3	27284	5.6	80857	18.7
阜新县	106806	104.6	236107	113.0	280195	63.0	623108	610.3
朝阳县	302051	99.9	188065	31.1	17902	2.3	508018	168.0
北镇县	12605	5.6	27277	11.5	356	0.1	40238	17.9
黑山县	64539	20.0	3626	0.9	-1038	-0.3	67127	20.8
台安县	-6574	-3.2	-10021	-5.0	11677	6.1	-4918	-2.4
盘山县	5234	2.6	88801	42.3	3534	1.2	97569	47.6
绥中县	42431	18.0	17305	6.2	-3219	-1.1	56517	24.0
兴城县	46463	24.8	24765	10.6	-6814	-2.6	64414	34.4
锦西县	20896	9.1	25373	10.1	3584	1.3	49853	21.7
义县	10805	3.2	2711	0.8	-11676	-3.3	1840	0.5
彰武县	15870	10.7	26149	16.0	914	0.5	42933	29.1
全省	621505	21.1	683352	19.2	322699	7.6	1627556	55.4

（资料来源：根据表2-41计算而得。）

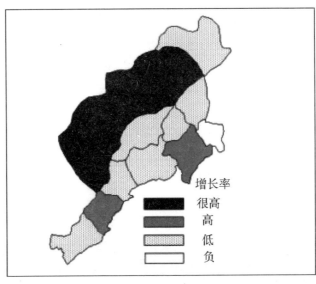

图2-14 1933-1940年锦州省分县人口增长率

由表 2-42 可知，1933-1940 年间，锦州省人口增长了 55.4%，相对于全满 34.0% 的增长水平，属于人口流入省份。人口增长率高于平均值的有阜新县（610.3%）、朝阳县（168.0%）、盘山县（47.6%）。其余县人口增长接近或低于平均水平，处于人口较少流入或人口外流状态。其中台安县（-2.4%）出现了负增长，人口外流最为严重。由此可知，锦州省人口流动的空间模式是：人口主要流向西北部阜新和朝阳两地。全省人口流动很大程度上是由阜新煤矿引起的，这反映了人口向矿业中心的集中。如图 2-14 所示。

表 2-43　1933-1940 年间锦州省各县男女人口增长的比较

地方别	男增长数	男增长率	女增长数	女增长率	男女数差	总增长率
锦县	35089	14.9	45768	23.3	-10679	18.7
阜新县	435483	757.1	187625	420.9	247858	610.3
朝阳县	269264	166.9	238754	169.3	30510	168.0
北镇县	18930	16.3	21308	19.6	-2378	17.9
黑山县	30434	17.7	36693	24.3	-6259	20.8
台安县	-328	-0.3	-4590	-4.4	4262	-2.4
盘山县	51121	47.5	46448	47.8	4673	47.6
绥中县	27070	22.0	29447	26.2	-2377	24.0
兴城县	29391	29.5	35023	40.1	-5632	34.4
锦西县	25479	21.3	24374	22.1	1105	21.7
义县	-14660	-8.0	16500	10.4	-31160	0.5
彰武县	22563	28.7	20370	29.5	2193	29.1
全省	929836	59.7	697720	50.6	232116	55.4

（资料来源：根据表 2-41 计算而得。）

由表 2-43 可知，男性人口增长数远超过女性的县份，如阜新县、朝阳县、盘山县、彰武县，其中阜新县（610.3%）和朝阳县（168.0%）人口增长率都很高，而盘山县（47.6%）和彰武县（29.1%）人口增长率中等。男女人口增长数相当的县市，如锦西县，人口增长率较低（21.7%）。女性人口增长数超过男性的县份，如锦县、北镇县、黑山县、绥中县、兴城县，其中只有兴城县（34.4%）人口增长率为中等，其他几县人口增长率都较低。其余县份都出现了程度不等的男女人口负增长。将各县男女人口增长数之差与总人口增长率作一相关分析，得相关系数为 0.99，两者呈强正相关。这说明锦州省的人口增长与单身男性移民流动有密切关系。

三、热河省

表 2-44　热河省各县历年人口数

地方别	男				女			
	1933 年	1935 年	1938 年	1940 年	1933 年	1935 年	1938 年	1940 年
承德县	119913	180916	245079	262534	98314	145898	207523	222460
滦平县	64214	87597	119163	123803	54985	75055	100472	104141
丰宁县	35929	121869	140500	142068	29849	100216	116271	116896
隆化县	45563	64626	94329	102040	34823	53523	78546	86179
围场县	66847	112385	136791	141167	51353	86231	111204	116759
赤峰县	85100	116632	140428	171138	67061	96517	117041	139685
建平县	110946	149150	270115	297408	89900	133077	238941	258396
建昌县	263448	287853	425604	405935	229201	245052	377106	370213
宁城青龙平泉	418811	389729	453580	487447	334001	336492	391809	417048
乌丹县		4142	56136	71355		2990	46462	58930
新惠县			140056	149504			120207	130428
全省	1210771	1514899	2221781	2354399	989487	1275051	1905582	2021135

（资料来源：根据伪满洲国国务院统计处《大同二年末现住户口统计》，治安部警务司《康德二年末满洲帝国现住户口统计》、《康德五年末满洲帝国现住户口统计》、《康德七年末满洲帝国现住户口统计》相关统计数字整理而成。）

表 2-44 是热河省各县历年人口数，其中赤峰县历年人口含翁牛特右旗人口在内，乌丹县历年人口含翁牛特左旗人口在内，新惠县历年人口含敖汉旗人口在内，建平县历年人口含喀喇沁右旗人口在内，建昌县历年人口含喀喇沁左旗人口在内，1933、1935 年人口含凌源、凌南两县人口在内。乌丹县 1933 年人口数据缺。新惠县 1933、1935 年人口数据缺。由于 1937 年平泉县并入青龙县及喀喇沁中旗（即以前的宁城县），故将宁城青龙平泉作为一整体来考察。据此可得热河省各县分时段人口增长率如下。

表2-45　热河省各县分时段人口增长数及增长率（百分比）

地方别	1933-1935		1935-1938		1938-1940		1933-1940	
	增长数	增长率	增长数	增长率	增长数	增长率	增长数	增长率
承德县	108587	49.8	125788	38.5	32392	7.2	266767	122.2
滦平县	43453	36.5	56983	35.0	8309	3.8	108745	91.2
丰宁县	156307	237.6	34686	15.6	2193	0.9	193186	293.7
隆化县	37763	47.0	54726	46.3	15344	8.9	107833	134.1
围场县	80416	68.0	49379	24.9	9931	4.0	139726	118.2
赤峰县	60988	40.1	44320	20.8	53354	20.7	158662	104.3
建平县	81381	40.5	226829	80.4	46748	9.2	354958	176.7
建昌县	40256	8.2	269805	50.6	-26562	-3.3	283499	57.5
宁城青龙平泉	-26591	-3.5	119168	16.4	59106	7.0	151683	20.1
全省	589692	26.8	1337413	47.9	248171	6.0	2175276	98.9

（资料来源：根据表2-44计算而得。）

由表2-45可知，1933-1940年间，热河省人口增长了98.9%，相对于全满34.0%的增长水平，属于人口流入省份。人口增长率高于平均值的有丰宁县（293.7%）、建平县（176.7%）、隆化县（134.1%）、承德县（122.2%）、围场县（118.2%）、赤峰县（104.3%）、滦平县（91.2%）、建昌县（57.5%）。只有宁城青龙平泉（20.1%）人口增长低于平均水平，处于人口较少流入或人口外流状态。由此可知，热河省人口流动的空间模式是：大多数县份都是人口流入区，人口增长最显著的是西北外围一圈县份，中部和东南部几个县人口增长率较低。如图2-15所示。

表2-46　1933-1940年间热河省各县男女人口增长的比较

地方别	男增长数	男增长率	女增长数	女增长率	男女数差	总增长率
承德县	142621	118.9	124146	126.3	18475	122.2
滦平县	59589	92.8	49156	89.4	10433	91.2
丰宁县	106139	295.4	87047	291.6	19092	293.7
隆化县	56477	124.0	51356	147.5	5121	134.1
围场县	74320	111.2	65406	127.4	8914	118.2

地方别	男增长数	男增长率	女增长数	女增长率	男女数差	总增长率
赤峰县	86038	101.1	72624	108.3	13414	104.3
建平县	186462	168.1	168496	187.4	17966	176.7
建昌县	142487	54.1	141012	61.5	1475	57.5
宁城青龙平泉	68636	16.4	83047	24.9	-14411	20.1
全省	1143628	94.5	1031648	104.3	111980	98.9

（资料来源：根据表2-44计算而得。）

由表2-46可知，热河省大多数县份男性人口增长数均远超过女性，其中大多数县份人口增长率都很高，只有建昌县（57.5%）人口增长率为中等。女性人口增长数超过男性的只有宁城青龙平泉，人口增长率较低（20.1%）。将各县男女人口增长数之差与总人口增长率作一相关分析，得相关系数为0.74，两者呈较强正相关。这说明热河省的人口增长与单身男性移民流动有较密切关系。

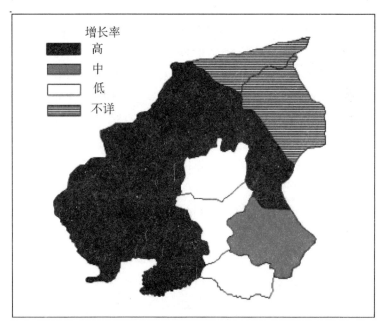

图2-15　1933-1940年热河省分县人口增长率

第五节 兴安诸省

一、兴安西省

表2-47 兴安西省各县历年人口数

地方别	男				女			
	1933年	1935年	1938年	1940年	1933年	1935年	1938年	1940年
巴林右翼旗	16100	20020	23086	24786	8900	17693	19797	22545
巴林左翼旗	15520	19655	25162	48331	9480	19358	22096	40228
阿鲁科尔沁旗	20000	21200	37066	48056	10000	19343	29588	39069
扎鲁特旗	9240	9347	12040	14039	5400	8390	9573	11157
奈曼旗	23375	59187	76233	94252	19183	51594	65940	78829
克什克腾旗	69270	40123	53774	54313	44530	30816	38839	40707
开鲁县	39550	41151	49074	61065	31820	34499	41809	48564
林西县	19930	30591	43998	44644	16070	24056	33715	35952
全省	212985	241274	320433	389486	145383	205749	261357	317051

（资料来源：根据伪满洲国国务院统计处《大同二年末现住户口统计》，治安部警务司《康德二年末满洲帝国现住户口统计》、《康德五年末满洲帝国现住户口统计》、《康德七年末满洲帝国现住户口统计》相关统计数字整理而成。）

表2-47是兴安西省各县历年人口数，其中奈曼旗1933年人口包含绥东县人口在内。据此可得兴安西省各县分时段人口增长率如下。

表2-48 兴安西省各县分时段人口增长数及增长率（百分比）

地方别	1933-1935		1935-1938		1938-1940		1933-1940	
	增长数	增长率	增长数	增长率	增长数	增长率	增长数	增长率
巴林右翼旗	12713	50.9	5170	13.7	4448	10.4	22331	89.3
巴林左翼旗	14013	56.1	8245	21.1	41301	87.4	63559	254.2
阿鲁科尔沁旗	10543	35.1	26111	64.4	20471	30.7	57125	190.4
扎鲁特旗	3097	21.2	3876	21.9	3583	16.6	10556	72.1
奈曼旗	68223	160.3	31392	28.3	30908	21.7	130523	306.7

续表

地方别	1933－1935		1935－1938		1938－1940		1933－1940	
	增长数	增长率	增长数	增长率	增长数	增长率	增长数	增长率
克什克腾旗	－42861	－37.7	21674	30.6	2407	2.6	－18780	－16.5
开鲁县	4280	6.0	15233	20.1	18746	20.6	38259	53.6
林西县	18647	51.8	23066	42.2	2883	3.7	44596	123.9
全省	88655	24.7	134767	30.1	124747	21.4	348169	97.2

（资料来源：根据表 2－47 计算而得。）

由表 2－48 可知，1933－1940 年间，兴安西省人口增长了 97.2%，相对于全满 34.0% 的增长水平，属于人口流入省份。人口增长率高于平均值的有奈曼旗（306.7%）、巴林左翼旗（254.2%）、阿鲁科尔沁旗（190.4%）、林西县（123.9%）、巴林右翼旗（89.3%）、扎鲁特旗（72.1%）、开鲁县（53.6%），只有克什克腾旗（－16.5%）出现了负增长，处于人口外流状态。由此可知，兴安西省人口流动的空间模式是：大多数县旗都是人口流入区，只有最西端的克什克腾旗是个例外。如图 2－16 所示。

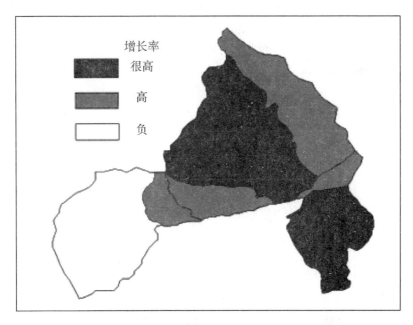

图 2－16 1933－1940 年兴安西省分县人口增长率

表 2 - 49　1933 - 1940 年间兴安西省各县男女人口增长的比较

地方别	男增长数	男增长率	女增长数	女增长率	男女数差	总增长率
巴林右翼旗	8686	54.0	13645	153.3	- 4959	89.3
巴林左翼旗	32811	211.4	30748	324.3	2063	254.2
阿鲁科尔沁旗	28056	140.3	29069	290.7	- 1013	190.4
扎鲁特旗	4799	51.9	5757	106.6	- 958	72.1
奈曼旗	70877	303.2	59646	310.9	11231	306.7
克什克腾旗	- 14957	- 21.6	- 3823	- 8.6	- 11134	- 16.5
开鲁县	21515	54.4	16744	52.6	4771	53.6
林西县	24714	124.0	19882	123.7	4832	123.9
全省	176501	82.9	171668	118.1	4833	97.2

（资料来源：根据表 2 - 47 计算而得。）

由表 2 - 49 可知，男性人口增长数远超过女性的县旗，如巴林左翼旗、奈曼旗、开鲁县、林西县，其中只有开鲁县（53.6%）人口增长率为中等，其他了县旗人口增长率都很高。男女人口增长数相当的县旗，如阿鲁科尔沁旗，人口增长率也很高（190.4%）。女性人口增长数超过男性的县旗，如巴林右翼旗、扎鲁特旗，人口增长率在兴安西省内都算中等水平。其余县份都出现了程度不等的男女人口负增长。将各县市男女人口增长数之差与总人口增长率作一相关分析，得相关系数为 0.71，两者呈较强正相关。这说明兴安西省的人口增长与单身男性移民流动有较密切关系。

二、兴安南省

表 2 - 50　兴安南省各县历年人口数

地方别	男				女			
	1933 年	1935 年	1938 年	1940 年	1933 年	1935 年	1938 年	1940 年
科尔沁右翼前旗	17263	24967	36815	42399	9526	20081	28225	32629
库伦旗		21820	31225	31766		17974	25724	26588
科尔沁左翼前旗	7770	47144	55972	53072	4230	41373	49659	47909

续表

地方别	男				女			
	1933 年	1935 年	1938 年	1940 年	1933 年	1935 年	1938 年	1940 年
科尔沁左翼后旗	32511	40146	59662	62450	18501	31662	46450	48879
科尔沁左翼中旗	95942	60305	117105	143312	54345	45117	86515	107312
科尔沁右翼中旗	32618	26794	37271	40504	18392	23061	29189	32326
科尔沁右翼后旗	11960	4696	4912	7489	8240	3771	3670	5621
扎赉特旗	19130	28126	33220	46895	9910	24441	28606	38181
通辽县	83481	90693	110525	123606	61154	69333	84331	96453
全省	300675	344691	486707	551493	184298	276813	382369	435898

（资料来源：根据伪满洲国国务院统计处《大同二年末现住户口统计》，治安部警务司《康德二年末满洲帝国现住户口统计》、《康德五年末满洲帝国现住户口统计》、《康德七年末满洲帝国现住户口统计》相关统计数字整理而成。）

表 2-50 是兴安南省各县历年人口数，其中库伦旗 1933 年人口数据缺。据此可得兴安南省各县分时段人口增长率如下。

表 2-51　兴安南省各县分时段人口增长数及增长率（百分比）

地方别	1933-1935		1935-1938		1938-1940		1933-1940	
	增长数	增长率	增长数	增长率	增长数	增长率	增长数	增长率
科尔沁右翼前旗	18259	68.2	19992	44.4	9988	15.4	48239	180.1
科尔沁左翼前旗	76517	637.6	17114	19.3	-4650	-4.4	88981	741.5
科尔沁左翼后旗	20796	40.8	34304	47.8	5217	4.9	60317	118.2
科尔沁左翼中旗	-44865	-29.9	98198	93.1	47004	23.1	100337	66.8
科尔沁右翼中旗	-1155	-2.3	16605	33.3	6370	9.6	21820	42.8

续表

地方别	1933－1935		1935－1938		1938－1940		1933－1940	
	增长数	增长率	增长数	增长率	增长数	增长率	增长数	增长率
科尔沁右翼后旗	－11733	－58.1	115	1.4	4528	52.8	－7090	－35.1
扎赉特旗	23527	81.0	9259	17.6	23250	37.6	56036	193.0
通辽县	15391	10.6	34830	21.8	25203	12.9	75424	52.1
全省	136531	28.2	247572	39.8	118315	13.6	502418	103.6

（资料来源：根据表2－50计算而得。）

由表2－51可知，1933－1940年间，兴安南省人口增长了103.6%，相对于全满34.0%的增长水平，属于人口流入省份。人口增长率高于平均值的有科尔沁左翼前旗（741.5%）、扎赉特旗（193.0%）、科尔沁右翼前旗（180.1%）、科尔沁左翼后旗（118.2%）、科尔沁左翼中旗（66.8%）、通辽县（52.1%）、科尔沁右翼中旗（42.8%），只有科尔沁右翼后旗（－35.1%）出现了负增长，处于人口外流状态。由此可知，兴安南省人口流动的空间模式是：大多数县旗都是人口流入区，只有北部的科尔沁右翼后旗是个例外。人口增长率南北两端最高，而中部较低。如图2－17所示。

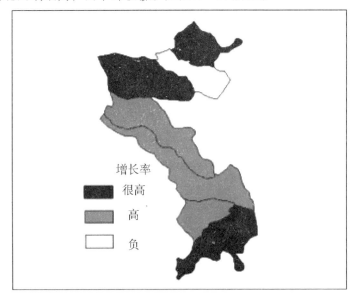

图2－17　1933－1940年兴安南省分县人口增长率

表 2 - 52　1933 - 1940 年间兴安南省各县男女人口增长的比较

地方别	男增长数	男增长率	女增长数	女增长率	男女数差	总增长率
科尔沁右翼前旗	25136	145.6	23103	242.5	2033	180.1
科尔沁左翼前旗	45302	583.0	43679	1032.6	1623	741.5
科尔沁左翼后旗	29939	92.1	30378	164.2	− 439	118.2
科尔沁左翼中旗	47370	49.4	52967	97.5	− 5597	66.8
科尔沁右翼中旗	7886	24.2	13934	75.8	− 6048	42.8
科尔沁右翼后旗	− 4471	− 37.4	− 2619	− 31.8	− 1852	− 35.1
扎赉特旗	27765	145.1	28271	285.3	− 506	193.0
通辽县	40125	48.1	35299	57.7	4826	52.1
全省	250818	83.4	251600	136.5	− 782	103.6

（资料来源：根据表 2 - 50 计算而得。）

由表 2 - 52 可知，男性人口增长数远超过女性的县旗，如科尔沁右翼前旗、科尔沁左翼前旗、通辽县，其中只有通辽县（52.1%）人口增长率为中等，其他县旗人口增长率都很高。女性人口增长数超过男性的县旗，如科尔沁左翼后旗、科尔沁左翼中旗、科尔沁右翼中旗、扎赉特旗，其中科尔沁左翼后旗（118.2%）和扎赉特旗（193.0%）人口增长率都很高，而科尔沁左翼中旗（66.8%）和科尔沁右翼中旗（42.8%）人口增长率为中等。其余县旗出现了男女人口负增长。将各县旗男女人口增长数之差与总人口增长率作一相关分析，得相关系数为 0.33，两者相关性不是很强。这说明兴安南省的人口增长与单身男性移民流动关系不大。

三、兴安东省

表 2 - 53　兴安东省各县历年人口数

地方别	男				女			
	1933 年	1935 年	1938 年	1940 年	1933 年	1935 年	1938 年	1940 年
布特哈旗	27014	17124	28615	53713	16834	11705	20260	35147
喜扎嘎尔旗	1280	2582	10431	10798	720	1633	2094	3808
阿荣旗	8870	7537	13269	25342	5830	5993	10529	18905
莫力达瓦旗	10200	8869	12308	19590	6200	7539	8083	14707
巴彦旗	5730	4590	5443	5899	2970	3763	4144	4487
全省	53094	40702	70066	115342	32554	30633	45110	77054

（资料来源：根据伪满洲国国务院统计处《大同二年末现住户口统计》，治安部警务司

《康德二年末满洲帝国现住户口统计》、《康德五年末满洲帝国现住户口统计》、《康德七年末满洲帝国现住户口统计》相关统计数字整理而成。)

表2－53是兴安东省各县历年人口数，其中布特哈旗1933年人口含北满特别区之博克图警察署管内人口在内。据此可得兴安东省各县分时段人口增长率如下。

表2－54　兴安东省各县分时段人口增长数及增长率（百分比）

地方别	1933－1935		1935－1938		1938－1940		1933－1940	
	增长数	增长率	增长数	增长率	增长数	增长率	增长数	增长率
布特哈旗	－15019	－34.3	20046	69.5	39985	81.8	45012	102.7
喜扎嘎尔旗	2215	110.8	8310	197.2	2081	16.6	12606	630.3
阿荣旗	－1170	－8.0	10268	75.9	20449	85.9	29547	201.0
莫力达瓦旗	8	0.0	3983	24.3	13906	68.2	17897	109.1
巴彦旗	－347	－4.0	1234	14.8	799	8.3	1686	19.4
全省	－14313	－16.7	43841	61.5	77220	67.0	106748	124.6

（资料来源：根据表2－53计算而得。）

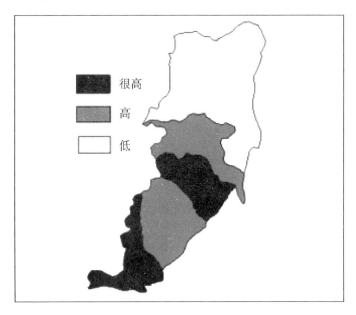

图2－18　1933－1940年兴安东省分县人口增长率

由表2－54可知，1933－1940年间，兴安东省人口增长了124.6%，相对于全满 34.0% 的增长水平，属于人口流入省份。人口增长率高于平均值的有喜扎嘎尔旗（630.3%）、阿荣旗（201.0%）、莫力达瓦旗（109.1%）、布特哈旗（102.7%），只有巴彦旗（19.4%）人口增长低于平均水平，处于人口外流状态。由此可知，兴安东省人口流动的空间模式是：大多数县旗都是人口流入区，只有最北端的巴彦旗是个例外。人口增长率以最南端的喜扎嘎尔旗为最高。如图 2-18 所示。

表 2-55　1933-1940 年间兴安东省各县男女人口增长的比较

地方别	男增长数	男增长率	女增长数	女增长率	男女数差	总增长率
布特哈旗	26699	98.8	18313	108.8	8386	102.7
喜扎嘎尔旗	9518	743.6	3088	428.9	6430	630.3
阿荣旗	16472	185.7	13075	224.3	3397	201.0
莫力达瓦旗	9390	92.1	8507	137.2	883	109.1
巴彦旗	169	2.9	1517	51.1	-1348	19.4
全省	62248	117.2	44500	136.7	17748	124.6

（资料来源：根据表 2-53 计算而得。）

由表 2-55 可知，兴安东省大多数县旗男性人口增长数均远超过女性，且人口增长率都很高，其中以喜扎嘎尔旗（630.3%）和阿荣旗（201.0%）为最高。女性人口增长数超过男性的只有巴彦旗，人口增长率较低（19.4%）。将各县市男女人口增长数之差与总人口增长率作一相关分析，得相关系数为 0.49，两者呈中等正相关。这说明兴安东省的人口增长与单身男性移民流动有一定关系。

四、兴安北省

表 2-56　兴安北省各县历年人口数

地方别	男				女			
	1933 年	1935 年	1938 年	1940 年	1933 年	1935 年	1938 年	1940 年
索伦旗	15516	18512	24218	31694	10101	9700	13208	18634
新巴尔虎右翼旗	7212	8710	9751	14233	4444	5661	6392	7176
新巴尔虎左翼旗	5800	4446	7139	6589	2900	4883	5659	5235

地方别	男				女			
	1933 年	1935 年	1938 年	1940 年	1933 年	1935 年	1938 年	1940 年
陈巴尔虎旗	3600	3342	3888	4572	1800	2785	3206	3282
额尔克纳左翼旗	4300	5146	5373	6437	2900	3596	4013	4574
额尔克纳右翼旗	1220	2797	3123	2699	780	879	961	887
全省	37648	42953	53492	66224	22925	27504	33439	39788

（资料来源：根据伪满洲国国务院统计处《大同二年末现住户口统计》，治安部警务司《康德二年末满洲帝国现住户口统计》、《康德五年末满洲帝国现住户口统计》、《康德七年末满洲帝国现住户口统计》相关统计数字整理而成。）

表 2－56 是兴安北省各县历年人口数，其中索伦旗历年人口包含海拉尔市人口在内，海拉尔市 1933 年人口由海拉尔旧市人口和北满特别区之海拉尔警察署管内人口两部分组成。新巴尔虎右翼旗历年人口包含满洲里街人口在内。据此可得兴安北省各县分时段人口增长率如下。

表 2－57　兴安北省各县分时段人口增长数及增长率（百分比）

地方别	1933－1935		1935－1938		1938－1940		1933－1940	
	增长数	增长率	增长数	增长率	增长数	增长率	增长数	增长率
索伦旗	2595	10.1	9214	32.7	12902	34.5	24711	96.5
新巴尔虎右翼旗	2715	23.3	1772	12.3	5266	32.6	9753	83.7
新巴尔虎左翼旗	629	7.2	3469	37.2	－974	－7.6	3124	35.9
陈巴尔虎旗	727	13.5	967	15.8	760	10.7	2454	45.4
额尔克纳左翼旗	1542	21.4	644	7.4	1625	17.3	3811	52.9
额尔克纳右翼旗	1676	83.8	408	11.1	－498	－12.2	1586	79.3
全省	9884	16.3	16474	23.4	19081	21.9	45439	75.0

（资料来源：根据表 2－56 计算而得。）

由表 2 – 57 可知，1933 – 1940 年间，兴安北省人口增长了 75.0%，相对于全满 34.0% 的增长水平，属于人口流入省份。人口增长率高于平均值的有索伦旗（96.5%）、新巴尔虎右翼旗（83.7%）、额尔克纳右翼旗（79.3%）、额尔克纳左翼旗（52.9%）、陈巴尔虎旗（45.4%）。只有新巴尔虎左翼旗（35.9%）人口增长接近平均水平，人口流入较少。由此可知，兴安北省人口流动的空间模式是：大多数县旗都是人口流入区，人口增长率以海拉尔所在的索伦旗、满洲里所在的新巴尔虎右翼旗，以及最北端的额尔克纳右翼旗为最高，而以毗邻海拉尔和满洲里的两旗为最低。这反映了人口向两大中心城市的集中。如图 2 – 19 所示。

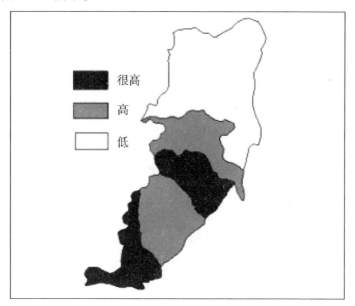

图 2 – 19　1933 – 1940 年兴安北省分县人口增长率

表 2 – 58　1933 – 1940 年间兴安北省各县男女人口增长的比较

地方别	男增长数	男增长率	女增长数	女增长率	男女数差	总增长率
索伦旗	16178	104.3	8533	84.5	7645	96.5
新巴尔虎右翼旗	7021	97.4	2732	61.5	4289	83.7
新巴尔虎左翼旗	789	13.6	2335	80.5	– 1546	35.9
陈巴尔虎旗	972	27.0	1482	82.3	– 510	45.4

续表

地方别	男增长数	男增长率	女增长数	女增长率	男女数差	总增长率
额尔克纳左翼旗	2137	49.7	1674	57.7	463	52.9
额尔克纳右翼旗	1479	121.2	107	13.7	1372	79.3
全省	28576	75.9	16863	73.6	11713	75.0

（资料来源：根据表2-56计算而得。）

由表2-58可知，男性人口增长数远超过女性的县旗，如索伦旗、新巴尔虎右翼旗、额尔克纳左翼旗、额尔克纳右翼旗，人口增长率都很高。女性人口增长数超过男性的县旗，如新巴尔虎左翼旗和陈巴尔虎旗，人口增长率都是中等。将各县旗男女人口增长数之差与总人口增长率作一相关分析，得相关系数为0.92，两者呈强正相关。这说明兴安北省的人口增长与单身男性移民流动有密切关系。

第六节　各省合计

表2-59　伪满洲国各省历年人口数

省别	男				女			
	1933年	1935年	1938年	1940年	1933年	1935年	1938年	1940年
吉林省	2593452	2878052	2994044	3213986	2168595	2431095	2541058	2696261
龙江省	730270	822300	962465	1079678	579537	657733	787827	902478
北安省	838799	960696	1132642	1222959	661484	762680	893161	968852
黑河省	23440	55045	48358	73147	15062	34770	24884	33394
三江省	384244	805804	623598	697042	293199	454758	455421	487040
东安省	199096	272928	255247	328459	130894	182869	183853	214983
牡丹江省	173167	210810	257274	358567	114989	143124	174747	235803
滨江省	1835737	1929529	2051885	2255317	1444878	1527573	1666016	1827993
间岛省	262247	332212	382918	426933	225725	283272	321744	357136
通化省	514323	498491	500951	533865	368362	336469	336151	367797
安东省	1181205	1271555	1197374	1202035	965908	1059223	1040376	1057730

省别	男				女			
	1933 年	1935 年	1938 年	1940 年	1933 年	1935 年	1938 年	1940 年
四平省	1454613	1546646	1513205	1586387	1205642	1275425	1270009	1327566
奉天省	3698211	3809306	3753558	4035110	3092435	3196884	3230972	3436019
锦州省	1558786	1887858	2234633	2488622	1379923	1672356	2008933	2077643
热河省	1210771	1514899	2221781	2354399	989487	1275051	1905582	2021135
兴安西省	212985	241274	320433	389486	145383	205749	261357	317051
兴安南省	300675	344691	486707	551493	184298	276813	382369	435898
兴安东省	53094	40702	70066	115342	32554	30633	45110	77054
兴安北省	37648	42953	53492	66224	22925	27504	33439	39788
合计	17158855	19347792	20986279	22915683	14021280	15833981	17563009	18881621

（资料来源：根据伪满洲国国务院统计处《大同二年末现住户口统计》，治安部警务司《康德二年末满洲帝国现住户口统计》、《康德五年末满洲帝国现住户口统计》、《康德七年末满洲帝国现住户口统计》相关统计数字整理而成。）

表 2-59 是伪满洲国各省历年人口数，据此可得伪满洲国各省分时段人口增长率如下。

表 2-60　伪满洲国各省分时段人口增长数及增长率（百分比）

省别	1933-1935		1935-1938		1938-1940		1933-1940	
	增长数	增长率	增长数	增长率	增长数	增长率	增长数	增长率
吉林省	547100	11.5	225955	4.3	375145	6.8	1148200	24.1
龙江省	170226	13.0	270259	18.3	231864	13.2	672349	51.3
北安省	223093	14.9	302427	17.5	166008	8.2	691528	46.1
黑河省	51313	133.3	-16573	-18.5	33299	45.5	68039	176.7
三江省	583119	88.2	-181543	-13.6	105063	8.4	506639	76.3
东安省	125807	38.1	-16697	-3.7	104342	23.8	213452	64.7
牡丹江省	65778	22.8	78087	22.1	162349	37.6	306214	106.3
滨江省	176487	5.4	260799	7.5	365409	9.8	802695	24.5
间岛省	127512	26.1	89178	14.5	79407	11.3	296097	60.7

省别	1933－1935		1935－1938		1938－1940		1933－1940	
	增长数	增长率	增长数	增长率	增长数	增长率	增长数	增长率
通化省	－47725	－5.4	2142	0.3	64560	7.7	18977	2.1
安东省	183665	8.6	－93028	－4.0	22015	1.0	112652	5.2
四平省	161816	6.1	－38857	－0.5	130739	4.7	253698	10.5
奉天省	215544	3.2	－21660	－0.3	486599	7.0	680483	10.0
锦州省	621505	21.1	683352	19.2	322699	7.6	1627556	55.4
热河省	589692	26.8	1337413	47.9	248171	6.0	2175276	98.9
兴安西省	88655	24.7	134767	30.1	124747	21.4	348169	97.2
兴安南省	136531	28.2	247572	39.8	118315	13.6	502418	103.6
兴安东省	－14313	－16.7	43841	61.5	77220	67.0	106748	124.6
兴安北省	9884	16.3	16474	23.4	19081	21.9	45439	75.0
合计	4015689	12.8	3323908	9.7	3237032	8.3	10576629	34.0

（资料来源：根据表2－59计算而得。）

由表2－60可知，1933－1935年间，全满人口增长了12.8%，其中人口增长率最高的是黑河省（133.3%）、三江省（88.2%）、兴安西省（41.5%）和东安省（38.1%），其次是兴安南省（28.2%）、热河省（26.8%）、间岛省（26.1%）、牡丹江省（22.8%）和锦州省（21.1%），再次是兴安北省（16.3%）、北安省（14.9%）和龙江省（13.0%）。其余省份人口增长率低于平均水平，属于人口净流出区。其中兴安东省（－16.7%）和通化省（－5.4%）出现了负增长，人口流失最为严重。1935－1938年间，全满人口增长了9.7%，其中人口增长率最高的是兴安东省（61.5%）、热河省（47.9%）、兴安南省（39.8%）和兴安西省（30.1%），其次是兴安北省（23.4%）、牡丹江省（22.1%）、锦州省（19.2%）、龙江省（18.3%）、北安省（17.5%）和间岛省（14.5%）。其余省份人口增长低于平均水平，属于人口净流出区。其中黑河省（－18.5%）、三江省（－13.6%）、安东省（－4.0%）、东安省（－3.7%）、四平省（－0.5%）和奉天省（－0.3%）出现了负增长，人口流失最为严重。1938－1940年间，全满人口增长了8.3%，其中人口增长率最高的是兴安东省（67.0%）、黑河省（45.5%）和牡丹江省（37.6%），其次是东安省（23.8%）、兴安北省（21.9%）和兴安西省（21.4%），再次是兴安南省（13.6%）、龙江省（13.2%）、间岛省（11.3%）、滨江省（9.8%）和三江省（8.4%）。其余省份人口增长率低于平均水平，属于人口净流出区。总的来看，1933－1940年间，全满人口增长了34.0%。全部省份可分两类：高于平均增长率的和低于平均增长率的。第一类省份首先是黑河省（176.7%）、兴安东省（124.6%）、牡丹江省（106.3%）、兴安南省（103.6%）、热河省（98.9%）和兴安西省（97.2%），其次是三江省（76.3%）、兴安北省（75.0%）、东安省（64.7%）和间岛省（60.7%），最后是锦州省（55.4%）、龙江省（51.3%）和北安省（46.1%）。第二类省份首先是滨江省（24.5%）和吉林省（24.1%），其次是四平省（10.5%）和奉天省（10.0%），最后是安东省（5.2%）和通化省（2.1%）。

从历时性的角度来观察各省人口增长率，可以发现1933－1935年、1935－1938年、1938－1940年三个时间段各省人口增长率变化较大，增长率最高的并不总是同一些省份。通过观察各个阶段各省人口增长率的高低，可以了解各个阶段移民的主要去向。1933－1935年间，移民主要流向北部和东北部省份（黑河省、三江省、东安省、牡丹江省、间岛省），其次是西南部省份（兴安西省、兴安南省、热河省、锦州省），这些省份经历了显著的人口增长。1935－1938年间，移民主要流向西部省份（兴安东省、兴安北省、兴安南省、兴安西省、热河省、锦州省），以及毗邻上述省份的龙江省和北安省，在东部只有牡丹江省的间岛省有移民流入。前一阶段人口增长率最高的黑河省、三江省、东安省，出现了负增长，经历了严重的人口外流。1938－1940年间，移民主要流向北部省份（黑河省、兴安东省、兴安北省）和东部省份（牡丹江省、东安省），西南部只有兴安西省有较多的人口流入。以上三个阶段叠加起来，就是1933－1940年间伪满洲国人口流动的空间模式：外围省份（北部、东部、西部）人口增长率较高，是人口流入地区，而核心省份（中南部）人口增长率较低，并且从北向南递减，是人口流出地区。如图2－20所示。

全满人口增长率的变化趋势是逐步下降，随着人口基数的不断增长，移民数量如不能保持相应的增长，就会出现这样的情况。各省按人口增长率的变化趋势大致可分为以下四种类型：一是逐步下降型，如间岛省、锦州省、兴安西省。这些省份在各个时段人口增长率都高于平均水平，属于人口流入省份，人口增长率逐步下降，且降幅远大于平均水平，说明流入这些省份的移民在逐步减少。二是逐步上升型，如滨江省、通化省、兴安东省。其中滨江省和通化省

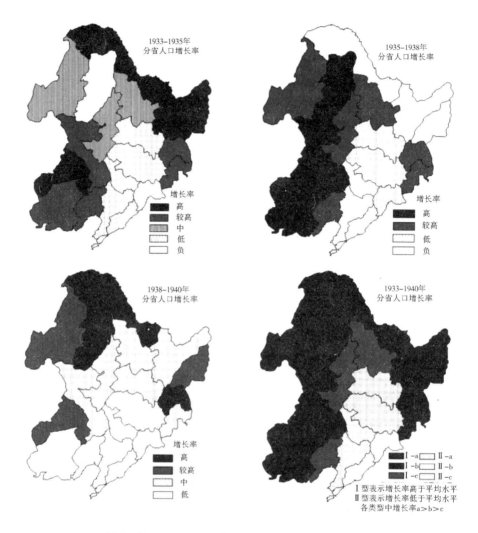

图 2 - 20　1933 - 1940 年间各时间段分省人口增长率

人口增长率低于平均水平①，属于人口流出省份，人口增长率的逐步上升说明流出这些省份的移民在逐步减少。兴安东省在第一阶段人口增长率为负，人口严重外流，在第二阶段和第三阶段人口增长率急剧上升，远远超过平均水平，说明后来有大量人口回流。三是先升后降型，即呈"A"字型变化，如龙江省、北安省、热河省、兴安南省、兴安北省。这些省份在各个时段人口增长率都高于平均水平，属于人口流入省份，对于这些省份而言，第二阶段人口增长

①　滨江省只有 1938 - 1940 年人口增长率略高于平均水平，但总体而言仍是人口流出省份。

率最高，也就是说，1935－1938年是移民流入的黄金时代。四是先降后升型，即呈"V"字型变化，如吉林省、黑河省、三江省、东安省、牡丹江省、安东省、四平省、奉天省。其中吉林省、安东省、四平省、奉天省在各个时段人口增长率都低于平均水平，属于人口流出省份，1935－1938年正是其人口外流出最严重的时期，除吉林省外其他三省人口都出现了负增长。相比之下，黑河省、三江省、东安省的人口增长率可谓大起大落。这些省份在第一阶段和第三阶段人口增长率都高于平均水平，属于人口流入省份，可是却在第二阶段出现了负增长，人口严重外流。只有牡丹江省人口增长率相对保持稳定，第二阶段比第一阶段只有略微下降，第三阶段出现较大幅度上扬，可谓人口不断加速流入的典型。总之，经历"V"字型变化的省份最多，对于近一半省份来说，1935－1938年是人口增长率的谷底。在某种程度上可以说，1935－1938年间第三类省份移民流入的黄金时代正是以第四类省份的人口外流为代价的。以上是对各省人口增长率变化的定性描述，下面具体衡量其变化幅度。

表2－61　伪满洲国各省人口增长率的历时变迁

省别	A	B	C	D	E	F	1940年人口普查数字		
	1933_1935	1935_1938	1938_1940	A－B	B－C	|D|＋|E|	男	女	性别比
吉林省	11.5	4.3	6.8	7.2	－2.5	9.8	3454897	2783640	124.1
龙江省	13	18.3	13.2	－5.3	5	10.3	1158841	928251	124.8
北安省	14.9	17.5	8.2	－2.7	9.4	12	1316478	1001575	131.4
黑河省	133.3	－18.5	45.5	151.7	－63.9	215.6	114613	35066	326.8
三江省	88.2	－13.6	8.4	101.8	－22	123.8	853306	564582	151.1
东安省	38.1	－3.7	23.8	41.8	－27.4	69.2	346568	176265	196.6
牡丹江省	22.8	22.1	37.6	0.8	－15.5	16.3	447284	241829	185.0
滨江省	5.4	7.5	9.8	－2.2	－2.3	4.4	2369463	1866947	126.9
间岛省	26.1	14.5	11.3	11.6	3.2	14.9	467789	381030	122.8
通化省	－5.4	0.3	7.7	－5.7	－7.5	13.1	603688	379254	159.2
安东省	8.6	－4	1	12.5	－5	17.5	1171081	1061203	110.4
四平省	6.1	－0.5	4.7	6.6	－5.2	11.8	1595995	1343147	118.8
奉天省	3.2	－0.3	7	3.5	－7.3	10.8	4106230	3460847	118.6
锦州省	21.1	19.2	7.6	2	11.6	13.5	2242270	2080969	107.8
热河省	26.8	47.9	6	－21.1	41.9	63.1	2450864	2106812	116.3

续表

省别	A	B	C	D	E	F	1940 年人口普查数字		
	1933－1935	1935－1938	1938－1940	A－B	B－C	｜D｜＋｜E｜	男	女	性别比
兴安西省	41.5	30.1	21.4	11.4	8.7	20.1	427756	336048	127.3
兴安南省	28.2	39.8	13.6	－11.7	26.2	37.9	580587	445648	130.3
兴安东省	－16.7	61.5	67	－78.2	－5.6	83.8	120906	79748	151.6
兴安北省	16.3	23.4	21.9	－7.1	1.4	8.5	91347	41130	222.1
合计	12.8	9.7	8.3	3.1	1.3	4.5	23919963	19313991	123.8

（说明：1940 年人口普查数字系根据下一章"康德七年临时国势调查"数字而得。）

（资料来源：根据表 2－60 计算而得。）

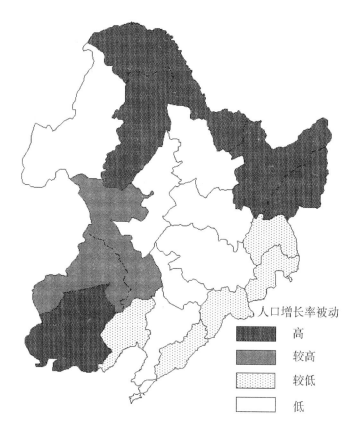

人口增长率被动

■ 高

▨ 较高

▒ 较低

□ 低

图 2－21 1933－1940 年间各省人口增长率波动程度

表 2－61 中，A 项是指 1933－1935 年间各省的人口增长率，B 项是指

1935－1938 年间各省的人口增长率，C 项是指 1938－1940 年间各省的人口增长率。D 项是 B 项与 A 项之差，反映了前两个时间段人口增长率的变化幅度。E 项是 C 项与 B 项之差，反映了后两个时间段人口增长率的变化幅度。F 项是 D 项绝对值与 E 项绝对值之和，反映了三个时间段人口增长率的变化幅度。由 F 项可知，三个时间段内人口增长率波动最大的是黑河省（215.6）和三江省（123.8），其次是兴安东省（83.8）、东安省（69.2）和热河省（63.1），再次是兴安南省（37.9）和兴安西省（20.1），其余各省相对来说都比较低，其中以滨江省（4.4）为最低。全满人口增长率的波动很小，只有 4.5，是因为各地人口增长率的此增彼减互相抵消了一大部分，在一定程度上裂平了其波动。由此可知，人口增长率波动最大的是北部沿边省份（兴安东省、黑河省、三江省、东安省），其次是西部沿边省份（热河省、兴安南省、兴安西省），再次是东部沿边省份（安东省、牡丹江省、间岛省、通化省），其余的内地省份人口增长率波动最小。只有兴安北省地处边疆，而人口增长率波动却很小，是个例外。如图 2－21 所示。将各省 F 项与其相应的男女性别比作一相关分析，得相关系数为 0.72，两者呈强正相关，说明性别比高的省份人口增长率波动程度大，而性别比低的省份人口增长率波动程度小。

表 2－62　1933－1940 年间伪满洲国各省男女人口增长的比较

省别	男增长数	男增长率	女增长数	女增长率	性别比	总增长率
吉林省	620534	23.9	527666	24.3	117.6	24.1
龙江省	349408	47.8	322941	55.7	108.2	51.3
北安省	384160	45.8	307368	46.5	125.0	46.1
黑河省	49707	212.1	18332	121.7	271.1	176.7
三江省	312798	81.4	193841	66.1	161.4	76.3
东安省	129363	65.0	84089	64.2	153.8	64.7
牡丹江省	185400	107.1	120814	105.1	153.5	106.3
滨江省	419580	22.9	383115	26.5	109.5	24.5
间岛省	164686	62.8	131411	58.2	125.3	60.7
通化省	19542	3.8	－565	－0.2	－3458.8	2.1
安东省	20830	1.8	91822	9.5	22.7	5.2
四平省	131774	9.1	121924	10.1	108.1	10.5

省别	男增长数	男增长率	女增长数	女增长率	性别比	总增长率
奉天省	336899	9.1	343584	11.1	98.1	10.0
锦州省	929836	59.7	697720	50.6	133.3	55.4
热河省	1143628	94.5	1031648	104.3	110.9	98.9
兴安西省	176501	82.9	171668	118.1	102.8	97.2
兴安南省	250818	83.4	251600	136.5	99.7	103.6
兴安东省	62248	117.2	44500	136.7	139.9	124.6
兴安北省	28576	75.9	16863	73.6	169.5	75.0
合计	5716288	33.6	4860341	34.7	117.6	34.0

（资料来源：根据表 2-59 计算而得。）

由表 2-62 可知，1933-1940 年间，全满新增人口性别比为 117.6。人口增长率最高的一类省份，即黑河省、牡丹江省、热河省、兴安西省、兴安南省、兴安东省，其中黑河省（271.1）、牡丹江省（153.5）、兴安东省（139.9）新增人口性别比很高，而热河省（110.9）、兴安西省（102.8）和兴安南省（99.7）新增人口性别比很低。人口增长率次高的一类省份，即龙江省、北安省、三江省、东安省、间岛省、锦州省、兴安北省，其中龙江省（108.2）新增人口性别比很低，北安省（125.0）和间岛省（125.3）为中等，而兴安北省（169.5）、三江省（161.4）、东安省（153.8）、锦州省（133.3）都很高。人口增长率低于平均水平的省份，新增人口性别比都比较低，如吉林省（117.6）、滨江省（109.5）、四平省（108.1）、奉天省（98.1）。安东省甚至只有 22.7，出现了大量的男性人口流失。通化省是个例外，女性出现了负增长。排除性别比为负的通化省，将各省新增人口性别比与总人口增长率作一相关分析，得相关系数为 0.67，两者呈较强正相关。总的来说，全满的人口增长与单身男性移民流动有较密切关系。

小　结

1. 人口增长的空间模式

在全满范围内来看，其中西部、北部、东北部边疆省份人口增长率较高，是人口流入地区，而中部、南部核心省份人口增长率较低，并且从北向南递减，是人口流出地区。各省按人口增长的空间模式，大致可分为以下几种类型：第一种类型，人口向城市中心所在县份集中，如安东省、奉天省、牡丹江省、三江省、兴安北省。其中奉天省和兴安北省有不止一个城市中心，三江省的中心城市靠近林业基地，这更加强了其优势。第二种类型，人口向各省边缘地区流动，如北安省、龙江省、热河省、四平省。北安省和龙江省北部人口增长率超过南部，即移民主要流向这两省靠近边疆的一侧。热河省情况与此类似，人口主要流向该省西部，即靠近边疆的一侧。四平省只有西北角靠近龙江省和吉林省的两个县能吸引移民，有较高的人口增长率。第三种类型，人口同时向各省的城市中心和边缘地区流动，如吉林省、滨江省。吉林省人口增长率最高的地区，除了中心城市新京外，还有西部、南部、东部几个沿边县份。滨江省人口增长率最高的地区，除了中心城市哈尔滨外，还有东部、北部几个沿边县份。这些边缘县份人口增长率之所以较高，主要是由于毗邻周边人口增长率更高的省份，是周边较高增长率的梯度延伸。第四种类型，人口主要流向矿业中心，如锦州省和东安省。这些省总的来说人口增长率相当高，但主要是采矿业的贡献，且矿业中心所在县份的人口增长率远高于其他县份。第五种类型，人口普遍流入，没有明显的规律，如黑河省、兴安东省、兴安南省、兴安西省、间岛省。这些省份基本都是边疆省份，绝大多数县份人口增长率都相当高，只有个别县份出现较低的增长率，甚至负增长。第六种类型，人口普遍流出，但中心地区人口外流不如边缘地区严重。这一类型只有通化省。第一种类型省份形成的条件是：该省要有较为发展的中心城市，且本身人口增长率较高，如牡丹江省、三江省、兴安北省。如果该省人口增长率较低，则不能毗邻人口高增长省份，如安东省、奉天省。否则就会成为第三种类型，如吉林省、滨江省。总之，人口向中心城市的大量集中和中心城市的显著发展是 1930 年代东北人口增长空间模式的重要特点，正如王益寿所指出的，"1930 年以前，人口增长主要在满洲农村，但在 1930 年代大量人口增长发生在城市中心"①。

---

① Wang, I – shou. Chinese Migration and Population Change in Manchuria, 1900 – 1940. Ph. D. dissertation, Geography, University of Minnesota, 1971. pp. 214 – 215.

2. 人口增长与单身男性移民的关系

表 2 - 63　伪满洲国各省人口增长与单身男性移民的相关性①

省别	相关系数	省别	相关系数	省别	相关系数	省别	相关系数
吉林省	0.82	东安省	0.95	安东省	0.47	兴安西省	0.71
龙江省	0.67	牡丹江省	0.99	四平省	0.49	兴安南省	0.33
北安省	0.66	滨江省	0.57	奉天省	0.52	兴安东省	0.49
黑河省	0.91	间岛省	0.68	锦州省	0.99	兴安北省	0.92
三江省	0.66	通化省	0.58	热河省	0.74	全满②	0.67

（资料来源：综合各省相关系数而得。）

表 2 - 63 中，在各省内部各县之间用新增男女人口数之差与人口增长率作相关分析，在全满各省之间则是用新增男女性别比与人口增长率作相关分析。因为县级政区规模相差不大，但男女人口常有负增长，这样性别比经常会出现负数，故各省内部各县之间作相关分析，用新增男女人口之差效果更好。相比之下各省之间人口规模悬殊，作相关分析用男女性别比效果更好。由上表可知，单身男性移民与人口增长率之相关性，最高的是锦州省（0.99）、牡丹江省（0.99）、东安省（0.95）、兴安北省（0.92）、黑河省（0.91），其次是吉林省（0.82）、热河省（0.74）、兴安西省（0.71）、间岛省（0.68）、龙江省（0.67）、北安省（0.66）、三江省（0.66），再次是通化省（0.58）、滨江省（0.57）、奉天省（0.52）、四平省（0.49）、兴安东省（0.49）、安东省（0.47），最低的是兴安南省（0.33）。从第一类省份到第三类省份，单身男性移民数与总人口增长率的相关性逐步下降，单身男性移民对人口增长的贡献依次递减，或者说，人口增长受单身男性流动的影响在减弱。人口增长受单身男性流动影响最强烈的省份一般是边疆省份（如黑河省、三江省、东安省、牡丹江省、间岛省、热河省、兴安西省、兴安北省）③ 和次边疆省份（如北安省、龙江省），非边疆省份中只有吉林省和锦州省（矿业省份）比较强烈。人

---

① 文中的相关分析是皮尔逊相关分析（Pearson correlation analysis），由于分析的对象是"样本的总体"（所有伪满各县的人口增长率和单身男性移民数），而不是抽样样本，因此没有置信区间。

② 全满系用新增男女性别比与人口增长率作相关分析，且排除通化省在外。

③ 某些边疆省份同时还是矿业省份（如东安省）和林业省份（如黑河省、三江省），边疆省份在很大程度上都是山区省份，所以矿业、林业资源较丰富。

口增长受单身男性流动影响最弱的省份一般都是内地省份（如奉天省、安东省、四平省、滨江省）。兴安东省、兴安南省这样的边疆省份，人口增长受单身男性流动影响也很弱，是个例外。如图 2 - 22 所示。

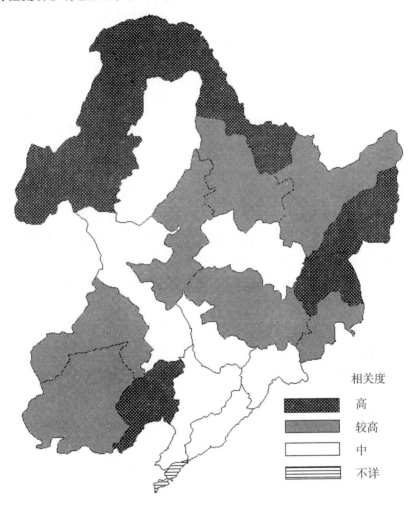

相关度

高

较高

中

不详

图 2 - 22　各省单身男性移民与人口增长率相关度

3. 人口增长率波动程度所反映的问题

如前所述，人口增长率波动程度（以下简称波动度）的研究表明，波动度最高的是北部、西部和东部边疆省份，而其余的内地省份波动度很低。人口增长与单身男性移民相关程度（以下简称相关度）的研究也表明，相关度最高的省份是边疆省份和次边疆省份，而内地省份相关度较低。两个参数在空间上的分布有相似之处，但也有出入。根据两个参数的一致与否，可将各省分为以下几个类型：

第一是波动度高、相关度也高的省份，如黑河省、三江省、东安省、兴安西省、热河省。这些省份是典型的边疆省份，定居历史较短，不断有移民涌入，移民主要从事林业、矿业或牧业，农业不占重要地位，一般也缺少较为发展的城市中心。其中三江省定居历史更为悠久，平原地形较多，农业地位较为重要，故相对于其他边疆省份，相关度也要低一些。

第二是波动度低、相关度也低的省份，如奉天省、四平省、安东省、通化省、滨江省。这些省份作为传统的"内地"核心省份，是定居历史悠久的农业社会，人口较少流入而较多流出。

第三是波动度高、相关度低的省份，如兴安东省、兴安南省。这些省份人口增长与单身男性流动相关性不大，但人口增长率却有较大的波动，只能说明这些地区增加的人口在很大程度上属于"发现增加"，反映了原来人口统计的不完善。由于这两省地处蒙古族聚居区，地广人稀，出现这样的情况似可理解。其他蒙古族聚居区，如兴安西省、热河省，某种程度上也有这样的问题，这也是其波动度较高的部分原因。

第四是波动度低、相关度高的省份，如锦州省、吉林省、龙江省、北安省、牡丹江省、间岛省、兴安北省。这些省份又可分为两类，其中锦州省、吉林省、牡丹江省、兴安北省相关度更高，说明人口增长与单身男性移民有密切的关系。结合前面对各省人口增长空间模式的分析，可知这些省份有新兴的城市中心，吸引了较多的单身男性移民。龙江省、北安省、间岛省相关度低一些，介于边疆省份和内地省份之间，反映了其半边疆省份的地位。在这些省份，定居历史较为悠久，农业社会特征较为明显，故单身男性移民相对少一些。

从以上分析可知，相关度反映了单身男性移民对人口增长的贡献程度。相关度高的省份，通常林业、矿业等非农产业，或新兴城市较为发展，能大量吸引单身男性移民前往，而相关度低的省份则农业社会色彩更浓些，因为一来这些地区对移民的吸引力不够，二来移民如果从事农业，往往会携家前往。奉天省、滨江省也有较为发展的城市，但相关度并不高，主要是因为这些城市历史较久，并非新兴城市，当前并没有能吸引大量单身男性移民前往。波动度反映了某地人口增长的稳定程度，波动度高的省份，通常林业、矿业、牧业等非农产业突出，且无较为发展的城市中心，此外就是统计的问题。而波动度低的省份或者是定居历史悠久的传统农业社会，或者有序发展的新兴城市，或者两者兼而有之。因为农村和城市这些永久定居的社会，其成长速度往往相对稳定，抗外来冲击能力也更强，人口规模一般不会大起大落，而矿山、林场之类的聚落则正好相反。波动度与性别比呈强正相关，正如下一章所指出的，性别比反映了一个地方的定居开发程度，性别比低的地方定居历史悠久，开发程度较高，相应地人口增长率波动程度也低，而性别比高的地方定居历史短暂，开发程度较低，相应地人口增长率波动程度也高。这就是相关度和波动度两个参数的含义，它们之间有很多相似之处，也有不少区别，故而在空间分布上会呈现出一定差异。

第三章

"康德七年临时国势调查"与东北人口研究

近代赴东北的移民作为一个群体，呈现出某些人口学方面的特征，如性别比偏高、年龄结构偏年轻等等。以下是对20年代后期登陆大连的内地移民的统计：

表3-1 到大连之内地移民人数及性别分配（1925~1929）

年份	成年之男人		妇女与儿童	
	人数	百分比	人数	百分比
1925	174733	88.5	22659	11.5
1926	242624	88.8	30448	11.2
1927	481031	80.2	118421	19.8
1928	418960	82.7	87593	17.3
1929	433777	84.6	79170	15.4

（资源来源：何廉《东三省之内地移民研究》，《经济统计季刊》第1卷第2期，1932年，第233页。）

由表3-1可知，20年代末期由大连登陆赴东北的移民中，成年男子占到80%-90%，妇女与儿童加在一起也不超过20%。1937年以后，日本以各种方式从华北掠往东北的劳工有677.9万余人，以及家属221.3万人[1]，取一劳工只有一家属的最小值，也最多只有三分之一的劳工是携家前往东北的，可见30年代后期到40年代赴东北的移民也是单身男子占绝对优势。再看表2，1935年对山东赴东北移民年龄结构的统计：

---

[1] 居之芬：《日本强掳华北劳工人数考》，《抗日战争研究》，1995年第4期，第62页。

表 3 - 2　1935 年往东北移民年龄构成情况

年龄	20 以下	20 - 30	30 - 40	40 - 50	50 - 60	60 以上	合计
人数	57277	167080	108345	57777	25523	7874	423876
百分比	13.5	39.4	25.6	13.6	6.0	1.9	100.0

（资料来源：《东亚经济研究》，1934 年版，第 241 页，转引自路遇《清代和民国山东移民东北史略》，上海社会科学院出版社 1987 年版，第 53 页。）

由表 3 - 2 可知，移民中 20 - 40 岁的占了 65%，而 50 岁以上的只占不到 8%。从以上几个典型例子可知，近代赴东北移民是一个以青壮年男子为主的群体。这样一个群体注入到东北原有的人口中，必然会影响原有人口的人口学特征，如性别、年龄结构等，使其呈现出新的面貌。反过来，通过观察某一地区现有人口的这些特征，就可以估计其是否、以及在多大程度上受到移民迁入的影响，综合各个地区的情况就可以判断移民到东北后的分布和走向，以及移民进入东北的大概时间段，进而区分不同的移民类型。这就是本章所用的主要方法，而本章所用的核心资料则是伪满康德七年"临时国势调查"所产生的人口普查数据。

第一节　伪满"康德七年临时国势调查"

伪满当局于 1935 年 12 月 31 日和 1936 年 12 月 31 日分别进行了第一次和第二次临时人口调查，不过仅限于城镇人口。1940 年（伪满康德七年）10 月 1 日，伪满当局在经过充分准备后在其"全国范围"内进行了第三次人口调查，也就是"临时国势调查"。伪满的这次"临时国势调查"，从 5 月 9 日开始筹备到 12 月 25 日发表报告，历时半年以上，由于准备充分、控制严密、技术手段到位[1]，其普查质量超过了 1953 年前中国的历次全国性人口普查。[2] 虽然日伪当局进行人口普查是为其侵略活动服务的，但客观上为我们研究近代东北人口提供了便利。以下就是此次"临时国势调查"的简要情况：

一、临时国势调查的机构

1940 年 5 月 9 日，伪满国务院总务厅附置临时国势调查事务局，掌管临

---

[1]　比尔指出，"临时国势调查"实质是日本普查方法在东北的移植。Beal, Edwin G., Jr. "The 1940 Census of Manchuria", The Far Eastern Quarterly, Vol. 4, No. 3 (May, 1945), p. 247.

[2]　参见侯杨方《中国人口史》第六卷（1910 - 1953 年）第二章、第三章对 1953 年前历次全国性人口普查的评价，第 48 - 77 页。

时国势调查事务①。临时国势调查事务局分庶务、调查、整理三科，有局长、副局长、理事官、事务官、技佐、属官、技士等职员 23 人，局长由国务院总务厅统计处长充任②。在省、县旗、市、街、村、开拓团等各级地方都成立了临时国势调查部，负责处理各自管内之调查事务。省部长由民生厅长或参事官充任，县旗部长由县长或旗长充任，新京、奉天、哈尔滨市部长由副市长充任，其他市、街、村、开拓团部长由市长、街、村、开拓团长充任，各级部员由其部长在其职员中拣任，还应包括协和会职员③。同时还成立了临时国势调查中央委员会，负责审议关于临时国势调查之重要事项。委员会以委员长及委员若干人组成，委员长由总务厅次长充任，委员由相关机关高级官员、协和会中央职员及有学识经验者组成，干事长由临时国势调查事务局长充任④。在省、市、新京特别市成立了临时国势调查地方委员会，委员长由省次长或副市长充任，委员由相关机关高级官员、当地协和会职员及有学识经验者组成，干事长由当地监督官署高级官员充任⑤。

二、临时国势调查的主要执行人员

临时国势调查的主要任务在基层，因此基层地方长官，即新京特别市长、市长、满洲里街长、街长、村长及开拓团之团长，以及黑河省及兴安北省的国境警察队中队长、兴安东省的警察署长、在其他未设置街村之省的保长或努图克达，又称为"掌管调查之执行者"⑥，负主要责任。掌管调查之执行者，其主要任务有：设定调查区，为调查区指定调查员，训练指导调查人员，发放调查用纸，检查调查文书表格，提交调查报告。⑦

临时国势调查的实际承担者是调查员和指导员。调查员首先在所负责的调查区内确定户数，并在每户房屋粘贴调查番号票。其次调查户牌、号数、户长姓名及各户人员概数。以上调查完成后，将结果填在照查表第一至五栏。这实际上是一个预查的过程，为以后发放申告书用纸提供参考。然后在九月二十一日至三十日之间将申告书用纸按事先编号分发给各户，由各户申告义务人填写

---

① 《国务院总务厅附置临时国势调查事务局之件》，《伪满洲国政府公报》第 68 卷，第 178 页。
② 《国务院总务厅临时国势调查事务局分科规程》，《伪满洲国政府公报》第 69 卷，第 30 页。
③ 《临时国势调查地方事务办理规程》，《伪满洲国政府公报》第 69 卷，第 1845 号第 5 页。
④ 《临时国势调查中央委员会规程》，《伪满洲国政府公报》第 68 卷，第 250 页。
⑤ 《临时国势调查地方委员会规程》，《伪满洲国政府公报》第 68 卷，第 251 页。
⑥ 《临时国势调查员及同指导员须知》，《伪满洲国政府公报》第 69 卷，第 1845 号第 19 页。
⑦ 《临时国势调查地方事务办理规程》，《伪满洲国政府公报》第 69 卷，第 1845 号第 5 页。

申告书，并在十月一日午前九时以前提交。在收到申告书并检查无误后发给该户临时国势调查申告完讫证。收集完毕申告书后整理之，填写照查表第六至八栏，并制作照查表副本。①

三、临时国势调查的相关文书及其往来

调查产生的文书有申告书甲号、申告书乙号一、申告书乙号二、照查表、照查表副本、要计表（包括市街村团要计表、县旗要计表及省要计表）几种。申告书甲号，登记"生计相共之家属团体、同居者、使用人及一时之住在者"，每户一份，提交给国务总理大臣。申告书乙号一，"仅填写生计相共之家属团体"。申告书乙号二，记录"单身之同居者、使用人及一时之住在者"，及"一人构成一户者"，无论有无"使用人或一时之住在者"。乙号一及乙号二都是一式两份，一份各户自己保存，一份提交"掌管调查之执行者"。② 调查员将申告书按番号整理好后，与照查表、照查表副本一并提交"掌管调查之执行者"。"掌管调查之执行者"接收申告书完毕时，应将申告书甲号按顺序整理，每一调查区为一捆，并据此制作基层（即新京特别市、市、满洲里街、街、村、及开拓团）要计表两份。然后在十一月三十日以前将此要计表之一份及申告书甲号捆、照查表提交至上一级主管部门（新京特别市长向国务总理大臣、市长及满洲里街长向省长、街长村长及开拓团团长向县长或旗长），将另一份要计表及照查表副本在调查结束后继续保管十年。县旗再据此制作县旗要计表提交省，省再据此制作省要计表于十月三十日以前提交国务总理大臣，同时申告书甲号捆及照查表最迟亦须于十二月十日以前提交国务总理大臣。③

四、临时国势调查的对象及标准时刻

调查对象是"康德七年十月一日午前零时，在帝国版图内有住所或居所者，及一时暂在者"，但不包括"外国之使臣，同盟国之军人、家属及使用人"及"国务总理大臣特别指定之地域内者"。④

调查事项有姓名、家长之姓名及住所、父母之姓名及与父母之关系、为户长者其与家长之关系、为户长以外者其与户长之关系、男女别、出生之年月日

---

① 《临时国势调查员及同指导员须知》，《伪满洲国政府公报》第69卷，第1845号第19页。
② 《临时国势调查地方事务办理规程》，《伪满洲国政府公报》第69卷，第1845号第5页。
③ 《临时国势调查书类检查手续》，《伪满洲国政府公报》第69卷，第1845号第16页。
　　《临时国势调查地方事务办理规程》，《伪满洲国政府公报》第69卷，第1845号第5页。
④ 《临时国势调查法》，《伪满洲国政府公报》第69卷，第1845号第1页。

及年龄、配偶关系、职业、种族别（为外国人者其国籍别）、籍贯（为日本人者其本籍）、住所居所或一时暂在之场所、来满之年月日（限于在外国出生者）、来住于住所居所或一时暂在之场所之年月日、兵役关系。上述调查就户进行，所谓户，系指"同生计之家属（包含家长）之团体"而言，独自立生计者亦为一户。其中"不属于户者，或虽属于户而不在户之所在场所者"，就其暂在之场所进行调查。①

五、临时国势调查的结果

调查结果显示，伪满全国总人口 43，202，880 人，人口密度为每平方千米 33.2 人。其中男 23，908，082 人，女 19，294，798 人，男女性别比为123.9。按民族来分，汉人 36，870，978 人，满洲旗人 2，677，288 人，回教人 194，473 人，蒙古人 1，065，792 人，日本内地人 819，614 人，朝鲜人 1，450，384 人，无国籍人 69，180 人，第三国人 3，732 人。

第二节　对调查数据的整理和分析

对临时国势调查所产生的资料进行分类整理后，将进行以下几方面的分析：

一、性别比的空间分布

性别比在一定程度上反映了一个地区的开发程度，性别比高的地方往往开发历史较短、开发程度较低，而性别比低的地方通常开发历史较久、开发程度较高。因为率先到达一个地区的第一批移民，往往是青壮年男子居多，其性别比也是最高的，随着地区开发的进行，移民的第二代出生，以及后来的移民携家带口陆续迁入，性别比才会逐渐降下来。城市是另外一种类型，由于产业集中，成为青壮年男子流动的重要目标，从而使得这一规律不适用。将各县性别比用 mapinfo 软件做成专题图，如图 3－1 所示。由此可以直观地看出，第一类地区性别比在 110 以内，主要是辽东半岛、北宁铁路和南满铁路沿线县份，这一地区地处南部，关内移民较早迁入，是最早得到开发的地区。由于铁路给移民带来的便利，使得铁路沿线也成为较早开发的地区。第二类地区性别比在 110 －

---

① 《临时国势调查法》，《伪满洲国政府公报》第 69 卷，第 1845 号第 1 页。
　《临时国势调查法施行规则》，《伪满洲国政府公报》第 69 卷，第 1845 号第 2 页。

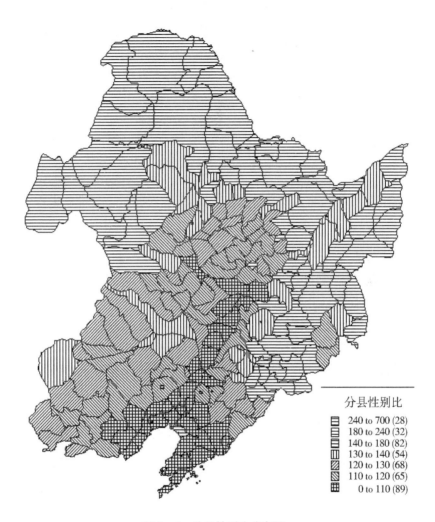

分县性别比

▤	240 to 700 (28)
▥	180 to 240 (32)
▤	140 to 180 (82)
▥	130 to 140 (54)
▨	120 to 130 (68)
▧	110 to 120 (65)
▦	0 to 110 (89)

图 3-1　分县性别比分布图

120 之间，包括哈尔滨周围的呼兰河、拉林河流域，朝鲜人较早迁入的间岛地区，以及紧靠第一类地区铁路沿线县份的外围地区。第三类地区性别比在 120 - 130 之间，位于第二类地区的外围。上述三类地区基本囊括了松辽平原的大部。第四类地区性别比在 130 - 140 之间，包括沿中东铁路西线和松花江下游的几个县份，以及靠近第二、三类地区的松花江上游地区。第五类地区性别比在 140 - 180 之间，包括长白山区、牡丹江上游地区和嫩江上游个别县份。性别比在 180 以上的县份可归入最后一类，包括乌苏里江、黑龙江沿线、以及呼伦贝尔西部几个县份。由此可以证明，移民是一个积淀的过程，地区开发往往按梯度进行。

移民首先选择的是容易到达和容易开发的地区，如辽东半岛和南满铁路沿线地区，等这些地区的开发达到一定程度后，就开始溢出，流向周围的近邻地区，如呼兰平原、吉林西北平原，这些地区交通便捷、农耕条件好，也是清代东北放垦最早的地方之一①。相比之下，四洮铁路沿线、西辽河中游地区由于土质恶劣，沙地和盐碱地居多②，所以虽然更靠南，交通也较便捷，但开发程度却不及呼兰平原和吉林西北平原。等到这些地方开发到一定程度，移民就开始流向松花江下游、松花江上游和中东铁路西线等条件更次一些的地区。至于乌苏里江、黑龙江沿线和呼伦贝尔地区，地理位置偏僻、交通不便、农耕条件一般或较差，其超高性别比就不能用通常的地区开发来解释了，而应从政策层面寻找原因。这些地区与苏联接壤，是日伪国防的重点地带，关东军"北进计划"、边境要塞修建和伪满当局的"北边振兴计划"、"产业开发五年计划"都以这里为重点③，导致人口因军事需要大量向这些地区流动。

二、性别比与人口密度的相关性

将各县性别比与人口密度作一相关性分析④，相关系数只有0.04，可以说两者几乎没有什么相关性。但如果将各省作为一个区域，在其内部各县作相关性分析，结果就会大为不同。按省来作相关性分析，要先排除行政上的城市，因为这种行政区人口密度太高，会对结果产生不利影响。

表3-3　各省性别比-人口密度相关系数⑤

省别	相关系数	省别	相关系数	省别	相关系数
吉林省	-0.72	牡丹江省	-0.77	锦州省	-0.69
龙江省	-0.45	滨江省	-0.63	热河省	-0.70
北安省	-0.60	间岛省	-0.91	兴安西省	0.25
黑河省	0.02	通化省	-0.30	兴安南省	-0.13

① 葛剑雄等：《简明中国移民史》，福建人民出版社，1993年版，第474页。

② 何廉：《东三省之内地移民研究》，《经济统计季刊》1932年第1卷第2期，第241页。

③ 赵宁等：《日本关东军的对苏战略与苦难的中国劳工》，《北方文物》，1995年第3期，第37页。

④ 文中的相关分析是皮尔逊相关分析（Pearson correlation analysis），由于分析的对象是"样本的总体"（所有伪满各县的性别比和人口密度），而不是抽样样本，因此没有置信区间。

⑤ 四平省系1940年分奉天省北部几县和吉林省长岭县新设的省份，因此在较早出版的"临时国势调查速报"中没有，而在后来出版的"临时国势调查报告"中有，本表依据"速报"计算，故没有四平省。但由于其绝大多数县份系分自奉天省，因此当与奉天省相关系数接近。

续表

省别	相关系数	省别	相关系数	省别	相关系数
三江省	−0.51	安东省	−0.90	兴安东省	−0.10
东安省	−0.46	奉天省	0.72	兴安北省	−0.23

（资料来源：根据伪满洲国国务院总务厅临时国势调查事务局《康德七年临时国势调查速报》第二表"市县旗别人口"整理计算而得。）

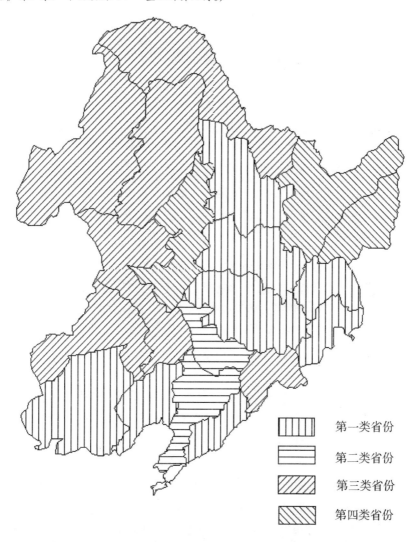

图 3-2　根据移民类型划分的四类省份

由表 3－3 可知，间岛、安东、吉林、牡丹江、热河、锦州、滨江、北安等省属于第一种类型，性别比与人口密度呈现出强烈的负相关，即人口密度越高，性别比越低，人口密度越低，性别比越高，也就是说在以上诸省内部，移民总是向人口密度低的地方流动。奉天省属于第二种类型，与第一种类型形成鲜明对照，其性别比与人口密度呈现出强烈的正相关，即人口密度越高，性别比越高，也就是说在奉天省内，移民向人口密度高的地方流动。黑河、兴安南、兴安东、兴安北几个省属于第三种类型，其相关系数接近于零，说明这几个省的人口流动与人口密度基本没有什么相关性。三江、东安、龙江省属于第四种类型，其相关系数介于第一类和第三类之间。第一类省份往往是有多余土地可供开发的省份，移民主要从事农业开发，人口流动自然是移密就疏的趋势。第二类省份是工商业发达、城市化程度较高的省份，移民通常往工商业集中的地方流动，使人口出现积聚效应。第三类省份靠近"满"苏、"满"蒙边境，其人口流动主要是军事需要，与工农业发展基本没有关系。第四类省份也是地广人稀适宜农业开发的省份，从事农业开发的移民向人口稀少的地方流动，所以呈现出负相关。但这些省份同时处于边境地区，由军事需要导致的人口流动与人口密度无关，冲淡了其农业开发型移民的色彩，使相关系数没有第一类省份那么高。如图 3－2 所示。

三、1940 年人口普查数据与人口登记数据之比较

如前所述，人口普查的对象是"康德七年十月一日午前零时，在帝国版图内有住所或居所者，及一时暂在者"，即现在人口，而人口登记的对象是户籍人口。将各县普查人口数除以登记人口数，所得比值即可反映人口的短期流动：比值小于 1 的地区，现在人口数少于户籍人口数，人口流出；比值大于 1 的地区，现在人口数多于户籍人口数，人口流入。如图 3－3 所示。

总体来看，比值最低的是安东省、奉天省、锦州省、四平省等南部省份，其次是吉林省、滨江省等中部省份，而比值最高的是东部、北部、西部边疆省份。全满范围内人口短期流动的大体趋势就是从中南部核心省份流向东部、北部、西部的边疆省份，这一趋势与上一章所述 1933－1940 年人口省际流动模式非常相似，只有东部的长白山区是个例外。这一地区包含通化省和吉林省东部的几个县，在 1933－1940 年间人口增长率并不高，低于全满平均水平，总的来说是人口外流区，而在 1940 年却是人口短期流动的流入区。如上一章所述，通化省 1930 年代三个阶段的人口增长率在不断上升，1938－1940 年间人口增长率已接近平均水平，1930 年代的人口外流已基本停止，该比值正是这一现象的反

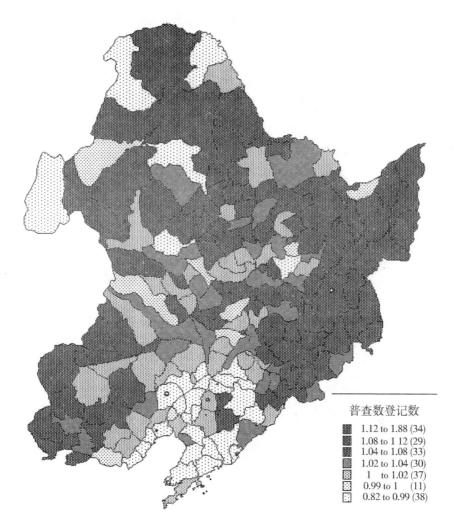

普查数登记数

■ 1.12 to 1.88 (34)
■ 1.08 to 1 12 (29)
■ 1.04 to 1.08 (33)
▨ 1.02 to 1.04 (30)
▨ 1　to 1.02 (37)
⬚ 0.99 to 1　(11)
⬚ 0.82 to 0.99 (38)

图 3 – 3　1940 年人口普查数与人口登记数之比的空间分布

映。再具体看各省内部的流动模式，可将各省分为以下几种类型：第一，全省
大多数县份都是人口流入区，如通化省、间岛省、牡丹江省、东安省、三江省、
黑河省、兴安东省、兴安西省、兴安南省、热河省，这些省份一般都是边疆省
份。第二，全省一部分县份的人口流入程度明显高于另外一部分县份，如北安
省和龙江省，这些省份都是次边疆省份，其北部（即靠近边疆的一侧）人口流
入更多。第三，全省大部分县份都是人口流出区，只有个别县份是人口流入区，
而这些县份往往是中心城市所在地，如奉天省、安东省、锦州省，这些省份有

较为发展的城市中心，其人口在向中心城市集中。第四，全省中心城市所在县份和边缘县份都是明显的人口流入区，如吉林省、滨江省，人口向中心城市集中的同时，也在向边缘县份流动。这些省份一方面有较为发展的城市中心，另一方面毗邻周边的人口高流入省份，其边缘县份的人口高流入正是这一趋势的自然延伸。1940年各省内部人口短期流动的空间模式与1933－1940年间各省内部人口流动的空间模式非常相似，这反映了人口的短期流动和长期迁徙在去向上有高度一致性。如图3－4所示。

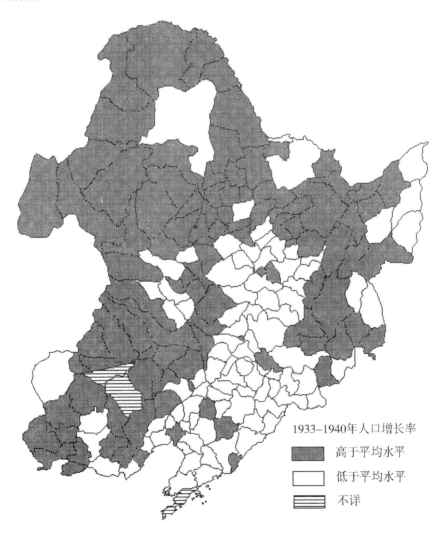

图 3－4　1933－1940 年分县人口增长率

四、各地城镇人口所占比重

1940 年"临时国势调查"的分县人口统计中，县级以下单位有街、村、开拓团、努图克等。其中"街"是伪满洲国各县的建制城镇，一般是各县的县城所在地，但有的县有不止一个"街"，也有不少县连一个街也没有。此外，伪满各大城市大都是"切块设市"，这些城市有吉林市（分自永吉县）、齐齐哈尔市（分自龙江县）、佳木斯市（分自桦川县）、安东市（分自安东县）、奉天市（分自沈阳县）、抚顺市（分自抚顺县）、本溪湖市（分自本溪县）、辽阳市、鞍山市（分自辽阳县）、铁岭市（分自铁岭县）、四平街市（分自梨树县）、锦州市（分自锦县）、阜新市（分自阜新县）、海拉尔市（分自呼伦县）、满洲里街（分自胪滨县）等。这些"市"在行政上是独立的，但在地理上是原县的有机组成部分。在此为了计算分地区的城市化水平，将各市人口加入到相应的县份，再将各县份的"市"和"街"的人口加起来，除以总人口数，就可以得到该县的城镇人口比例。当然，这样计算出来的结果有些偏差，原因就是"市"和"街"的人口并不完全是城镇居民，但也有不少地方根本没有设"街"、"市"，却有一定数量的城镇居民。关于城镇人口的标准，只能沿用伪满当局的设置，舍此以外别无它法。由此可得各省城镇人口比例如下：

表 3 - 4　各省城镇人口所占比例（百分比）

省别	总人口数	城镇人口		省别	总人口数	城镇人口	
		实际数量	所占比例			实际数量	所占比例
吉林省	6419226	1242587	19.4	安东省	2232284	432178	19.4
龙江省	2087092	392156	18.8	四平省	2939142	459924	15.6
北安省	2318053	414690	17.9	奉天省	7567077	2470858	32.7
黑河省	149679	0	0.0	锦州省	4323239	699118	16.2
三江省	1417888	500479	35.3	热河省	4557676	168019	3.7
东安省	522833	132238	25.3	兴安西省	763804	61472	8.0
牡丹江省	689113	347177	50.4	兴安南省	1026235	77791	7.6
滨江省	4236410	1300244	30.7	兴安东省	200654	1688	0.8
间岛省	848819	142872	16.8	兴安北省	132477	47759	36.1
通化省	982942	293578	29.9	合计	43233954	9173079	21.2

（资料来源：根据伪满洲国国务院总务厅临时国势调查事务局《康德七年临时国势调查速报》第三表"街村别人口"整理计算而得。）

由表3－4可知，全满城镇人口比例是21.2%，其中城镇人口比例最高的是牡丹江省（50.4%），其次是兴安北省（36.1%）、三江省（35.3%）、奉天省（32.7%）、滨江省（30.7%）、通化省（29.9%）和东安省（25.3%），

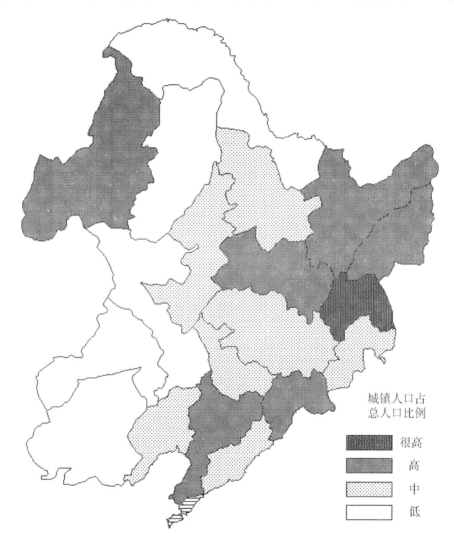

图3－5　各省城镇人口所占比例

其他省份比例都在平均值以下，其中以兴安西省（8.0%）、兴安南省（7.6%）、热河省（3.7%）、兴安东省（0.8%）为最低。黑河全省没有一个建制"街"。除了传统的城镇发达省份如奉天省和滨江省外，牡丹江省、三江

省、东安省、兴安北省这些边疆省份的城镇人口比例惊人，反映了1930年代这些地区城镇的显著发展，此外跟这些地区人口多从事非农产业也有关系。通化省城镇人口比例也较高，结合前面一章的分析，这一省份在1930年代是典型的人口外流区，其中边缘县份人口比中心县份人口更容易外流，乡村人口比城镇人口更容易外流，所以造成了城镇人口比例相对较高的"假象"。如图3-5所示。下面再看分县的城镇人口比例图，来进一步考察各省内部的差异。

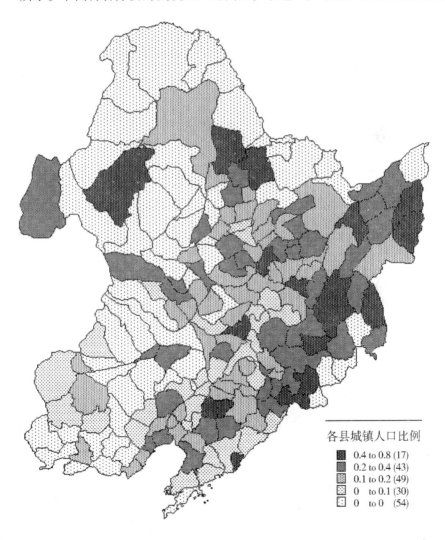

图3-6　各县城镇人口所占比例

如图3-6所示，除没有出现明显城镇发展的黑河省、兴安东省、兴安西省外，其他省份根据内部城镇发展的空间模式可分为如下几种类型：第一是单中心型，这些省份只有一个县城镇化水平比较突出，如安东省（安东）、四平省（四平）。第二是双中心型，这些省份有两个不相邻的县城镇化水平比较突出，如锦州省（锦州、阜新）、热河省（承德、赤峰）、兴安南省（通辽、王爷庙）、兴安北省（海拉尔、满洲里）、间岛省（延吉、珲春）、龙江省（齐

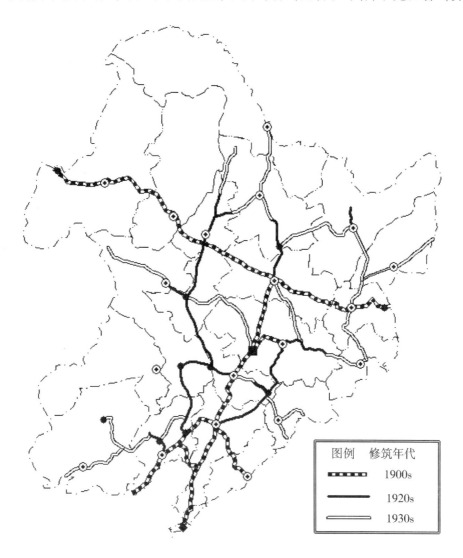

图 3-7　东北铁路网示意图

图例	修筑年代
▪▪▪▪▪	1900s
▬▬▬	1920s
═══	1930s

齐哈尔、白城）。第三是片状型，这些省份有一部分县份城镇化水平较高，形

成某种城镇带，如奉天省（以沈阳为中心的环状城镇带）、滨江省（以哈尔滨为中心的城镇带，沿松花江和中东铁路延伸）、北安省（包括北安、嫩江、德都、克山，规模较小）。其中奉天省和滨江省是全满城镇化水平最高的地区。第四是边疆型，如三江省、东安省、牡丹江省、通化省，这些省份全部位于东部边疆，除通化省外，都是新开发省份，有大量移民流入，且多从事非农业，故城镇人口比例普遍较高，且无明显的内部差别。该地区也有两个迅速发展的中心城市，牡丹江和佳木斯，但其他县份城镇人口的相对较高比例有其特殊成因，故不能简单地说这一地区城镇化水平高于其他地区。吉林省情况比较特殊，其西部是单中心型（长春），东部是边疆型，总体而言是这两种类型的结合。排除边疆型省份和奉天省、滨江省这些传统的城镇发达省份，再结合近代东北铁路网图来观察其它省份中心城市的分布，可以看出各省城镇人口比例最突出的县份或者位于铁路（特别是 1920 年代和 1930 年代所建铁路）的节点上，如北安、齐齐哈尔、白城（洮安）、通辽、阜新、锦州、海龙、四平，或者有铁路经过，如海拉尔、满洲里、嫩江、王爷庙、承德、赤峰、安东、延吉。铁路最晚延伸到热河省，其整体城镇化水平也较低。这也从一个侧面反映了铁路对城镇发展的重要意义。如图 3 - 7 所示。

五、各民族人口的比较研究

伪满洲国时期各民族往东北的移民，背景、原因、目的、过程都存在很大的不同，代表了不同的移民类型，因此放在一起比较研究，才能够更好地揭示其特征①。

1. 各民族人口的地理分布

表 3 - 5　各民族人口的地理分布

民族	汉人		满洲旗人		蒙古人		朝鲜人		日本人	
省市	人口数	%	人口数	%	人口数	%	人口数	%	人口数	%
新京	411333	1.12	8282	0.31	534	0.05	16424	1.13	110138	13.44
吉林	5162707	14.00	181807	6.79	20898	1.96	167620	11.56	43043	5.25
龙江	1879507	5.10	64731	2.42	100431	9.42	7595	0.52	24422	2.98

---

① 伪满"康德七年临时国势调查"对于民族的统计项有"汉人"、"满洲旗人"、"蒙古人"、"朝鲜人"、"日本人"五种，反映了当时的历史状况。除日本人外，其余四种分别对应后来中华人民共和国所划分 56 个民族中的汉族、满族、蒙古族、朝鲜族。本书为行文方便，使用当时的统计项，以下不再一一说明。

续表

民族	汉人		满洲旗人		蒙古人		朝鲜人		日本人	
北安	2163806	5.87	89678	3.35	2264	0.21	28319	1.95	30016	3.66
黑河	123139	0.33	11090	0.41	975	0.09	2196	0.15	8695	1.06
三江	1259398	3.42	75237	2.81	255	0.02	35085	2.42	40499	4.94
东安	417662	1.13	30926	1.16	103	0.01	33195	2.29	29348	3.58
牡丹江	452723	1.23	62784	2.35	42	0.00	118571	8.18	46691	5.70
滨江	3734613	10.13	298435	11.15	7315	0.69	66032	4.55	71389	8.71
间岛	173562	0.47	31887	1.19	24	0.00	616019	42.47	20055	2.45
通化	832316	2.26	40322	1.51	71	0.01	95433	6.58	10362	1.26
安东	1910206	5.18	212667	7.94	3629	0.34	66422	4.58	27669	3.38
四平	2689798	7.30	233650	8.73	4054	0.38	45391	3.13	22780	2.78
奉天	6254716	16.96	847936	31.67	8813	0.83	115536	7.97	272108	33.20
锦州	3773690	10.23	325426	12.16	133145	12.49	22864	1.58	35814	4.37
热河	4243912	11.51	136013	5.08	134852	12.65	1399	0.10	8929	1.09
兴安西	612316	1.66	1467	0.05	143943	13.51	701	0.05	1085	0.13
兴安南	548621	1.49	12492	0.47	449559	42.18	8981	0.62	3427	0.42
兴安东	156039	0.42	11423	0.43	23868	2.24	1692	0.12	4072	0.50
兴安北	70914	0.19	1035	0.04	31017	2.91	909	0.06	9062	1.11
合计	36870978	100	2677288	100	1065792	100	1450384	100	819604	100

（资料来源：根据伪满洲国国务院总务厅临时国势调查事务局《康德七年临时国势调查报告（第一卷 全国编）》第三表"民族市县旗别人口"整理计算而得。）

由表3-5可知，汉人分布集中在奉天、吉林、热河、锦州、滨江几个省，其次是四平、北安、安东、龙江、三江等省，总体来看人口集中区域从南部经南满铁路沿线，一直延伸到哈尔滨所在的滨江省，如图3-8所示。旗人分布集中在奉天、锦州、滨江三省，其次是四平、安东、吉林、热河，分布与汉人相似，只是更加集中在南部，集中程度比汉人更高，如图3-9所示。蒙古人分布集中在兴安南省，其次是兴安西、热河、锦州、龙江省，其余省所占比重都微不足道，总体来看集中在西部，如图3-10所示。朝鲜人分布集中在间岛省，其次是吉林、通化、奉天、牡丹江、通化、安东、滨江，其余省所占比重也是微不足道，总体来看集中在东部，与蒙古人分布遥相呼应，形成鲜明对照，如图3-11所示。日本人分布集中在奉天和新京，其次是滨江、牡丹江、吉林、三江、锦州、北安、东安，除了集中在城市外，相对来说分布比较均匀，如图3-12所示。值得注意的是，在其他民族地理分布中比重很低的牡丹江、东安省，在日本人的地理分布中却占有较高的比例，这也反映了上述地区是日本人移民的重点地区这一事实。

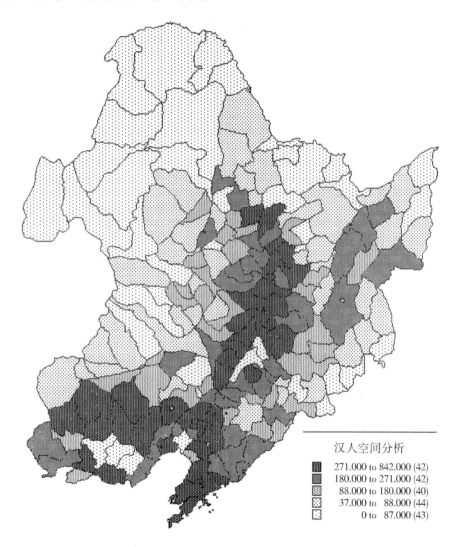

汉人空间分析

- 271.000 to 842.000 (42)
- 180.000 to 271.000 (42)
- 88.000 to 180.000 (40)
- 37.000 to 88.000 (44)
- 0 to 87.000 (43)

图3-8 汉人人口空间分布图

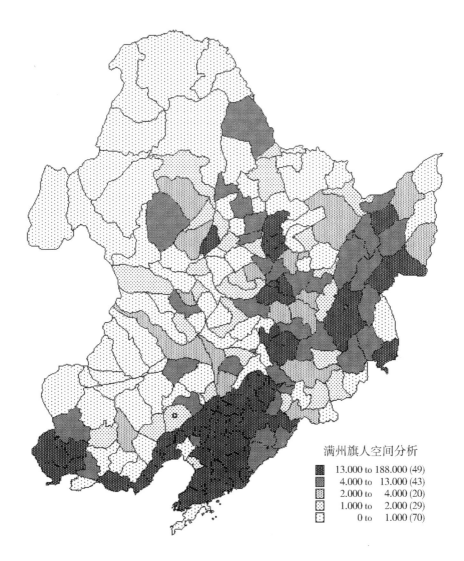

图 3 - 9　满洲旗人人口空间分布图

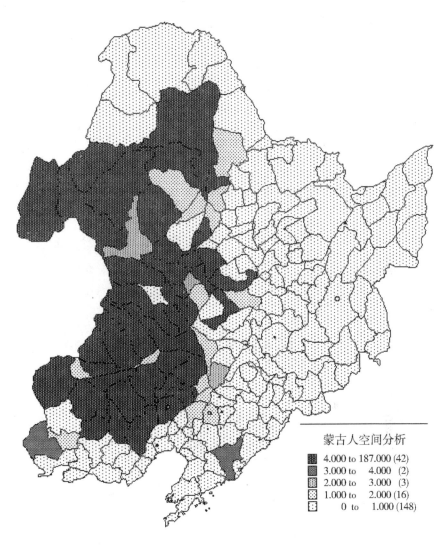

蒙古人空间分析

4.000 to 187.000 (42)
3.000 to 4.000 (2)
2.000 to 3.000 (3)
1.000 to 2.000 (16)
0 to 1.000 (148)

图 3 – 10　蒙古人人口空间分布图

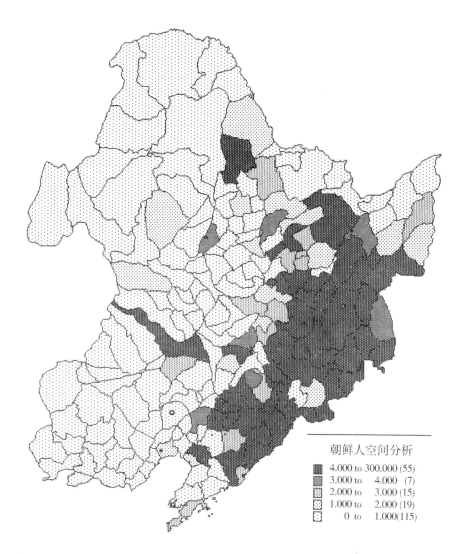

图3－11　朝鲜人人口空间分布图

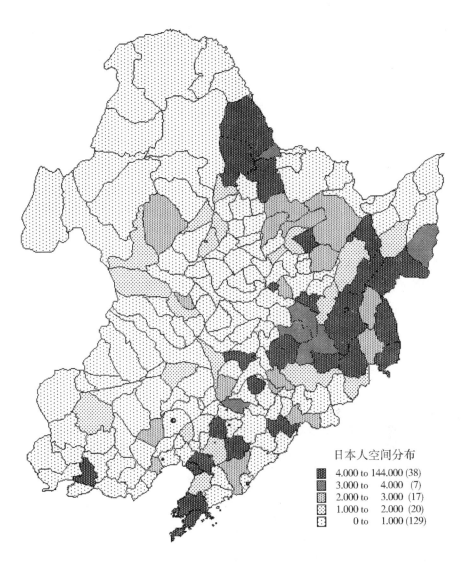

日本人空间分布

■ 4.000 to 144.000 (38)
■ 3.000 to 4.000 (7)
▤ 2.000 to 3.000 (17)
▢ 1.000 to 2.000 (20)
▢ 0 to 1.000 (129)

图 3 – 12　日本人人口空间分布图

2. 各民族人口的年龄结构

表3-6　各民族人口年龄结构

年龄	汉人	满洲旗人	蒙古人	朝鲜人	日本人
1—5	13.2	13.2	13.5	14.6	12.5
6—10	11.6	11.9	10.8	12.0	7.7
11—15	11.5	11.9	10.7	10.7	5.6
16—20	9.2	9.4	9.1	10.5	14.4
21—25	7.4	7.3	7.1	10.2	13.8
26—30	8.2	7.8	7.9	9.4	16.8
31—35	7.8	7.4	7.8	7.4	11.3
36—40	6.9	6.3	6.9	5.7	6.8
41—45	5.9	5.6	6.1	4.9	4.2
46—50	4.9	4.8	5.1	4.1	2.6
51—55	3.9	3.9	4.3	3.3	1.7
56—60	3.4	3.7	3.6	2.6	1.1
61 +	6.1	7.0	7.1	4.6	1.4
总计	100.0	100.0	100.0	100.0	100.0

（资料来源：根据伪满洲国国务院总务厅临时国势调查事务局《康德七年临时国势调查报告（第一卷 全国编)》第二表"年龄民族省别人口"整理计算而得。）

　　由表3-6可知，各民族人口都呈现为一种年龄金字塔塔底宽大的、增长型的年龄结构，这符合一个移民社会的人口特征，如图3-13所示。所不同的是，其他民族都是1-5岁年龄段所占百分比最高，其次为6-10岁和11-15岁这两个年龄段，而日本人却是26-30岁年龄段所占百分比最高，其次为16-20岁和21-25岁这两个年龄段，然后才是1-5岁年龄段。结合后面的表7，可以看出日本人中16-20岁和26-30岁这两个人口百分比最高的年龄段，也是性别比相当高的年龄段。这反映出"临时国势调查"前不久有一大批日本移民到达，形成一次新的移民高潮，使得原有的日本人人口结构暂时无法消化这一影响。据1942年《满洲开拓年鉴》记载，广田内阁七大国策之一的20

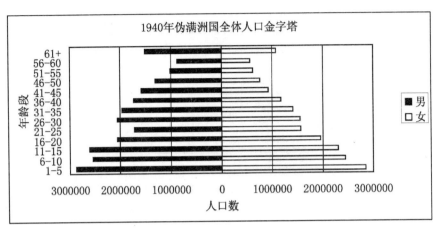

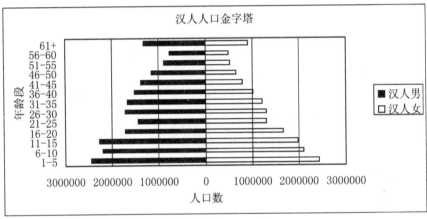

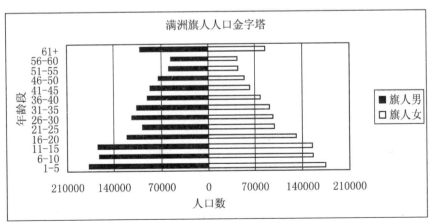

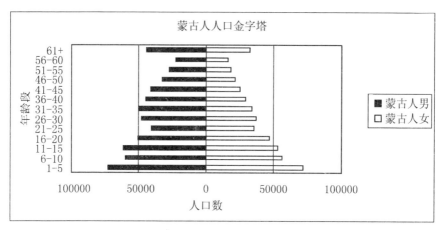

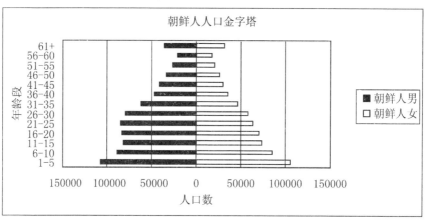

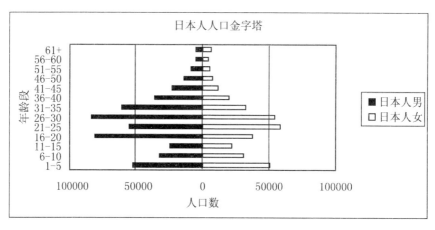

图 3－13　各民族人口金字塔

年百万户移民计划第一期五年计划完成时，实际移民85086户①。相比之下，其他民族在长时间内源源不断迁入东北，新进的移民对原有人口结构的冲击远没有那么大。虽然以前也有过移民高潮，但经过一定时间后对人口结构的影响已不大了。将各民族分年龄人口数作一相关性分析如下：

表3-7 各民族人口年龄结构相关性

相关系数	汉人	旗人	蒙古人	朝鲜人	日本人
汉人	1				
旗人	0.991	1			
蒙古人	0.988	0.985	1		
朝鲜人	0.952	0.935	0.932	1	
日本人	0.573	0.512	0.544	0.742	1

（资料来源：根据表3-6计算而得。）

由表3-7可知，汉人、旗人、蒙古人、朝鲜人之间的相关系数都在0.95以上，其中尤以汉人和旗人之间的相关系数为高。而日本人与其他四个民族之间相关性都不高。这反映了这四个民族的人口之间在年龄结构上存在高度相似性，而与日本人口在年龄结构上存在着较大的差异。在年龄结构上，除日本人外四个民族都呈现出高度一致性，因为是自然自发的移民，且定居时间较长。而日本移民是人为的、组织的，且移入时间较短。

3. 各民族分年龄性别比分布

表3-8 各民族分年龄性别比

年龄	汉人	旗人	蒙古人	朝鲜人	日本人
1—5	101	102	101	102	103
6—10	104	104	106	104	105
11—15	115	106	115	110	112
16—20	103	92	106	118	216
21—25	110	99	113	133	94
26—30	131	117	129	137	155
31—35	138	116	145	135	188

---

① 姜念东等：《伪满洲国史》，吉林人民出版社，1980年，第343页。

续表

年龄	汉人	旗人	蒙古人	朝鲜人	日本人
36—40	148	116	152	134	184
41—45	175	139	162	137	205
46—50	175	138	151	129	199
51—55	168	131	147	130	168
56—60	157	127	140	123	135
61 +	144	118	134	116	82
总计	125	111	124	119	142

（资料来源：根据伪满洲国国务院总务厅临时国势调查事务局《康德七年临时国势调查报告（第一卷 全国编）》第二表"年龄民族省别人口"整理计算而得。）

由表 3 - 8 可知，汉人性别比最高的是 41 - 50 岁这一年龄段，其次是 51 - 55 岁和 56 - 60 岁这两个年龄段，从 40 岁越往前，性别比越低，最低的是 1 - 5 岁年龄段。这反映了汉人的移民有一个显著的高峰阶段，而 40 - 60 岁年龄段人口是当年移民的主要力量。此外汉人 16 - 20 岁这一年龄段性别比明显偏低，21 - 25 岁年龄段性别比也很低，与 26 岁以后的年龄段无法相比，更不用说 51 - 60 岁的高峰阶段了。这说明汉人的移民过程有一个突然的低潮，导致 16 - 20 岁这一年龄段人口中自东北外移来的很少。据满铁庶务部调查课统计，1923 - 1929 年，内地人民移民东北者约 500 多万人，其中 1923 年移入人数为 342038 人，至 1927 年移民人数剧增，突破百万人，增加了 197%，1928 年移民人数稍减，但仍达 938000 人，到 1929 年时，又回升至百万人。[①] 而到了"九一八事变"后，移民中留居东北的人数，1931 年为 1.4 万人，占入境人数的 3.4%；1932 年负 7.6 万人；1933 年为 12.1 万人，占入境人数的 21.3%；1934 年为 22.7 万人，占入境数的 36.2%；1935 年为 2 万人，占入境人数的 4.5%；1936 年为负 2.3 万人；1937 年为 6.4 万人，占入境数的 19.8%；7 年中留居东北共 34.7 万人，占入境人数的 11.2%。[②] 旗人的性别比分布呈现出与汉人类似的特征，不过相对而言性别比要低很多，最高的 41 - 50 岁年龄段也不到 140，最低的 16 - 25 岁年龄段甚至在 100 以下。这说明旗

---

① 何廉：《东三省之内地移民研究》，《经济统计季刊》1932 年第 1 卷第 2 期，第 241 页。
② 王成敬：《东北移民问题》，《东方杂志》43 卷 14 号，第 16 - 17 页。

人相对汉人自外移来的更少，本土化程度更高。蒙古人整体性别比也较高，且高性别比年龄段向下延伸，从 31－35 岁开始就相当的高。朝鲜人的最高性别比出现在 41－45 岁这一年龄段，但从 21 到 55 岁，性别比的变化是一个非常平缓的过程，这反映了朝鲜人的移民是一个渐进的、源源不断的过程，而没有一个显著的高峰阶段。而且朝鲜人迁入间岛省（40% 以上人口聚居地）历史较久，这也使得其整体性别比低于汉人。日本人整体性别高达 142，是各民族中最高的。最高性别比出现在 16－20 岁，其次是 41－45 岁这一年龄段，性别比分布呈现出独特的双峰特征，而其最低性别比出现在 21－25 岁这一年龄段，这与这一年龄段的男子被征召服役密不可分。这反映了日本人的移民有两个显著的高峰阶段，结合表 5 的年龄结构分布可知，第一个高峰远不如第二个高峰。第一个高峰是从 1906 年到 1931 年的"试点移民"，移民区域仅限于满铁附属地和关东州，在东北的日侨，1906 年为 5025 人，1907 年达 16613 人，1916 年增至 110381 人，1925 年则更达 187988 人，分别是 1906 年的 2.3 倍、35 倍与 46 倍[1]。第二个高峰就是如前所述的 1937 年开始的 20 年百万户移民计划第一期五年计划，虽然到 1940 年只进行了三年多，但移入的户数当在 4 万以上，人数当在 20 万以上。现将各民族分年龄性别比作一相关性分析如下：

表 3－9　各民族分年龄性别比相关性

相关系数	汉人	旗人	蒙古人	朝鲜人	日本人
汉人	1				
旗人	0.966	1			
蒙古人	0.946	0.886	1		
朝鲜人	0.615	0.517	0.742	1	
日本人	0.476	0.385	0.551	0.569	1

（资料来源：根据表 3－8 计算而得。）

由表 3－9 可知，汉人与旗人、汉人与蒙古人之间相关系数都在 0.94 以上，旗人与蒙古人之间相关系数也较高，其余的相关系数都比较低。反映了汉人、旗人、蒙古人三个民族在分年龄性别比上存在高度的相似性，而与朝鲜人、日本人有一定的差异。朝鲜人与汉人、旗人、蒙古人在分年龄性别比上相关性较低的主要原因是，汉人、旗人、蒙古人移民在 20 世纪 20 年代末的高峰

---

① 满铁经济调查会编：《满洲经济年报》（1931 年），改造社 1933 年版，第 77 页。

阶段后，在30年代有一个突然的低潮，而朝鲜人移民并没有受到这一影响，继续其增长势头。据《满洲经济年报》记载，从1932年到1936年7月，东北的朝鲜族移民历年增加的情况如下：1932年，645598人；1933年，673295人；1934年，761772人；1935年，827025人；1936年7月，857701人。在这一阶段中，朝鲜人的移民被纳入日伪的移民计划，形式有集团移民、集合移民和分散移民3种。从1937—1944年间，移入东北的朝鲜族移民主要情况如下：1937年12160人；1938年27182人；1939年36027人；1940年21409人；1941年11202人；1942年23031人；1993年9618人，1944年9097人。①

4. 各民族年龄结构和分年龄性别比的地理分布

16到25岁（或30岁）年龄段男性人口是移民的主体，下面通过考察这一年龄段男性人口的分布来判断移民的流向。通过考察汉人、旗人、蒙古人的年龄结构和分年龄性别比的地理分布，可以看出，具体到某一省份，如果16—25岁年龄段性别比高，则这一年龄段在整个年龄结构中所占百分比也高，反之亦然。也就是说，16—25岁年龄段人口是否流入某一省份，年龄结构和分年龄性别比所给出的证据是基本一致的。而要判断16—25岁年龄段人口是否流出某一省份，只要该年龄段的人口性别比异常低就可以了。因此旗人、蒙古人和汉人属同一种类型，限于篇幅，将只研究代表性的汉人。

①汉人

表3-10　汉人年龄结构的地理分布

年龄段	新京	吉林	龙江	北安	黑河	三江	东安	牡丹江	滨江	间岛
1—5	9.9	14.1	14.8	13.6	5.9	10.6	9.7	9.0	13.4	10.4
6—10	8.4	11.9	12.2	11.2	5.4	10.4	8.9	8.2	11.2	9.3
11—15	8.4	11.4	11.7	10.9	5.7	11.7	9.7	8.9	11.3	9.9
16—20	11.1	8.9	8.0	8.3	7.7	9.5	10.4	9.7	9.0	9.1
21—25	11.3	7.0	6.4	7.1	10.6	8.5	10.3	10.3	7.2	9.3
26—30	11.9	7.9	8.4	8.7	12.8	8.8	10.1	10.8	8.5	9.6
31—35	9.9	7.7	8.3	8.4	12.6	8.5	9.2	9.6	8.1	8.6

---

① 马平安：《近代朝鲜族移民我国东北线索梳理》，《辽宁教育学院学报》，1997年第1期，第31页。

续表

年龄段	通化	安东	四平	奉天	锦州	热河	兴安西	兴安南	兴安东	兴安北
1—5	9.8	13.4	13.2	12.5	13.8	14.4	14.9	13.9	12.7	6.6
6—10	8.6	12.5	11.6	11.6	12.2	12.6	12.9	11.9	11.3	5.9
11—15	10.9	13.0	12.0	11.4	11.9	12.1	12.0	11.8	10.6	6.4
16—20	10.1	10.2	9.6	9.5	8.9	9.1	8.4	8.8	7.6	9.9
21—25	9.1	7.8	7.0	7.8	6.7	7.5	6.7	6.6	6.9	12.7
26—30	9.0	7.7	7.7	8.5	7.5	7.4	7.6	8.1	9.0	13.9
31—35	8.0	7.1	7.3	7.8	7.2	7.2	7.8	8.2	9.1	11.8

（资料来源：根据伪满洲国国务院总务厅临时国势调查事务局《康德七年临时国势调查报告（第一卷 全国编）》第二表"年龄民族省别人口"整理计算而得。）

表3-11 汉人分年龄性别比的地理分布

年龄 省市	1-5	6-10	11-15	16-20	21-25	26-30	31-35	36-40	41-45	46-50	51-55	56-60	61+	总计
新京	100	108	143	214	210	220	233	265	258	233	204	170	132	182
吉林	98	103	112	89	99	117	132	153	175	173	166	159	157	121
龙江	97	104	119	89	93	128	149	165	194	187	185	171	154	125
北安	96	102	113	97	107	134	157	173	196	193	196	185	184	131
黑河	134	135	163	353	420	447	546	638	675	699	691	681	467	392
三江	101	107	119	125	152	165	175	198	233	242	234	211	217	152
东安	109	115	133	199	244	252	254	268	294	318	309	282	235	201
牡丹江	103	108	132	206	269	280	287	307	342	369	329	276	251	216
滨江	100	104	119	107	108	131	140	156	184	183	185	173	163	129
间岛	103	106	123	155	197	227	240	265	314	328	344	327	292	189
通化	101	108	122	133	150	168	183	197	286	306	277	256	266	165
安东	102	105	112	93	86	109	110	121	146	148	143	142	130	111
四平	99	103	115	94	92	117	118	128	181	178	165	161	153	119
奉天	103	103	114	109	113	139	132	135	158	153	138	130	113	120
锦州	101	103	107	91	89	112	112	111	132	135	130	126	114	108
热河	102	105	112	99	106	115	123	126	145	152	152	143	136	116
兴安西	106	108	121	102	102	122	142	154	177	185	198	196	174	129
兴安南	104	110	121	107	106	127	141	151	196	184	188	173	147	129

续表

年龄 省市	1 – 5	6 – 10	11 – 15	16 – 20	21 – 25	26 – 30	31 – 35	36 – 40	41 – 45	46 – 50	51 – 55	56 – 60	61 +	总计
兴安东	100	111	122	105	134	163	196	244	301	283	269	214	188	156
兴安北	136	168	265	430	411	506	533	612	765	835	1016	784	575	420
合计	101	104	115	103	110	131	138	148	175	175	168	157	144	125

（资料来源：根据伪满洲国国务院总务厅临时国势调查事务局《康德七年临时国势调查报告（第一卷 全国编)》第二表"年龄民族省别人口"整理计算而得。)

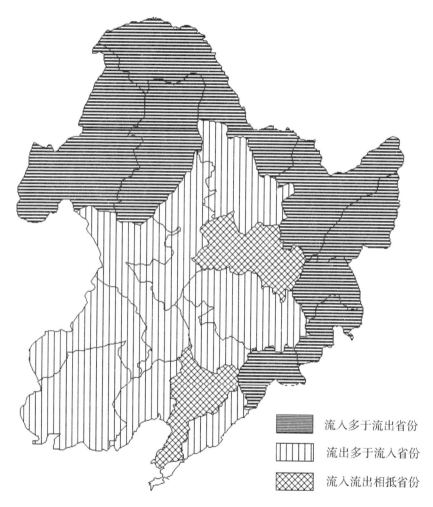

图3-14　汉人16-25岁年龄段人口省际流动图

由表 3–11 可知，汉人分年龄性别比的地理分布呈现出两种类型：一种是在吉林、龙江、北安、安东、四平、锦州、热河、兴安西、兴安南省，最低性别比出现在 16–25 岁这一年龄段。这些省份 16–25 岁年龄段性别极端偏低，甚至低于 100，这反映了这些省份该年龄段男子大量外流的事实。另一种是在新京、黑河、三江、东安、牡丹江、间岛、通化、兴安北、兴安东省，最低性别比出现在 1–5 岁年龄段，16–25 岁年龄段的性别比相当高（虽然不一定是最高）。再结合表 3–10，可以看出，在新京、黑河、东安、牡丹江、通化、兴安北省，16–30 岁年龄段人口所占百分比最高。某一年龄段同时存在性别比高、权重大两大特点，无疑证明这些地区新近接受大量移民（尤其是 16–30 岁年龄段人口）的事实，而且移民数量相对于原有人口数量，大到足以影响当地原有人口结构的程度。仅就 16–25 岁年龄段的人口来说，是从第一类省份流向第二类省份。据此画出汉人 16–25 岁年龄段人口省际流动图，如图 3–14 所示。

②朝鲜人

表 3–12　朝鲜人年龄结构的地理分布

年龄段	新京	吉林	龙江	北安	黑河	三江	东安	牡丹江	滨江	间岛
1—5	10.7	14.9	14.5	14.2	7.9	12.2	12.8	13.5	14.3	15.5
6—10	8.1	12.0	10.8	11.9	5.9	10.1	10.1	11.2	11.7	12.5
11—15	8.0	9.6	8.8	8.7	5.3	8.7	9.7	9.5	9.7	11.7
16—20	18.0	9.5	9.6	9.0	10.3	9.1	9.6	10.3	10.0	10.4
21—25	18.5	11.0	11.9	11.7	19.9	12.2	11.8	12.1	10.7	8.9
26—30	13.9	11.0	11.3	12.2	16.6	12.6	10.9	11.1	11.0	8.0
31—35	8.1	8.3	9.2	9.3	9.6	9.3	8.1	8.3	8.4	6.6
年龄段	通化	安东	四平	奉天	锦州	热河	兴安西	兴安南	兴安东	兴安北
1—5	13.7	14.3	15.2	13.6	15.9	13.7	13.0	15.8	12.5	5.7
6—10	11.9	12.4	12.6	11.4	13.6	8.1	11.6	14.0	8.8	4.6
11—15	11.0	11.2	10.4	10.0	11.5	5.3	10.3	11.3	6.0	2.9
16—20	10.7	11.4	10.5	12.8	10.5	11.7	9.1	8.7	7.1	15.3
21—25	9.4	9.6	9.8	11.5	8.5	19.2	10.1	8.7	15.1	27.7
26—30	8.7	8.9	9.5	10.1	8.6	14.9	9.7	8.3	17.1	18.8
31—35	7.3	7.3	7.9	7.6	7.2	10.1	7.8	8.3	10.7	9.4

（资料来源：根据伪满洲国国务院总务厅临时国势调查事务局《康德七年临时国势调

查报告（第一卷 全国编）》第二表"年龄民族省别人口"整理计算而得。）

表 3 – 13　朝鲜人分年龄性别比的地理分布

年龄 省市	1 – 5	6 – 10	11 – 15	16 – 20	21 – 25	26 – 30	31 – 35	36 – 40	41 – 45	46 – 50	51 – 55	56 – 60	61 +	总 计
新京	100	91	115	216	208	212	194	171	137	96	89	78	74	157
吉林	105	105	111	119	161	168	161	160	166	149	142	135	119	132
龙江	125	119	131	146	190	220	230	231	226	246	239	187	195	171
北安	102	105	116	124	207	211	200	209	193	197	175	153	124	151
黑河	114	122	134	147	210	225	284	729	388	500	329	275	600	222
三江	102	107	107	125	162	181	184	194	202	200	201	178	175	147
东安	97	102	102	123	152	162	165	171	163	183	176	174	172	136
牡丹江	103	106	109	132	154	158	164	157	165	142	143	131	118	132
滨江	107	108	119	115	134	154	169	156	157	158	142	132	111	130
间岛	99	103	108	108	110	111	110	112	117	112	118	113	112	108
通化	106	107	110	119	122	130	128	132	146	143	151	146	146	123
安东	101	103	107	116	120	121	122	121	120	121	109	108	108	112
四平	105	106	114	102	129	132	131	144	141	136	125	120	107	119
奉天	105	102	114	142	144	141	144	137	135	122	117	107	103	124
锦州	101	110	109	112	131	123	121	116	125	143	148	153	72	115
热河	86	126	111	123	160	265	220	189	179	217	136	675	133	157
兴安西	75	76	112	106	122	79	139	95	183	286	129	243	200	112
兴安南	109	97	122	129	122	108	120	148	139	175	118	131	76	118
兴安东	90	94	135	107	241	326	311	279	243	400	231	117	194	188
兴安北	86	75	225	167	168	328	467	980	517	340	900	167	450	221
合计	102	104	110	118	133	137	135	134	137	129	130	123	116	119

（资料来源：根据伪满洲国国务院总务厅临时国势调查事务局《康德七年临时国势调查报告（第一卷 全国编）》第二表"年龄民族省别人口"整理计算而得。）

由表 3 – 13 可知，朝鲜人的 16 – 25 岁年龄段性别比，除了四平、间岛省外，没有明显偏低的，就是这两个省份，比起汉人来也要高很多。再看表 3 – 12，16 – 30 岁年龄段人口所占百分比，兴安北、新京、黑河、热河、兴安东省是最高的，其次是奉天、三江、牡丹江、北安、龙江、东安、滨江、吉林省。考虑到实际人口数，该年龄段人口流入吉林、奉天、牡丹江、滨江四省最多。这说明朝鲜人没有从哪个省份大量流出，反而向上述这些省份不断流入。

③日本人

表3-14　日本人年龄结构的地理分布

年龄段	新京	吉林	龙江	北安	黑河	三江	东安	牡丹江	滨江	间岛
1—5	12.4	12.9	12.3	8.0	8.6	12.7	13.5	10.5	12.1	13.5
6—10	7.6	8.0	7.4	4.1	3.9	6.8	6.5	6.1	7.6	8.6
11—15	5.9	5.2	4.4	5.2	1.7	4.7	4.0	4.3	6.5	5.2
16—20	13.1	14.2	15.2	35.0	20.3	15.1	12.6	17.2	16.7	9.8
21—25	14.0	13.4	15.1	15.0	17.1	14.0	16.5	15.0	13.8	12.1
26—30	16.7	16.9	17.0	14.1	19.6	18.2	20.4	17.6	16.1	16.7
31—35	11.8	11.4	11.6	8.0	13.1	12.2	11.4	12.0	10.6	12.0

年龄段	通化	安东	四平	奉天	锦州	热河	兴安西	兴安南	兴安东	兴安北
1—5	11.9	13.1	14.4	13.0	14.0	15.4	15.5	13.7	11.3	10.1
6—10	6.3	9.7	9.3	8.6	8.8	6.7	5.7	5.7	6.3	5.2
11—15	2.4	8.0	5.9	6.4	5.3	3.1	1.2	2.3	2.6	3.8
16—20	10.5	11.4	13.8	12.7	11.6	10.2	7.7	16.7	21.4	13.6
21—25	14.6	11.1	12.4	13.3	12.7	14.0	17.9	13.0	14.2	18.3
26—30	21.1	14.1	16.0	16.3	16.9	21.2	24.1	19.9	18.0	20.1
31—35	14.7	10.4	11.0	11.0	12.2	12.2	14.7	12.9	11.6	12.6

（资料来源：根据伪满洲国国务院总务厅临时国势调查事务局《康德七年临时国势调查报告（第一卷 全国编）》第二表"年龄民族省别人口"整理计算而得。）

表3-15　日本人分年龄性别比的地理分布

年龄 省市	1- 5	6- 10	11- 15	16- 20	21- 25	26- 30	31- 35	36- 40	41- 45	46- 50	51- 55	56- 60	61+	总 计
新京	102	104	111	137	81	135	175	167	188	192	164	139	65	125
吉林	106	104	93	245	100	161	197	193	246	220	199	167	94	149
龙江	100	112	86	258	105	166	190	214	271	282	211	188	113	154
北安	98	97	350	1218	165	217	286	277	359	296	245	188	76	299
黑河	111	119	95	436	116	180	260	303	338	322	179	131	245	202
三江	103	113	145	299	86	182	252	246	320	310	279	169	120	169

续表

年龄 省市	1－ 5	6－ 10	11－ 15	16－ 20	21－ 25	26－ 30	31－ 35	36－ 40	41－ 45	46－ 50	51－ 55	56－ 60	61+	总 计
东安	100	109	119	241	87	206	241	265	303	291	215	176	124	160
牡丹江	98	105	105	274	101	175	206	237	276	306	219	154	97	164
滨江	103	104	139	251	84	144	175	166	201	209	171	130	83	142
间岛	109	100	96	135	75	146	171	192	208	239	204	164	88	130
通化	105	107	77	184	90	178	256	270	316	353	364	389	132	163
安东	104	107	100	135	84	131	164	145	153	159	134	124	88	120
四平	102	99	112	253	84	140	169	171	187	158	145	110	87	135
奉天	103	106	105	165	97	149	170	158	163	160	141	119	77	130
锦州	107	96	91	188	96	140	181	205	230	216	192	136	66	136
热河	98	91	85	115	82	138	225	209	258	245	163	163	75	129
兴安西	107	148	117	190	72	166	256	350	925	180	800	50	100	154
兴安南	103	115	105	374	92	167	275	286	332	322	217	209	106	178
兴安东	90	124	84	540	131	218	231	251	293	296	255	225	92	203
兴安北	98	115	128	152	118	205	273	308	332	338	612	242	110	172
合计	103	105	112	216	94	155	188	184	205	199	168	135	82	142

（资料来源：根据伪满洲国国务院总务厅临时国势调查事务局《康德七年临时国势调查报告（第一卷 全国编）》第二表"年龄民族省别人口"整理计算而得。）

由表3－14可知，日本人16－30岁年龄段人口所占百分比在所有省份都是最高的，从37%－64%不等。再看表3－15，16－20岁年龄段性别比相当高，在很多省份都是性别比最高的一个年龄段。21－25岁年龄段普遍偏低，甚至低于100，当是受征兵服役的影响。各省16－20岁年龄段性别比和人口权重都相当高，并且没有空间差异，表明日本该年龄段人口在向几乎所有的省流入。

小　结

综合前面的分析，可以得出结论如下：

1. 分县性别比的空间分布证明，移民是一个积淀的过程，地区开发往往按梯度进行。移民首先选择的是容易到达和容易开发的地区，这些地区的开发达到一定程度后，就开始溢出，流向周围的邻近地区。铁路和水路对移民分布，进而对地区开发程度有显著的影响。

2. 性别比与人口密度的相关分析表明，按移民类型可将东北全境分为四类地区，第一类地区是以农业开发移民为主的间岛省、安东省、吉林省、牡丹江省、热河省、锦州省、滨江省、北安省等，第二类地区是以工商业移民为主的奉天省，第三种地区是以军事移民为主的黑河省、兴安南省、兴安东省、兴安北省，第四类地区是兼有农业开发移民和军事移民的三江省、东安省、龙江省。

3. 1940 年人口普查数据与人口登记数据的比较表明，全满范围内人口短期流动的大体趋势就是从中南部核心省份流向东部、北部、西部的边疆省份，这一趋势与 1933－1940 年人口省际流动模式非常相似。而 1940 年各省内部人口短期流动的空间模式也和 1933－1940 年间各省内部人口流动的空间模式非常相似，这反映了伪满洲国人口的短期流动和长期迁徙在去向上有高度一致性。

4. 对各地城镇人口比例的研究显示，除了传统的城镇发达省份奉天省和滨江省外，牡丹江省、三江省、东安省、兴安北省这些东部边疆省份城镇人口比例也相当高，但这主要是由于这些省份开发历史较短，有大量非农业移民流入的缘故，并不能简单说这一地区城镇化水平高于其他地区。各省城镇人口比例最突出的县份或者位于铁路的节点上，或者有铁路经过，而通铁路较晚的省份整体城镇化水平较低，都反映了铁路对城镇发展的重要意义。

5. 各民族年龄结构和分年龄性别比的比较研究显示，汉人的移民有一个显著的高峰阶段和一个突然的低潮。旗人和蒙古人的年龄结构和分年龄性别比与汉人高度相似，只是总体性别比更低，定居历史更久，移民色彩更淡。朝鲜人的移民是一个渐进的、源源不断的过程，而没有一个显著的高峰阶段。而日本人的移民有两个显著的高峰阶段。各民族年龄结构和分年龄性别比的相关性研究显示，汉人与旗人相关系数最高，其次是蒙古人，再次是朝鲜人，而与日本人相距最远。汉人、旗人、蒙古人的年龄结构和分年龄性别比彼此之间非常相似，说明这三个民族归入一种移民类型，即本土的、自发的、有悠久迁移历史的类型。以上三个民族呈现出的相似不是偶然的，因为都是中国的本土民族。朝鲜人在前期是自发移民，也有较久的迁移历史，在后期被纳入日伪当局的移民计划，因而是一种过渡类型。至于日本人，完全是在日伪当局计划和组织下的、人为的移民，且迁移历史短暂，属于第三种类型。

6. 从各民族年龄结构和性别比的地理分布来判断各民族的流向，可以看出：汉人 16－25 岁年龄段人口流出吉林、龙江、北安、安东、四平、锦州、热河、兴安西、兴安南省，流入新京、黑河、三江、东安、牡丹江、间岛、通化、兴安北、兴安东省。朝鲜人 16－25 岁年龄段人口流入兴安北、新京、黑河、热河、兴安东、奉天、三江、牡丹江、北安、龙江、东安、滨江、吉林省。考虑到实际人口数，该年龄段人口流入吉林、奉天、牡丹江、滨江四省最多。朝鲜人并没有从哪个省份大量流出，反而向上述这些省份不断流入。日本人 16－20 岁年龄段人口向几乎所有的省流入，21－25 岁年龄段人口则由于被征服役而在几乎所有的省都大量流出。

第四章

1941 年春季入满移民的专题考察

　　1920 年代，随着"闯关东"浪潮逐步高涨，满铁调查部门对关内入满移民开始关注，出版了一系列调查统计资料，如《民国十六年の满洲出稼者①》、《民国十七年の满洲出稼者②》、《民国十八年满洲出稼移民移动状况③》、《民国十九年满洲出稼移民移动状况④》、《满洲出稼移住汉民の数的考察⑤》等。这些资料涉及 1920 年代以来华北农民离村的原因及离村人数、入满路径、性别比、定居率等诸多方面，成为后来学者研究 1920 年代关内赴满移民的基础。"九一八事变"之后"闯关东"浪潮有所退潮，满铁调查部门兴趣也转向关内，这一系列调查统计资料的出版遂告中止，因此对 1931 年以后入满移民的专门研究尚显薄弱。本章将通过对《满洲帝国统计月报》所载连续数据的整理分析，对 1941 年第一季度的入满移民作一全面的考察。先从移民入满路线方面考察，包括移民的家乡、来源地、经由地和去向等，再从移民的年龄结构、职业结构等方面展开分析，并揭示诸多因素之间的相互关系。从 1941 年 1 月到 4 月，共有 44 万多移民从不同的地方，经由不同的路径，到达满洲不同的省份。随着时间的推移，移民数量呈增长态势，1 月时不到 4 万，2 月即飙升至 10 余万，3 月和 4 月稳定在 15 万左右。

---

① 满铁庶务部调查课，大连，1927 年版。
② 满铁庶务部调查课，大连，1929 年版。
③ 满铁庶务部调查课，大连，1930 年版。
④ 满铁庶务部调查课，大连，1931 年版。
⑤ 满铁庶务部调查课，大连，1931 年版。

第一节　移民的来源地

表4-1　入满移民的家乡省份

移民家乡	1月		2月		3月		4月		第1季度合计	
	实数	比例	实数	比例	实数	比例	实数	比例	实数	比例
河北省	17145	43.2	25127	24.7	41501	26.6	48040	32.0	131813	29.5
山东省	20963	52.9	74331	73.2	111178	71.2	97045	64.6	303517	67.8
山西省	215	0.5	312	0.3	535	0.3	535	0.4	1597	0.4
河南省	529	1.3	450	0.4	1073	0.7	1867	1.2	3919	0.9
江苏省	409	1.0	707	0.7	1611	1.0	2132	1.4	4859	1.1
浙江省	15	0.0	29	0.0	29	0.0	56	0.0	129	0.0
安徽省	354	0.9	67	0.1	220	0.1	390	0.3	1031	0.2
广东省	0	0.0	1	0.0	1	0.0	2	0.0	4	0.0
湖北省	16	0.0	3	0.0	29	0.0	25	0.0	73	0.0
福建省	0	0.0	1	0.0	2	0.0	2	0.0	5	0.0
察哈尔省	4	0.0	6	0.0	5	0.0	14	0.0	29	0.0
其他	0	0.0	1	0.0	3	0.0	11	0.0	15	0.0
月计	39650	100.0	101535	100.0	156187	100.0	150119	100.0	447491	100.0

（资料来源：根据伪满洲国国务院总务厅统计处《满洲帝国统计月报》第1卷第1号至第4号相关资料整理而成。）

由表4-1可知，入满移民中山东、河北两省移民占绝大多数（97%以上），而移民家乡的统计只到省一级，用来考察移民的来源地似嫌笼统，要想进一步深入研究只好用移民身份证明书查证地这一代用指标。对于直鲁两省的移民来说，查证地一般就是离家最近的几个车站或港口，到这些地方转乘车船进而入满。入满移民除山东、河北两省外，只有山西、河南、江苏、安徽四省有一定规模。这些省份的移民需要长途跋涉方能到达这些查证地，再进一步转入满洲。

表 4 - 2　除山东河北外其他省份移民入满查证地

查证地	山西省		河南省		江苏省		安徽省	
	实数	比例	实数	比例	实数	比例	实数	比例
天津	357	22.4	1501	38.3	365	7.5	99	9.6
济南	1	0.1	1036	26.4	1623	33.4	286	27.7
北京	1112	69.6	1022	26.1	1	0.0	1	0.1
山海关	92	5.8	166	4.2	90	1.9	16	1.6
青岛	6	0.4	41	1.0	2030	41.8	560	54.3
芝罘	3	0.2	1	0.0	7	0.1	0	0.0
龙口	0	0.0	0	0.0	0	0.0	0	0.0
威海卫	0	0.0	0	0.0	1	0.0	0	0.0
古北口	25	1.6	84	2.1	2	0.0	2	0.2
德县	0	0.0	3	0.1	0	0.0	1	0.1
济宁	1	0.1	65	1.7	738	15.2	12	1.2
合计	1597	100.0	3919	100.0	4859	100.0	1031	100.0

（资料来源：根据伪满洲国国务院总务厅统计处《满洲帝国统计月报》第 1 卷第 1 号至第 4 号相关资料整理而成。）

　　表 4 - 2 勾勒了四省移民的第一步路线图——从家乡到查证地。山西省的移民主要去往北京（69.6%），其次是天津（22.4%），两者合计达 92%。河南移民主要去往天津（38.3%），其次是济南（26.4%）和北京（26.1%）。江苏移民主要去

　　往青岛（41.8%）和济南（33.4%），其次是济宁（15.2%）。安徽移民主要去往青岛（54.3%），其次是济南（27.7%）。总的模式就是，山西移民多数选择去北京或天津乘车入满，河南移民可以选择去京津或济南，江苏安徽移民则有两种选择，走济南、济宁的陆路和走青岛的海路。

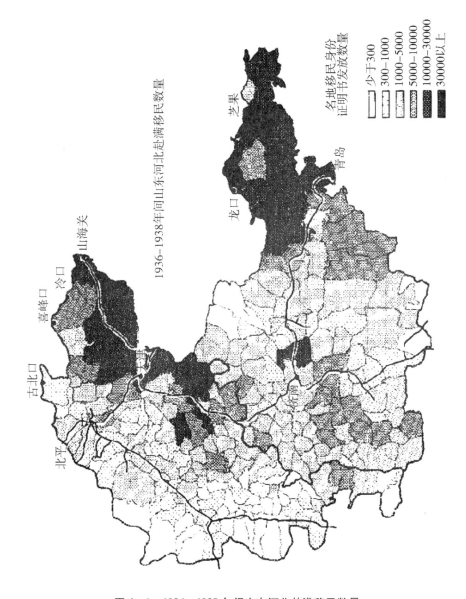

图 4-1　1936-1938 年间山东河北赴满移民数量

表 4 - 3　入满移民的来源地

来源地	1 月		2 月		3 月		4 月		第 1 季度合计	
	实数	比例	实数	比例	实数	比例	实数	比例	实数	比例
天津	12210	30.8	19570	19.3	32545	20.8	36381	24.2	100706	22.5
济南	3234	8.2	14334	14.1	19097	12.2	21699	14.5	58364	13.0
北京	1196	3.0	2178	2.1	2543	1.6	2053	1.4	7970	1.8
山海关	7822	19.7	10069	9.9	15875	10.2	16382	10.9	50148	11.2
青岛	6941	17.5	23800	23.4	34101	21.8	28236	18.8	93078	20.8
芝罘	5148	13.0	15943	15.7	25970	16.6	24259	16.2	71320	15.9
龙口	1522	3.8	4776	4.7	6947	4.4	6498	4.3	19743	4.4
威海卫	1192	3.0	5032	5.0	4997	3.2	3633	2.4	14854	3.3
古北口	385	1.0	549	0.5	896	0.6	797	0.5	2627	0.6
德县	0	0.0	1199	1.2	3148	2.0	2676	1.8	7023	1.6
济宁	0	0.0	4085	4.0	10068	6.4	7505	5.0	21658	4.8
月计	39650	100.0	101535	100.0	156187	100.0	150119	100.0	447491	100.0

（资料来源：根据伪满洲国国务院总务厅统计处《满洲帝国统计月报》第 1 卷第 1 号至第 4 号相关资料整理而成。）

由表 4 - 3 可知，最大的查证地是天津（22.5%）和青岛（20.8%），其次是芝罘（15.9%）、济南（13.0%）和山海关（11.2%）。上述几地占了移民总量的 95% 以上。这与 1936 - 1938 年山东河北赴满移民的来源地情况非常相似。如图 4 - 1 所示[①]。从 1 月到 4 月，随着时间的推移和移民数量的增长，天津、北京和古北口等北部地区的移民所占比例在下降，而其余地区的比例都在上升。

一、各来源地移民入满路线之选择

表 4 - 4　各来源地移民的入满路线

经由地	大连		山海关		合计	
来源地	实数	比例	实数	比例	实数	比例
天津	8734	8.7	91352	90.7	100706	100.0
济南	4302	7.4	53444	91.6	58364	100.0

---

① 转引自 Wang, I - shou. Chinese Migration and Population Change in Manchuria, 1900 - 1940. Ph. D. dissertation, Geography, University of Minnesota, 1971. p. 73.

续表

经由地	大连		山海关		合计	
来源地	实数	比例	实数	比例	实数	比例
北京	62	0.8	6577	83.6	7871	100.0
山海关	0	0.0	50148	100.0	50148	100.0
青岛	92738	99.6	340	0.4	93078	100.0
芝罘	69895	98.0	0	0.0	71320	100.0
龙口	19429	98.4	0	0.0	19743	100.0
威海卫	14854	100.0	0	0.0	14854	100.0
古北口	0	0.0	0	0.0	2627	100.0
德县	291	4.1	6694	95.3	7023	100.0
济宁	3849	17.8	17722	81.8	21658	100.0
合计	214154	48.0	226277	50.7	446066	100.0

（资料来源：根据伪满洲国国务院总务厅统计处《满洲帝国统计月报》第1卷第1号至第4号相关资料整理而成。）

由表4-4可知，来自铁路沿线城市的移民，多数取道山海关入满，如天津（90.7%）、济南（91.6%）、北京（83.6%）、德县（95.3%）、济宁（81.8%）。而来自港口城市的移民，几乎都取道大连入满，如青岛（99.6%）、芝罘（98%）、龙口（98.4%）和威海卫（100%）。来自古北口的全部，及来自北京的一部分移民取道古北口入满。

二、各来源地移民的目的地

表4-5　入满移民的来源地与目的地

	天津	济南	北京	山海关	青岛	芝罘	龙口	威海卫	古北口	德县	济宁	合计
关东州	5454	2004	41	42	25117	41549	3464	8004	0	102	962	86739
奉天省	46674	16618	3606	28741	25755	9350	3958	2505	1441	2126	7037	147811
吉林省	13397	7840	732	5934	10365	3014	1767	831	2	896	2582	47360
滨江省	9381	6179	1057	2897	6225	4082	7560	598	4	1799	1592	41374
龙江省	2416	1598	244	874	1274	378	335	58	1	769	758	8705
安东省	456	299	16	72	3004	3735	419	1246	0	33	24	9304
三江省	2137	3631	49	220	964	400	725	165	0	227	1463	9981

续表

	天津	济南	北京	山海关	青岛	芝罘	龙口	威海卫	古北口	德县	济宁	合计
黑河省	1779	850	0	103	1122	359	149	14	0	60	363	4799
锦州省	6388	6040	635	8271	1218	416	49	197	11	552	1099	24876
热河省	717	807	1205	516	6	8	0	1	1048	28	55	4391
兴安各省	2428	2492	194	1045	284	174	60	9	118	128	555	7487
间岛省	502	1203	21	183	3081	580	82	403	1	7	241	6304
通化省	885	1692	30	291	5904	1806	134	226	0	54	1172	12194
牡丹江省	2749	2157	54	454	2149	1825	880	385	1	107	1474	12235
东安省	3805	3567	5	86	5737	3267	65	179	0	96	1277	18084
北安省	1547	1387	81	410	873	377	96	33	0	39	1004	5847
合计	100715	58364	7970	50139	93078	71320	19743	14854	2627	7023	21658	447491

（资料来源：根据伪满洲国国务院总务厅统计处《满洲帝国统计月报》第 1 卷第 1 号至第 4 号相关资料整理而成。）

表 4-6　各来源地移民的目的地（百分比）

	天津	济南	北京	山海关	青岛	芝罘	龙口	威海卫	古北口	德县	济宁	合计
关东州	5.4	3.4	0.5	0.1	27.0	58.3	17.5	53.9	0.0	1.5	4.4	19.4
奉天省	46.3	28.5	45.2	57.3	27.7	13.1	20.0	16.9	54.9	30.3	32.5	33.0
吉林省	13.3	13.4	9.2	11.8	11.1	4.2	9.0	5.6	0.1	12.8	11.9	10.6
滨江省	9.3	10.6	13.3	5.8	6.7	5.7	38.3	4.0	0.2	25.6	7.4	9.2
龙江省	2.4	2.7	3.1	1.7	1.4	0.5	1.7	0.4	0.0	10.9	3.5	1.9
安东省	0.5	0.5	0.2	0.1	3.2	5.2	2.1	8.4	0.0	0.5	0.1	2.1
三江省	2.1	6.2	0.6	0.4	1.0	0.6	3.7	1.1	0.0	3.2	6.8	2.2
黑河省	1.8	1.5	0.0	0.2	1.2	0.5	0.8	0.1	0.0	0.9	1.7	1.1
锦州省	6.3	10.3	8.0	16.5	1.3	0.6	0.2	1.3	0.4	7.9	5.1	5.6
热河省	0.7	1.4	15.1	1.0	0.0	0.0	0.0	0.0	39.9	0.4	0.3	1.0
兴安各省	2.4	4.3	2.4	2.1	0.3	0.2	0.3	0.1	4.5	1.8	2.6	1.7
间岛省	0.5	2.1	0.3	0.4	3.3	0.8	0.4	2.7	0.0	0.1	1.1	1.4
通化省	0.9	2.9	0.4	0.6	6.3	2.5	0.7	1.5	0.0	1.5	5.4	2.7
牡丹江省	2.7	3.7	0.7	0.9	2.3	2.6	4.5	2.6	0.0	1.5	6.8	2.7
东安省	3.8	6.1	0.1	0.2	6.2	4.6	0.3	1.2	0.0	1.4	5.9	4.0
北安省	1.5	2.4	1.0	0.8	0.9	0.5	0.5	0.2	0.0	0.6	4.6	1.3
合计	100.0	100.0	100.0	100.0	100.0	100.0	100.0	100.0	100.0	100.0	100.0	100.0

（资料来源：根据表 4-5 计算而得。）

由表 4－6 可知，来自天津的移民主要去往奉天省（46.3%），其次是吉林省（13.3%）和滨江省（9.3%）。来自济南的移民主要去往奉天省（28.5%），其次是吉林省（13.4%）、滨江省（10.6%）和锦州省（10.3%）。来自北京的移民主要去往奉天省（45.2%），其次是热河省（15.1%）和滨江省（13.3%）。来自山海关的移民主要去往奉天省（57.3%），其次是锦州省（16.5%）和吉林省（11.8%）。来自青岛的移民主要去往奉天省（27.7%）和关东州（27%），其次是吉林省（11.1%），去向比较多元。来自芝罘的移民主要去往关东州（58.3%），其次是奉天省（13.1%）。来自龙口的移民主要去往滨江省（38.3%），其次是奉天省（20%）和关东州（17.5%）。来自威海卫的移民主要去往关东州（53.9%），其次是奉天省（16.9%）。来自古北口的移民主要去往奉天省（54.9%），其次是热河省（39.9%），两者合计将近95%，去向最为集中。来自德县的移民主要去往奉天省（30.3%）和滨江省（25.6%），其次是吉林省（12.8%）和龙江省（10.9%）。来自济宁的移民主要去往奉天省（32.5%），其次是吉林省（11.9%）。除了龙口（移民首选地是滨江省）、芝罘和威海卫（移民首选地均是关东州）外，来自其余地区的移民首选目的地均是奉天省。除芝罘和威海卫外，关东州还是青岛和龙口移民的重要目的地。吉林省和滨江省是除奉天省和关东州外移民的重要目的地，整体位列前四名。此外，值得注意的是，北京和古北口移民去热河省的比例，以及山海关移民去锦州省的比例都相当高。

三、各来源地移民的职业结构

表 4－7　入满移民的来源地与职业

	农业	林业	渔业	矿业	商业	土木业	建筑业	制造业	交通业	杂役	合计
天津	12520	44	42	6014	323	19145	17593	30603	7376	7046	100706
济南	13663	5	15	11302	291	18101	1488	9671	2120	1708	58364
北京	779	1	4	625	462	350	1044	4255	226	224	7970
山海关	5690	471	344	3039	1013	1250	1899	18894	1755	15793	50148
青岛	19648	14	133	12352	571	6424	10273	20804	10283	12576	93078
芝罘	2958	9	28	716	7421	2439	15942	20247	7640	13920	71320
龙口	281	8	2	66	342	34	2495	9701	1778	5036	19743
威海卫	275	2	14	0	159	10	3759	3323	3720	3592	14854
古北口	193	0	0	1432	151	44	121	490	115	72	2618

	农业	林业	渔业	矿业	商业	土木业	建筑业	制造业	交通业	杂役	合计
德县	939	10	0	369	97	1346	399	2976	541	349	7026
济宁	2871	11	0	4690	54	10873	92	1529	1171	367	21658
全体	59817	575	582	40605	10884	60016	55105	122493	36725	60683	447485

（资料来源：根据伪满洲国国务院总务厅统计处《满洲帝国统计月报》第 1 卷第 1 号至第 4 号相关资料整理而成。）

表 4 - 8　各来源地移民的职业结构（百分比）

	农业	林业	渔业	矿业	商业	土木业	建筑业	制造业	交通业	杂役	合计
天津	12.4	0.0	0.0	6.0	0.3	19.0	17.5	30.4	7.3	7.0	100.0
济南	23.4	0.0	0.0	19.4	0.5	31.0	2.5	16.6	3.6	2.9	100.0
北京	9.8	0.0	0.1	7.8	5.8	4.4	13.1	53.4	2.8	2.8	100.0
山海关	11.3	0.9	0.7	6.1	2.0	2.5	3.8	37.7	3.5	31.5	100.0
青岛	21.1	0.0	0.1	13.3	0.6	6.9	11.0	22.4	11.0	13.5	100.0
芝罘	4.1	0.0	0.0	1.0	10.4	3.4	22.4	28.4	10.7	19.5	100.0
龙口	1.4	0.0	0.0	0.3	1.7	0.2	12.6	49.1	9.0	25.5	100.0
威海卫	1.9	0.0	0.1	0.0	1.1	0.1	25.3	22.4	25.0	24.2	100.0
古北口	7.3	0.0	0.0	54.5	5.7	1.7	4.6	18.7	4.4	2.7	100.0
德县	13.4	0.1	0.0	5.3	1.4	19.2	5.7	42.4	7.7	5.0	100.0
济宁	13.3	0.1	0.0	21.7	0.2	50.2	0.4	7.1	5.4	1.7	100.0
全体	13.4	0.1	0.1	9.1	2.4	13.4	12.3	27.4	8.2	13.6	100.0

（资料来源：根据表 4 - 7 计算而得。）

由表 4 - 8 可知，来自天津的移民主要从事制造业（30.4%），其次是土木业（19%）和建筑业（17.5%），然后是农业（12.4%）。来自济南的移民主要从事土木业（31%），其次是农业（23.4%）和矿业（19.4%）。来自北京的移民主要从事制造业（53.4%），其次是建筑业（13.1%）和农业（9.8%）。来自山海关的移民主要从事制造业（37.7%）和杂役（31.5%），其次是农业（11.3%）。来自青岛的移民主要从事制造业（22.4%）和农业（21.1%），其次是杂役（13.5%）和矿业（13.3%），再次是建筑业（11%）和交通业（11%），分布比较多元。来自芝罘的移民主要从事制造业（28.4%），其次是建筑业（22.4%）和杂役（19.5%），值得注意的是，来自芝罘的移民中从事商业的占了 10%，远远高于其它地区的移民。来自龙口的移民主要从事制造业（49.1%），其次是杂役（25.5%）和建筑业（12.6%）。来自威海卫的移民主要从事建筑业（25.3%）、交通业（25%）、杂役（24.2%）和制造业（22.4%）。来自古北口的移民主要从事矿业（54.5%），其次是制造业（18.7%）。来自德县的移民主要从事制造业（42.4%），其次是土木业（19.2%）和农业（13.4%）。来自济宁的移民主要从事土木业（50.2%），其次是矿业（21.7%）和农业（13.3%）。天津、北京和德县可视为第一种类型，首选职业是制造业，其次是土木建筑业和农业。济南和济宁可视为第二种类型，首选职业是土木业，其次是矿业和农业。山海关和青岛可视为第三种类型，首选职业是制造业，其次是杂役和农业。芝罘、龙口和威海卫可视为第四种类型，首选职业是制造业，其次是建筑业、交通业和杂役。古北口首选职业是矿业，可视为第五种类型。

第二节　移民的经由地

如表4-9所示，这一时期入满移民由五个方向入满，大连、营口、安东是海路，山海关和古北口是陆路，但绝大多数都经由山海关和大连两条路线。总体而言，两路移民数量相当，山海关一路略微超过大连一路。如表所示。1923-1929年间，大连、营口、安东三地接纳移民共计3537237人，占全部移民总数的73.9%。可见与1920年代相比，1941年的情况发生了很大的变化，随着时间的推移，取道陆路的移民越来越多，而陆路移民比例的增长，是以两个较小港口营口和安东为代价的。

表4-9　入满移民的经由地

经由地	1月		2月		3月		4月		第1季度合计	
	实数	比例	实数	比例	实数	比例	实数	比例	实数	比例
大连	16522	41.7	55177	54.3	77030	49.3	65425	43.6	214154	47.9
营口	0	0.0	0	0.0	109	0.1	503	0.3	612	0.1
安东	0	0.0	0	0.0	0	0.0	1425	0.9	1425	0.3
山海关	22583	57.0	45264	44.6	77443	49.6	80982	53.9	226272	50.6
古北口	540	1.4	1094	1.1	1605	1.0	1784	1.2	5023	1.1
月计	39645	100.0	101535	100.0	156187	100.0	150119	100.0	447486	100.0

（资料来源：根据伪满洲国国务院总务厅统计处《满洲帝国统计月报》第1卷第1号至第4号相关资料整理而成。）

一、由大连和山海关入满移民来源地之比较

表 4－10　由大连和山海关入满移民来源地之比较

来源地	大连		山海关		合计	
	实数	比例	实数	比例	实数	比例
天津	8734	4.1	91352	40.4	100706	22.6
济南	4302	2.0	53444	23.6	58364	13.1
北京	62	0.0	6577	2.9	7871	1.8
山海关	0	0.0	50148	22.2	50148	11.2
青岛	92738	43.3	340	0.2	93078	20.9
芝罘	69895	32.6	0	0.0	71320	16.0
龙口	19429	9.1	0	0.0	19743	4.4
威海卫	14854	6.9	0	0.0	14854	3.3
古北口	0	0.0	0	0.0	2627	0.6
德县	291	0.1	6694	3.0	7023	1.6
济宁	3849	1.8	17722	7.8	21658	4.9
月计	214154	100.0	226277	100.0	446066	100.0

（资料来源：根据伪满洲国国务院总务厅统计处《满洲帝国统计月报》第 1 卷第 1 号至第 4 号相关资料整理而成。）

　　由表 4－10 可知，由大连入满的移民主要来自青岛（43.3%）和芝罘（32.6%），两地合计约占 76%，其余是来自龙口（9.1%）、威海卫（6.9%）和天津（4.1%）的，约占 20%，来自上述各港口城市的合计达 96%。由山海关入满的移民主要来自天津（40.4%）、济南（23.6%）、山海关（22.2%）、济宁（7.8%）和德县（3%）等铁路沿线城市。

二、由大连和山海关入满移民目的地之比较

表 4 - 11　由大连和山海关入满移民目的地之比较

目的地	大连						山海关					
	1 月		3 月		4 月		1 月		3 月		4 月	
	实数	比例	实数	比例	实数	比例	实数	比例	实数	比例	实数	比例
关东州	8364	50.6	29034	37.7	23417	35.8	64	0.3	65	0.1	50	0.1
奉天省	3082	18.7	15972	20.7	11966	18.3	12,683	56.1	33,451	43.2	32,361	39.9
吉林省	836	5.1	6647	8.6	4802	7.3	2,626	11.6	9,923	12.8	12,117	15
滨江省	956	5.8	7933	10.3	6535	10	1,856	8.2	8,762	11.3	6,197	7.6
龙江省	81	0.5	925	1.2	1161	1.8	467	2.1	1,927	2.5	2,401	3
安东省	561	3.4	3067	4	1763	2.7	83	0.4	264	0.3	241	0.3
三江省	110	0.7	918	1.2	828	1.3	111	0.5	1,827	2.4	4,460	5.5
黑河省	30	0.2	443	0.6	1130	1.7	7	0	669	0.9	2,381	2.9
锦州省	71	0.4	940	1.2	564	0.9	3,160	14	8,650	11.2	6,760	8.3
热河省	1	0	5	0	5	0	164	0.7	393	0.5	310	0.4
兴安各省	26	0.2	329	0.4	304	0.5	249	1.1	2,736	3.5	2,728	3.4
间岛省	293	1.8	1857	2.4	1029	1.6	64	0.3	609	0.8	1,409	1.7
通化省	720	4.4	3302	4.3	2348	3.6	283	1.3	1,906	2.5	1,311	1.6
牡丹江省	241	1.5	2253	2.9	2078	3.2	172	0.8	2,318	3	3,434	4.2
东安省	1115	6.7	2812	3.7	6801	10.4	409	1.8	2,633	3.4	2,499	3.1
北安省	35	0.2	593	0.8	694	1.1	190	0.8	1,310	1.7	2,350	2.9
总数	16522	100	77030	100	65425	100	22,588	100	77,443	100	81,009	100

（说明：1941 年 2 月数据缺。）

（资料来源：根据伪满洲国国务院总务厅统计处《满洲帝国统计月报》第 1 卷第 1 号至第 4 号相关资料整理而成。）

由表 4 - 11 可知，由大连入满的移民首选就劳地是关东州，其次是奉天省，再次是滨江省、东安省、吉林省、通化省和安东省。由山海关入满的移民首选就劳地是奉天省，其次是吉林省和锦州省，再次是滨江省、兴安各省、三江省、牡丹江省、东安省和龙江省。●

第三节 移民的目的地

表 4 - 12 入满移民的目的地

目的地	1 月		2 月		3 月		4 月		第 1 季度合计	
	实数	比例	实数	比例	实数	比例	实数	比例	实数	比例
关东州	8428	21.3	25745	25.4	29099	18.6	23467	15.6	86739	19.4
奉天省	15967	40.3	36681	36.1	49949	32.0	45214	30.1	147811	33.0
吉林省	3462	8.7	10392	10.2	16571	10.6	16935	11.3	47360	10.6
滨江省	2813	7.1	9090	9.0	16695	10.7	12776	8.5	41374	9.2
龙江省	549	1.4	1736	1.7	2852	1.8	3568	2.4	8705	1.9
安东省	644	1.6	1983	2.0	3332	2.1	3344	2.2	9303	2.1
三江省	221	0.6	1718	1.7	2745	1.8	5297	3.5	9981	2.2
黑河省	37	0.1	138	0.1	1112	0.7	3512	2.3	4799	1.1
锦州省	3232	8.2	4719	4.6	9592	6.1	7333	4.9	24876	5.6
热河省	498	1.3	913	0.9	1450	0.9	1523	1.0	4384	1.0
兴安各省	276	0.7	935	0.9	3190	2.0	3086	2.1	7487	1.7
间岛省	358	0.9	1047	1.0	2456	1.6	2438	1.6	6299	1.4
通化省	1003	2.5	2272	2.2	5208	3.3	3705	2.5	12188	2.7
牡丹江省	413	1.0	1734	1.7	4571	2.9	5517	3.7	12235	2.7
东安省	1524	3.8	1755	1.7	5445	3.5	9360	6.2	18084	4.0
北安省	225	0.6	680	0.7	1900	1.2	3044	2.0	5849	1.3
总数	39650	100.0	101538	100.0	156167	100.0	150119	100.0	447474	100.0

（资料来源：根据伪满洲国国务院总务厅统计处《满洲帝国统计月报》第 1 卷第 1 号至第 4 号相关资料整理而成。）

由表 4 - 12 可知，入满移民最大目的地是奉天省，其次是关东州、吉林省和滨江省，锦州省、东安省也占重要地位。移民以传统核心省份（关东州、奉天省、吉林省、滨江省）和新兴矿业省份（锦州省、东安省）为主要目的地。移民中以关东州和奉天省为目的地者达 52.4%，这与 1920 年代的情况也有很大差别。据何廉估计，1927 年赴东北北部者约 57 万人，占全年移民总数的 57%，1928 年约 56 万人，占总数的 60%[1]。据 1929 年上半年日本外务省的调查，"60

---

[1] 何廉：《东三省之内地移民研究》，《经济统计季刊》1932 年第 1 卷第 2 期，第 241 页。

余万中国关内各省到东北来的移民，差不多有三分之二移往北部①。"可见 1920 年代末移民以相对地广人稀的北满为主要目的地，而 1941 年移民则以南满，特别是城市和工矿业较发达的奉天省和关东州为主要目的地。值得注意的是，从 1 月到 4 月，去往关东州、奉天省、锦州省的移民比例出现了大幅下降，而去往三江省、黑河省、牡丹江省、东安省、吉林省的移民比例则有明显增长，去往北安省、滨江省、龙江省、兴安各省、间岛省、安东省的移民比例也有较小幅度增长。这反映了随着时间的推移和气温的回暖，去往南部的移民比例在下降，而去往极北地区和山区的移民比例在增长，极北地区（如三江省、东安省、黑河省）和北部山区（如黑河省、牡丹江省）增幅最大，而北部平原地区（如北安省、滨江省、龙江省）和南部山区（如安东省）则增幅相对较小。

一、伪满各省移民之来源地

表 4-13　伪满各省移民的来源地（百分比）

	天津	济南	北京	山海关	青岛	芝罘	龙口	威海卫	古北口	德县	济宁	合计
关东州	6.3	2.3	0.0	0.0	29.0	47.9	4.0	9.2	0.0	0.1	1.1	100.0
奉天省	31.6	11.2	2.4	19.4	17.4	6.3	2.7	1.7	1.0	1.4	4.8	100.0
吉林省	28.3	16.6	1.5	12.5	21.9	6.4	3.7	1.8	0.1	1.9	5.5	100.0
滨江省	22.7	14.9	2.6	7.0	15.0	9.9	18.3	1.4	0.0	4.3	3.8	100.0
龙江省	27.8	18.4	2.8	10.0	14.6	4.3	3.8	0.7	0.1	8.8	8.7	100.0
安东省	4.9	3.2	0.2	0.8	32.3	40.1	4.5	13.4	0.0	0.4	0.3	100.0
三江省	21.4	36.4	0.5	2.2	9.7	4.0	7.3	1.7	0.0	2.3	14.7	100.0
黑河省	37.1	17.7	0.0	2.1	23.4	7.5	3.1	0.3	0.1	1.3	7.6	100.0
锦州省	25.7	24.3	2.6	33.2	4.9	1.7	0.2	0.8	0.0	2.2	4.4	100.0
热河省	16.3	18.4	27.4	11.8	0.1	0.2	0.0	0.0	23.9	0.6	1.3	100.0
兴安各省	32.4	33.3	2.6	14.0	3.8	2.3	0.8	0.1	1.6	1.7	7.4	100.0
间岛省	8.0	19.1	0.3	2.9	48.9	9.2	1.3	6.4	0.0	0.1	3.8	100.0
通化省	7.3	13.9	0.2	2.4	48.4	14.8	1.1	1.9	0.0	0.4	9.6	100.0
牡丹江省	22.5	17.6	0.4	3.7	17.6	14.9	7.2	3.1	0.1	0.9	12.0	100.0
东安省	21.0	19.7	0.0	0.5	31.7	18.1	0.4	1.0	0.1	0.5	7.1	100.0
北安省	26.5	23.7	1.4	7.0	14.9	6.4	1.6	0.0	0.5	0.7	17.2	100.0

（资料来源：根据表 4-5 计算而得）

---

① 王海波：《东北移民问题》，中华书局 1932 年版，第 48 页。

由表 4 – 13 可知，去往关东州的移民中，占首位的来自芝罘（47.9%），其次是青岛（29%）。去往奉天省的移民中，占首位的来自天津（31.6%），其次是山海关（19.4%）和青岛（17.4%）。去往吉林省的移民中，占首位的来自天津（28.3%），其次是青岛（21.9%）和济南（16.6%）。去往滨江省的移民中，占首位的来自天津（22.7%），其次是龙口（18.3%）和青岛（15%）。去往龙江省的移民中，占首位的来自天津（27.8%），其次是济南（18.4%）和青岛（14.6%）。去往安东省的移民中，占首位的来自芝罘（40.1%），其次是青岛（32.3%）和威海卫（13.4%）。去往三江省的移民中，占首位的来自济南（36.4%），其次是天津（21.4%）和济宁（14.7%）。去往黑河省的移民中，占首位的来自天津（37.1%），其次是青岛（23.4%）和济南（17.7%）。去往锦州省的移民中，占首位的来自山海关（33.2%），其次是天津（25.7%）和济南（24.3%）。去往热河省的移民中，占首位的来自北京（27.4%），其次是古北口（23.9%）和济南（18.4%）。去往兴安各省的移民中，占首位的来自济南（33.3%），其次是天津（32.4%）和山海关（14%）。去往间岛省的移民中，占首位的来自青岛（48.9%），其次是济南（19.1%）。去往通化省的移民中，占首位的来自青岛（48.4%），其次是芝罘（14.8%）和济南（13.9%）。去往牡丹江省的移民中，占首位的来自天津（22.5%），其次是济南（17.6%）和青岛（17.6%）。去往东安省的移民中，占首位的来自青岛（31.7%），其次是天津（21%）、济南（19.7%）和芝罘（18.1%）。去往北安省的移民中，占首位的来自天津（26.5%），其次是济南（23.7%）和济宁（17.2%）。来自天津的移民占首位的省份有奉天省、吉林省、滨江省、龙江省、牡丹江省和北安省。来自济南的移民占首位的省份有三江省和兴安各省。来自北京的移民占首位的省份有热河省。来自山海关的移民占首位的省份有锦州省、间岛省、通化省和东安省。来自芝罘的移民占首位的省份有关东州和安东省。来自济宁的移民在三江省和北安省也占可观比例。由此可知，在传统核心省份（如奉天省、吉林省、滨江省）和北满次边疆省份（如龙江省、北安省、牡丹江省）都是以来自天津的移民占首位。在边疆省份（如三江省和兴安各省）则是以来自济南的移民占首位，济宁的情况有些类似。如前所述，来自济南和济宁的移民首选职业是土木业，而该职业在边疆省份是首要职业。在东部边疆省份（如间岛省、通化省和东安省）以来自山海关的移民占首位。在南部沿海省份（如关东州和安东省）以来自芝罘的移民占首位。此外，与关内地区接壤的各省份中，总是以来自相邻地区的移民占首

位，如在热河省以来自北京的移民占首位，在锦州省以来自山海关的移民占
首位。

二、伪满各省移民之职业结构

表4－14　入满移民的职业与目的地

	农业	林业	渔业	矿业	商业	土木业	建筑业	制造业	交通业	杂役	所有职业
关东州	5237	4	33	242	5830	3142	10980	22982	19303	18986	86739
奉天省	21298	343	201	18317	1813	12165	15617	48563	8287	21205	147809
吉林省	9964	60	8	1161	539	8060	7679	12143	2151	5595	47360
滨江省	6983	30	10	45	862	2523	4336	16958	3422	6205	41374
龙江省	2411	6	10	10	151	1711	1315	2028	275	788	8705
安东省	1671	5	6	4	356	155	1391	3115	929	1675	9307
三江省	782	6	6	1905	174	4464	900	998	224	524	9983
黑河省	109	8	0	16	58	2789	847	699	168	105	4799
锦州省	1706	59	303	7736	154	4426	1696	6045	516	2295	24936
热河省	443	8	0	24	278	652	397	2050	176	363	4391
兴安各省	1038	12	3	456	100	4045	557	811	117	343	7482
间岛省	1164	1	0	1184	70	2039	745	518	187	401	6309
通化省	4216	13	1	3355	127	1657	658	1160	273	728	12188
牡丹江省	1535	14	0	236	213	4434	2682	1817	474	830	12235
东安省	318	2	0	5898	65	5986	4173	1336	115	270	18163
北安省	1070	3	1	16	93	1822	1082	1284	113	368	5852
合计	59945	574	582	40605	10883	60070	55055	122507	36730	60681	447632

（资料来源：根据伪满洲国国务院总务厅统计处《满洲帝国统计月报》第1卷第1号
至第4号相关资料整理而成。）

表4－15　伪满各省移民的职业结构（百分比）

	农业	林业	渔业	矿业	商业	土木业	建筑业	制造业	交通业	杂役	合计
关东州	6.0	0.0	0.0	0.3	6.7	3.6	12.7	26.5	22.3	21.9	100.0
奉天省	14.4	0.2	0.1	12.4	1.2	8.2	10.6	32.9	5.6	14.3	100.0
吉林省	21.0	0.1	0.0	2.5	1.1	17.0	16.2	25.6	4.5	11.8	100.0
滨江省	16.9	0.1	0.0	0.1	2.1	6.1	10.5	41.0	8.3	15.0	100.0
龙江省	27.7	0.1	0.1	0.1	1.7	19.7	15.1	23.3	3.2	9.1	100.0
安东省	18.0	0.1	0.1	0.0	3.8	1.7	15.0	33.5	10.0	18.0	100.0

续表

	农业	林业	渔业	矿业	商业	土木业	建筑业	制造业	交通业	杂役	合计
三江省	7.8	0.1	0.1	19.1	1.7	44.7	9.0	10.0	2.2	5.2	100.0
黑河省	2.3	0.2	0.0	0.3	1.2	58.1	17.6	14.6	3.5	2.2	100.0
锦州省	6.9	0.2	1.2	31.1	0.6	17.8	6.8	24.3	2.1	9.2	100.0
热河省	10.1	0.2	0.0	0.5	6.3	14.9	9.1	46.8	4.0	8.3	100.0
兴安各省	13.9	0.2	0.0	6.1	1.3	54.0	7.4	10.8	1.6	4.6	100.0
间岛省	18.5	0.0	0.0	18.8	1.1	32.4	11.8	8.2	3.0	6.4	100.0
通化省	34.6	0.1	0.0	27.5	1.0	13.6	5.4	9.5	2.2	6.0	100.0
牡丹江省	12.5	0.1	0.0	1.9	1.7	36.2	21.9	14.9	3.9	6.8	100.0
东安省	1.8	0.0	0.0	32.6	0.4	33.1	23.1	7.4	0.6	1.5	100.0
北安省	18.3	0.1	0.0	0.3	1.6	31.2	18.5	22.0	1.9	6.3	100.0

（资料来源：根据表 4 - 14 计算而得。）

由表 4 - 15 可知，去往关东州的移民主要从事制造业（26.5%）、交通业（22.3%）和杂役（21.9%）。去往奉天省的移民主要从事制造业（32.9%），其次是农业（14.4%）和杂役（14.3%）。去往吉林省的移民主要从事制造业（25.6%），其次是农业（21%）、土木业（17%）和建筑业（16.2%）。去往滨江省的移民主要从事制造业（41%），其次是农业（16.9%）和杂役（15%）。去往龙江省的移民主要从事农业（27.7%）和制造业（23.3%），其次是土木业（19.7%）和建筑业（15.1%）。去往安东省的移民主要从事制造业（33.5%），其次是杂役（18%）和农业（18%）。去往三江省的移民主要从事土木业（44.7%），其次是矿业（19.1%）和制造业（10%）。去往黑河省的移民主要从事土木业（58.1%），其次是建筑业（17.6%）和制造业（14.6%）。去往锦州省的移民主要从事矿业（31.1%），其次是制造业（24.3%）和土木业（17.8%）。去往热河省的移民主要从事制造业（46.8%），其次是土木业（14.9%）和农业（10.1%）。去往兴安各省的移民主要从事土木业（54%），其次是农业（13.9%）和制造业（10.8%）。去往间岛省的移民主要从事土木业（32.4%），其次是矿业（18.8%）和农业（18.5%）。去往通化省的移民主要从事农业（34.6%），其次是矿业（27.5%）和土木业（13.6%）。去往牡丹江省的移民主要从事土木业（36.2%），其次是建筑业（21.9%）和制造业（14.9%）。去往东安省的移民主要从事土木业（33.1%）和矿业（32.6%），其次是建筑业（23.1%）。去

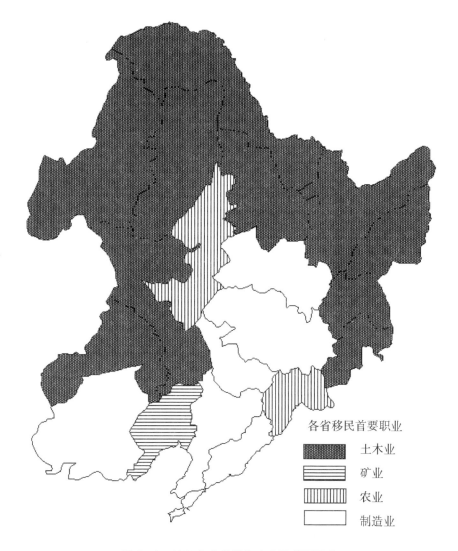

图4-2　1941年春伪满各省移民首要职业

往北安省的移民主要从事土木业（31.2%），其次是制造业（22%）和建筑业（18.5%）。农业作为移民首要职业的省份有龙江省、通化省。矿业作为移民首要职业的省份有锦州省。制造业作为移民首要职业的省份有关东州、奉天省、吉林省、滨江省、安东省、热河省。土木业作为移民首要职业的省份有三江省、黑河省、兴安各省、间岛省、牡丹江省、东安省和北安省。这些省份全部位于边境地区，是日伪国防的重点地带，有许多大型土木工程。如前所述，关东军"北进计划"、边境要塞修建和伪满当局的"北边振兴计划"、"产业开发五年计划"都以这里为重点①。如图 4 – 2 所示。

第四节　移民的年龄结构

一、移民年龄结构概述

表 4 – 16　入满移民的年龄结构

年龄段	1 月		3 月		4 月	
	实数	比例	实数	比例	实数	比例
0 – 19	3679	9.3	22038	14.1	21276	14.2
20 – 29	12334	31.1	55107	35.3	48682	32.4
30 – 39	11971	30.2	40094	25.7	38776	25.8
40 – 49	7064	17.8	23618	15.1	24334	16.2
50 – 59	3327	8.4	10981	7.0	12362	8.2
60 +	1275	3.2	4349	2.8	4637	3.1
总数	39650	100.0	156187	100.0	150067	100.0

（说明：1941 年 2 月数据缺。）

（资料来源：根据伪满洲国国务院总务厅统计处《满洲帝国统计月报》第 1 卷第 1 号
至第 4 号相关资料整理而成。）

由表 4 – 16 可知，20 – 29 岁年龄段人口所占比例最高，其次是 30 – 39
岁，再次是 40 – 49 岁，这三个年龄段合起来所占比例在 70% 以上。从 1 月
到 4 月，20 – 49 岁年龄段人口比例逐步下降（79.1% – 76.1% – 74.4%），
而 19 岁以下年龄段人口比例有较大幅度上升。这说明随着时间的推移和气
温的回暖，移民中青壮年的比例在逐步下降，而未成年人的比例则有较大幅
度上升。

二、河北和山东移民年龄结构之比较

入满移民主要来自山东、河北两省，下面分别考察两省移民的年龄结构。

---

① 赵宁等：《日本关东军的对苏战略与苦难的中国劳工》，《北方文物》，1995 年第 3 期，第 37
页。

表 4－17　山东和河北移民的年龄结构

年龄段	山东						河北					
	1 月		3 月		4 月		1 月		3 月		4 月	
	实数	比例	实数	比例	实数	比例	实数	比例	实数	比例	实数	比例
0－19	2088	10	16532	14.9	14579	15.1	1755	7.9	4988	12	5753	12
20－29	6286	30	39036	35.1	31421	32.6	5545	32.3	14810	35.7	15791	32.9
30－39	6135	29.3	27649	24.9	23398	24.2	5398	31.5	11565	27.9	13616	28.3
40－49	3819	18.2	16880	15.2	15643	16.2	2978	17.4	6118	14.7	7658	15.9
50－59	1904	9.1	7938	7.1	8371	8.7	1338	7.8	2853	6.9	3658	7.6
60＋	731	3.5	3140	2.8	3093	3.2	531	3.1	1167	2.8	1564	3.3
总数	20963	100	111175	100	96505	100	17646	100	41501	100	48040	100

（说明：1941 年 2 月数据缺。）

（资料来源：根据伪满洲国国务院总务厅统计处《满洲帝国统计月报》第 1 卷第 1 号至第 4 号相关资料整理而成。）

由表 4－17 可知，20－49 岁年龄段人口所占比例，在 1 月、2 月、4 月河北移民分别是 81.2%、78.3%、77.2%，山东移民分别是 77.5%、75.2%、73.0%，河北移民都高于山东移民，随着时间推移两者都呈下降趋势。

三、由大连和山海关入满移民年龄结构之比较

表 4－18　由大连和山海关入满移民的年龄结构

年龄段	大连						山海关					
	1 月		3 月		4 月		1 月		3 月		4 月	
	实数	比例	实数	比例	实数	比例	实数	比例	实数	比例	实数	比例
0－19	1814	11	11183	14.5	8941	13.7	1814	8	10652	13.8	11810	14.6
20－29	5102	30.9	27605	35.8	21445	32.8	7046	31.2	26938	34.8	26099	32.2
30－39	4648	28.1	19151	24.9	17017	26	7147	31.6	20439	26.4	20839	25.7
40－49	2933	17.8	11171	14.5	10330	15.8	4050	17.9	12188	15.7	13372	16.5
50－59	1487	9	5476	7.1	5357	8.2	1804	8	5354	6.9	6648	8.2
60＋	538	3.3	2444	3.2	2335	3.6	727	3.2	1872	2.4	2214	2.7
总数	16522	100	77030	100	65425	100	22588	100	77443	100	80982	100

（说明：1941 年 2 月数据缺。）

（资料来源：根据伪满洲国国务院总务厅统计处《满洲帝国统计月报》第 1 卷第 1 号

至第 4 号相关资料整理而成。)

由表 4 – 18 可知，20 – 49 岁年龄段人口所占百分比，在 1 月、2 月、4 月山海关一路移民分别是 80.8、76.9 和 74.5，大连一路移民分别是 76.8、75.2 和 74.6，山海关一路基本高于大连一路，但随着时间推移，差距在逐步缩小。结合前面对移民年龄结构与家乡关系的分析，可以反映出山海关一路移民主要来自华北平原（包括河北和山东西部），而大连一路移民主要来自山东半岛的事实。

第五节　移民的职业结构

一、移民职业结构概述

表 4 – 19　入满移民的职业结构

职业	1 月		2 月		3 月		4 月		第 1 季度合计	
	实数	比例	实数	比例	实数	比例	实数	比例	实数	比例
农业	6847	17.3	16578	16.3	21072	13.5	15448	10.3	59945	13.4
林业	84	0.2	129	0.1	179	0.1	182	0.1	574	0.1
渔业	77	0.2	274	0.3	180	0.1	51	0.0	582	0.1
矿业	5159	13.0	11863	11.7	15532	9.9	8051	5.4	40605	9.1
商业	1966	5.0	2580	2.5	3377	2.2	2960	2.0	10883	2.4
土木业	926	2.3	2628	2.6	18432	11.8	38084	25.4	60070	13.4
建筑业	2728	6.9	11053	10.9	20253	13.0	21021	14.0	55055	12.3
制造业	11628	29.3	31044	30.6	45192	28.9	34643	23.1	122507	27.4
交通业	3905	9.8	10507	10.3	11686	7.5	10632	7.1	36730	8.2
杂役	6461	16.3	14882	14.7	20232	13.0	19106	12.7	60681	13.6
月计	39650	100.0	101538	100.0	156167	100.0	150119	100.0	447474	100.0

（资料来源：根据伪满洲国国务院总务厅统计处《满洲帝国统计月报》第 1 卷第 1 号至第 4 号相关资料整理而成。）

由表 4 – 19 可知，对于 1941 年第 1 季度入满移民，制造业是最主要的求职部门，其次是杂役、土木业、农业、建筑业、矿业和交通业，商业所占比例很低。从 1 月到 4 月，从事土木业和建筑业人口比例急剧上升，而从事其他行业的人口比例都在下降，以农业和矿业为最。这反映了土木业和建筑业对气温变化的敏感性。此外土木业是北部边疆省份移民的主要职业，这些省份比中南满省份气候更为寒冷，更加剧了这一敏感性。与1920年代末相比，移民职业结构发生了较大变化，从事农业和杂役（其他自由业）的比例急剧下降，而从事矿业、交通业和工业（土木业、建筑业、制造业）的比例有显著上升，如表4-20所示。

表4-20 1928-1929年在大连登陆移民的职业结构

职业	1928年		1929年	
	实数	百分比	实数	百分比
农业	126152	23.6	106059	20.1
水产业	0	0.0	585	0.1
矿业	18716	3.5	4029	0.8
工业	7800	1.5	11138	2.1
商业	14216	2.7	14235	2.7
交通业	4876	0.9	3807	0.7
公务自由业	9248	1.7	10063	1.9
其他自由业①	342980	64.2	370109	70.1
家事使用人	5552	1.0	3871	0.7
无业	4821	0.9	3874	0.7
总计	534361	100.0	527770	100.0

（资料来源：满铁太平洋问题调查准备委员会资料。）

二、山东和河北移民职业结构之比较

表4-21 山东移民的职业结构

职业	1月		2月		3月		4月		第1季度合计	
	实数	比例	实数	比例	实数	比例	实数	比例	实数	比例
农牧林业	5420	25.9	13967	18.8	17086	15.4	11491	11.8	47964	15.8
渔业	26	0.1	113	0.2	54	0.0	12	0.0	205	0.1
矿业	1912	9.1	8944	12.0	11059	9.9	5176	5.3	27091	8.9
工业	6531	31.2	30789	41.4	56809	51.1	47423	48.9	141552	46.6

---

① 其他自由业者，主要指无固定职业、在一定时间里出卖劳动力的雇佣者。

续表

职业	1 月		2 月		3 月		4 月		第 1 季度合计	
	实数	比例	实数	比例	实数	比例	实数	比例	实数	比例
商业	1215	5.8	1884	2.5	3057	2.7	2824	2.9	8980	3.0
交通业	2634	12.6	8559	11.5	9460	8.5	8643	8.9	29296	9.7
其他	3225	15.4	10575	14.2	13653	12.3	11476	11.8	38929	12.8
总数	20963	100.0	74331	100.0	111178	100.0	97045	100.0	303517	100.0

（资料来源：根据伪满洲国国务院总务厅统计处《满洲帝国统计月报》第 1 卷第 1 号至第 4 号相关资料整理而成。）

表 4 – 22　河北移民的职业结构

职业	1 月		2 月		3 月		4 月		第 1 季度合计	
	实数	比例	实数	比例	实数	比例	实数	比例	实数	比例
农牧林业	1326	7.7	2610	10.4	4016	9.7	4007	8.3	11959	9.1
渔业	51	0.3	161	0.6	126	0.3	39	0.1	377	0.3
矿业	2271	13.2	2228	8.9	2994	7.2	1659	3.5	9152	6.9
工业	8379	48.9	13479	53.6	25675	61.9	32914	68.5	80447	61.0
商业	724	4.2	610	2.4	256	0.6	103	0.2	1693	1.3
交通业	1251	7.3	1859	7.4	2144	5.2	1943	4.0	7197	5.5
其他	3143	18.3	4180	16.6	6340	15.3	7375	15.4	21038	16.0
总数	17145	100.0	25127	100.0	41501	100.0	48040	100.0	131813	100.0

（资料来源：根据伪满洲国国务院总务厅统计处《满洲帝国统计月报》第 1 卷第 1 号至第 4 号相关资料整理而成。）

由表 4 – 21 和 4 – 22 可知，河北移民从事农牧林业的比例大大低于山东移民，从事交通业和商业的比例也低于山东移民；相应地，河北移民从事工业的比例则大大高于山东移民，从事其他（主要是土木业）的比例也高于山东移民。从事矿业的比例，除个别月份外，也是山东移民高。

三、各行业移民的来源地

表 4 – 23　各行业移民的来源地（百分比）

	农业	林业	渔业	矿业	商业	土木业	建筑业	制造业	交通业	杂役	所有职业
天津	20.9	7.7	7.2	14.8	3.0	31.9	31.9	25.0	20.1	11.6	22.5
济南	22.8	0.9	2.6	27.8	2.7	30.2	2.7	7.9	5.8	2.8	13.0
北京	1.3	0.2	0.7	1.5	4.2	0.6	1.9	3.5	0.6	0.4	1.8

续表

	农业	林业	渔业	矿业	商业	土木业	建筑业	制造业	交通业	杂役	所有职业
山海关	9.5	81.9	59.1	7.5	9.3	2.1	3.4	15.4	4.8	26.0	11.2
青岛	32.8	2.4	22.9	30.4	5.2	10.7	18.6	17.0	28.0	20.7	20.8
芝罘	4.9	1.6	4.8	1.8	68.2	4.1	28.9	16.5	20.8	22.9	15.9
龙口	0.5	1.4	0.3	0.2	3.1	0.1	4.5	7.9	4.8	8.3	4.4
威海卫	0.5	0.3	2.4	0.0	1.5	0.0	6.8	2.7	10.1	5.9	3.3
古北口	0.3	0.0	0.0	3.5	1.4	0.1	0.2	0.4	0.3	0.1	0.6
德县	1.6	1.7	0.0	0.9	0.9	2.2	0.7	2.4	1.5	0.6	1.6
济宁	4.8	1.9	0.0	11.6	0.5	18.1	0.2	1.2	3.2	0.6	4.8
合计	100.0	100.0	100.0	100.0	100.0	100.0	100.0	100.0	100.0	100.0	100.0

（资料来源：根据表4-7计算而得。）

由表4-23可知，入满移民主要来自天津（22.5%）、青岛（20.8%），其次是芝罘（16%）、济南（13.1%）和山海关（11.1%），五地合计达80%以上。就具体职业来看，农业移民主要来自青岛（32.8%）、济南（22.8%）和天津（20.9%），三者合计达76%以上。林业移民主要来自山海关（81.9%）。渔业移民主要来自山海关（59.1%），其次是青岛（22.9%）。矿业移民主要来自青岛（30.4%）和济南（27.8%），其次是天津（14.8%）和济宁（11.6%），四者合计达84%以上。商业移民主要来自芝罘（68.2%），独占三分之二以上的比例。土木业移民主要来自天津（31.9%）和济南（30.2%），其次是济宁（18.1%）和青岛（10.7%），四者合计达90%以上。建筑业移民主要来自天津（31.9%）和芝罘（28.9%），其次是青岛（18.6%），三者合计达79%以上。制造业移民主要来自天津（25%），其次是青岛（17%）、芝罘（16.5%）和山海关（15.4%），四者合计近75%。交通业移民主要来自青岛（28%）、芝罘（20.8%）和天津（20.1%），其次是威海卫（10.1%），四者合计达79%。杂役业移民主要来自山海关（26%）、芝罘（22.9%）和青岛（20.7%），其次是天津（11.6%），四者合计达80%以上。由此可知，农业移民来源最广泛，包括胶东、冀东和鲁西。矿业和土木业移民主要来自鲁西和胶东。土木业移民主要来自冀东和鲁西。建筑业、制造业、交通业和杂役业移民主要来自胶东和冀东。商业移民来源最单一，只有胶东一地。商业移民往往是循环流动而非单向流动的，Thomas R. Gottschang 曾经指出，"胶东与东北地区的经济存在一种共生关系，这种关系籍由两地之间循环的移民流维持①", 也与这里的分析不谋而合。

四、由大连和山海关入满移民职业结构之比较

表 4 - 24　由大连入满移民的职业结构（百分比）

职业	1 月		2 月		3 月		4 月		第 1 季度合计	
	实数	比例	实数	比例	实数	比例	实数	比例	实数	比例
农业	2674	16.2	6472	11.7	8757	11.4	6645	10.2	24548	11.5
林业	0	0.0	11	0.0	12	0.0	15	0.0	38	0.0
渔业	22	0.1	112	0.2	40	0.1	11	0.0	185	0.1
矿业	2167	13.1	5852	10.6	6010	7.8	4384	6.7	18413	8.6
商业	1065	6.4	1704	3.1	2980	3.9	2704	4.1	8453	3.9
土木业	200	1.2	1579	2.9	4470	5.8	5315	8.1	11564	5.4
建筑业	1270	7.7	7312	13.3	12686	16.5	12035	18.4	33303	15.6
制造业	3825	23.2	15383	27.9	20731	26.9	15941	24.4	55880	26.1
交通业	2344	14.2	7443	13.5	8601	11.2	7693	11.8	26081	12.2
杂役	2955	17.9	9304	16.9	12748	16.5	10682	16.3	35689	16.7
月计	16522	100.0	55177	100.0	77030	100.0	65425	100.0	214154	100.0

（资料来源：根据伪满洲国国务院总务厅统计处《满洲帝国统计月报》第 1 卷第 1 号至第 4 号相关资料整理而成。）

表 4 - 25　由山海关入满移民的职业结构

职业	1 月		2 月		3 月		4 月		第 1 季度合计	
	实数	比例	实数	比例	实数	比例	实数	比例	实数	比例
农业	4017	17.8	10037	22.2	12120	15.7	8472	10.5	34646	15.3
林业	84	0.4	118	0.3	167	0.2	168	0.2	537	0.2
渔业	55	0.2	162	0.4	140	0.2	33	0.0	390	0.2
矿业	2787	12.3	5696	12.6	9104	11.8	3162	3.9	20749	9.2
商业	837	3.7	754	1.7	352	0.5	114	0.1	2057	0.9
土木业	719	3.2	1041	2.3	13897	17.9	32117	39.7	47774	21.1
建筑业	1446	6.4	3675	8.1	7462	9.6	8542	10.5	21125	9.3
制造业	7661	33.9	15219	33.6	23745	30.7	17773	21.9	64398	28.5

---

① Gottschang, Thomas R. Migration from North China to Manchuria: an Economic History, 1891 - 1942. Ph. D. dissertation, Univerisity of Michigan, 1982. pp. 249.

续表

职业	1月		2月		3月		4月		第1季度合计	
	实数	比例	实数	比例	实数	比例	实数	比例	实数	比例
交通业	1513	6.7	3029	6.7	3003	3.9	2658	3.3	10203	4.5
杂役	3469	15.4	5533	12.2	7453	9.6	7943	9.8	24398	10.8
月计	22583	100.0	45264	100.0	77443	100.0	80982	100.0	226272	100.0

（资料来源：根据伪满洲国国务院总务厅统计处《满洲帝国统计月报》第1卷第1号
至第4号相关资料整理而成。）

由表4-24和4-25可知，从事商业、建筑业、交通业和杂役的比例，由
大连入满移民较高，而从事农林渔业和土木业、制造业的比例，由山海关入满
移民较高。由山海关入满移民从事土木业的比例，从1、2月到3、4月有急剧
的增长。

五、各行业移民的目的地

表4-26　各行业移民的目的地（百分比）

目的地	农业	林业	渔业	矿业	商业	土木业	建筑业	制造业	交通业	杂役	所有职业
关东州	8.7	0.7	5.7	0.6	53.6	5.2	19.9	18.8	52.6	31.3	19.4
奉天省	35.5	59.8	34.5	45.1	16.7	20.3	28.4	39.6	22.6	34.9	33.0
吉林省	16.6	10.5	1.4	2.9	5.0	13.4	13.9	9.9	5.9	9.2	10.6
滨江省	11.6	5.2	1.7	0.1	7.9	4.2	7.9	13.8	9.3	10.2	9.2
龙江省	4.0	1.0	1.7	0.0	1.4	2.8	2.4	1.7	0.7	1.3	1.9
安东省	2.8	0.9	1.0	0.0	3.3	0.3	2.5	2.5	2.5	2.8	2.1
三江省	1.3	1.0	1.0	4.7	1.6	7.4	1.6	0.8	0.6	0.9	2.2
黑河省	0.2	1.4	0.0	0.0	0.5	4.6	1.5	0.6	0.5	0.2	1.1
锦州省	2.8	10.3	52.1	19.1	1.4	7.4	3.1	4.9	1.4	3.8	5.6
热河省	0.7	1.4	0.0	0.1	2.6	1.1	0.7	1.7	0.5	0.6	1.0
兴安各省	1.7	2.1	0.0	1.1	0.9	6.7	1.0	0.6	0.6	0.6	1.7
间岛省	1.9	0.2	0.0	2.9	0.6	3.4	1.4	0.4	0.5	0.7	1.4
通化省	7.0	2.3	0.2	8.3	1.2	2.8	1.2	0.9	0.7	1.2	2.7
牡丹江省	2.6	2.4	0.0	0.6	2.0	7.4	4.9	1.5	1.3	1.4	2.7
东安省	0.5	0.3	0.0	14.5	0.0	10.0	7.6	1.1	0.3	0.4	4.1
北安省	1.8	0.5	0.2	0.0	0.9	3.0	2.0	1.0	0.3	0.6	1.3
合计	100.0	100.0	100.0	100.0	100.0	100.0	100.0	100.0	100.0	100.0	100.0

（资料来源：根据表4-14计算而得。）

由表 4 - 26 可以看出，农业移民主要去往奉天省（35.5%），其次是吉林省（16.6%）和滨江省（11.6%）。矿业移民主要去往奉天省（45.1%），其次是锦州省（19.1%）和东安省（14.5%），三省合计占三分之二以上，是地理分布最为集中的一个职业。商业移民主要去往关东州（53.6%），其次是奉天省（16.7%）。土木业移民主要去往奉天省（20.3%），其次是吉林省（13.4%）和东安省（10%），与其他职业移民相比，土木业移民的去向最为平均。建筑业移民主要去往奉天省（28.4%），其次是关东州（19.9%）和吉林省（13.9%）。制造业移民主要去往奉天省（39.6%），其次是关东州（18.8%）和滨江省（13.9%）。交通业移民主要去往关东州（52.6%），其次是奉天省（22.6%）。杂役移民主要去往奉天省（34.9%）和关东州（31.3%），其次是滨江省（10.2%）和吉林省（9.2%）。除商业和交通业外，所有职业的移民都将奉天省作为首选目的地。关东州是商业和交通业移民的首选目的地，并且集中了这两种职业移民的一半以上。关东州还是建筑业、制造业、杂役移民的仅次于奉天省的第二目的地。吉林省和滨江省是除矿业外的其他移民的重要目的地，整体位列前四名。锦州省和东安省是矿业移民的重要目的地，东安省还是土木业移民的重要目的地。

小　结

综上所述，1941 年第 1 季度入满移民呈现出多方面的特征，下面试从不同角度来概括之：

1. 从移民来源地角度来看

入满移民中山东、河北两省移民占绝大多数，对于这两省的移民来说，一般先到达离家最近的几个车站或港口（即查证地），在这些地方再转乘车船入满。其他省份的移民则需要长途跋涉才能到达这些查证地，再进一步转入满洲。山西移民多数选择去北京或天津乘车入满，河南移民可以选择去京津或济南，江苏安徽移民则有两种选择，走济南、济宁的陆路和走青岛的海路。最大的查证地是天津和青岛，其次是芝罘、济南和山海关。来自铁路沿线城市的移民，多数取道山海关入满，而来自港口城市的移民，几乎都取道大连入满。除了龙口、芝罘和威海卫这三个港口城市外，来自其余地区的移民首选目的地均是奉天省。来自济南和济宁的移民首选职业是土木业，而来自其他地区的移民首选职业几乎都是制造业。

2. 从移民经由地角度来看

与 1920 年代相比，1941 年的情况发生了很大的变化，随着时间的推移，取道陆路的移民越来越多，而陆路移民比例的增长，是以两个较小港口营口和安东为代价的。绝大多数都经由山海关和大连两条路线，两路移民总体数量相当，山海关一路略微超过大连一路。由大连入满的移民主要来自各港口城市，特别是青岛和芝罘（烟台）两地，主要去往关东州，其次是奉天省。由山海关入满的移民主要来自各铁路沿线城市，主要去往奉天省，其次是吉林省和锦州省。

3. 从移民目的地角度来看

1941 年入满移民移民以传统核心省份（关东州、奉天省、吉林省、滨江省）和新兴矿业省份（锦州省、东安省）为主要目的地，这与 1920 年代的情况也有很大差别。1920 年代移民以相对地广人稀的北满为主要目的地，而1941 年移民则以南满，特别是城市和工矿业较发达的奉天省和关东州为主要目的地。从 1 月到 4 月，随着时间的推移和气温的回暖，去往南部的移民比例在下降，而去往极北地区和山区的移民比例在增长，极北地区（如三江省、东安省、黑河省）和北部山区（如黑河省、牡丹江省）增幅最大，而北部平原地区（如北安省、滨江省、龙江省）和南部山区（如安东省）则增幅相对较小。

在传统核心省份（如奉天省、吉林省、滨江省）和北满次边疆省份（如龙江省、北安省、牡丹江省）都是以来自天津的移民占首位。在边疆省份（如三江省和兴安各省）则是以来自济南的移民占首位，济宁的情况有些类似。如前所述，来自济南和济宁的移民首选职业是土木业，而该职业在边疆省份是首要职业。在东部边疆省份（如间岛省、通化省和东安省）以来自山海关的移民占首位。在南部沿海省份（如关东州和安东省）以来自芝罘的移民占首位。此外，与关内地区接壤的各省份中，总是以来自相邻地区的移民占首位，如在热河省以来自北京的移民占首位，在锦州省以来自山海关的移民占首位。

根据各省移民的首要职业，可将其分为两种类型：内地省份如龙江省、通化、锦州省、关东州、奉天省、吉林省、滨江省、安东省、热河省，移民的首要职业是制造业、农业或矿业。而边疆省份如三江省、黑河省、兴安各省、间岛省、牡丹江省、东安省、北安省，移民的首要职业是土木业，主要原因是这些省份有日伪当局为军事需要而建设的许多大型土木工程。

4. 从移民的年龄结构来看

20－49 岁年龄段人口所占比例最高，在 70% 以上。但从 1 月到 4 月，随着时间的推移和气温的回暖，移民中青壮年的比例在逐步下降，而未成年人的比例则有较大幅度上升。20－49 岁年龄段人口所占比例，河北移民都高于山东移民，取道山海关的移民高于取道大连的移民，这也反映了山海关一路移民主要来自华北平原（包括河北和山东西部），而大连一路移民主要来自山东半岛的事实。

5. 从移民的职业结构来看

与 1920 年代末相比，移民职业结构发生了较大变化，从事农业和杂役（其他自由业）的比例急剧下降，而从事矿业、交通业和工业（土木业、建筑业、制造业）的比例有显著上升。从 1 月到 4 月，随着时间的推移和气温的回暖，从事土木业和建筑业人口比例急剧上升，这反映了土木业和建筑业对气温变化的敏感性。

农业移民来源最广泛，包括胶东、冀东和鲁西。矿业和土木业移民主要来自鲁西和胶东。土木业移民主要来自冀东和鲁西。建筑业、制造业、交通业和杂役业移民主要来自胶东和冀东。商业移民来源最单一，只有胶东一地。商业移民往往是循环流动的，这反映了胶东与东北地区的经济存在一种密切的共生关系。

商业和交通业移民的首选目的地是关东州，并且集中了这两种职业移民的一半以上。而其它所有行业，移民首选目的地均是奉天省。此外锦州省和东安省是矿业移民的重要目的地，东安省还是土木业移民的重要目的地。

6. 与 1920 年代移民的比较

与 1920 年代相比，1941 年入满移民的情况在很多方面都发生了巨大的变化。1920 年代移民取道海路的居多，而 1941 年移民取道陆路的居多，陆路移民比例的增长，是以两个较小的港口营口和安东为代价的。1920 年代移民以相对地广人稀的北满为主要目的地，而 1941 年移民则以南满，特别是城市和工矿业较发达的奉天省和关东州为主要目的地。1920 年代移民从事农业的占相当比例，1941 年移民从事农业和杂役（其他自由业）的比例急剧下降，而从事矿业、交通业和工业（土木业、建筑业、制造业）的比例有显著上升。其中东部、北部、西部边境省份，是日伪国防的重点地带，有许多大型土木工程，去往这里的移民首要职业是土木业。

第五章

关东州和满铁附属地人口专题研究

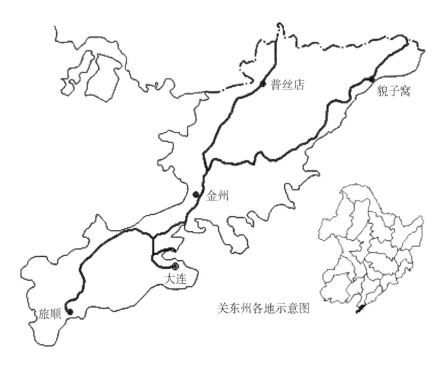

关东州各地示意图

图 5 – 1 关东州示意图

辽东半岛的旅顺和大连港是进入东北的主要海上通道。1905 – 1945 年，日本控制着两个高度战略性的部分：最南边的关东州和顺着南满铁路延伸的狭长带状区域——满铁附属地。艾琳·托伊柏指出，"关东州和满铁附属地的中国人生活在一个多样化的微观世界中，在农业区，相对稳定的汉人在农业部门就业，除了大城市和工业地区为其农作物提供市场、为其子弟提供就业机会外，与工商业及日本扩张主义者的活动相分离。1905 – 1945 年间汉人人口存在二元化的情况，农业部门的中国人继续像在河北或山东那样生活，城市里的中国人没有充分参与经济发展"①。将这一微观世界投射到整个满洲乃至整个中国明显是不恰当的，但分析一个区域的经验，可以为形成假设并进行理论探索提供基础。人口普查数据和登记数据使得我们能够重建早期若干年的人口动态，但关东州和满铁附属地与伪满洲国的普查、登记不是一个系统，需要单独进行考察。本章即主要依据关东州"昭和五年国势调查"资料，来对这一地区人口的数量和增长、年龄－性别结构、户的规模、婚姻状况、职业状况、教育状况、籍贯分布以及日本人的移居过程展开全面的考察，并尝试将上述要素结合起来分析，以及在各民族间进行比较研究。

第一节　人口的数量和增长

表 5－1－1　1920－1930 年关东州和满铁附属地各民族人口数量

地方别		1920 年			1925 年			1930 年		
		日本人	朝鲜人	中国人	日本人	朝鲜人	中国人	日本人	朝鲜人	中国人
关东州	旅顺市	11546	96	11241	11829	163	14805	13503	241	20169
	旅顺村落	422	5	84725	372	6	92807	527	12	103105
	大连市	52603	364	105989	76187	853	125434	96389	1533	193802
	大连村落	12001	59	91151	3496	54	79101	3331	76	116778
	金州	642	9	86135	1097	23	97260	1748	97	114969
	普兰店	729	46	116892	946	62	132527	1273	189	149822
	貔子窝	691	19	112456	926	74	127172	1212	168	135799
	关东州总	78634	598	608589	94853	1235	669106	117983	2316	834444
满铁附属地	瓦房店	2709	9	6004	2932	33	8162	3760	62	9822
	大石桥	3278	21	3111	3606	18	4725	4354	90	5472
	营口	2194	155	1590	2333	86	2297	2697	147	2397
	鞍山	6700	41	4184	6109	84	7684	6959	329	9698
	辽阳	5437	17	2913	5930	59	5579	6184	140	7314
	奉天	14131	273	9963	19512	398	16730	24360	918	24280

---

① Irene B. Taeuber, Manpower Utilization and Demographic Transition: Japan, Manchuria, Taiwan, Asian Survey, Vol. 1, No. 3（May, 1961）, pp. 19－25.

续表

地方别		1920 年			1925 年			1930 年		
		日本人	朝鲜人	中国人	日本人	朝鲜人	中国人	日本人	朝鲜人	中国人
满铁附属地	本溪湖	4139	57	748	2790	71	1286	3485	75	2907
	安东	10340	3344	26302	11515	6533	34804	12684	9753	46319
	抚顺	12741	615	32773	14170	628	41890	17708	2000	63283
	铁岭	3439	92	1480	3602	56	2672	3177	95	3523
	开原	2275	89	14990	2640	248	15973	2844	729	15363
	四平街	2006	109	9531	2591	192	11787	4251	454	15084
	公主岭	3207	110	8876	3147	126	10868	3023	117	12534
	长春	8284	288	22436	9077	602	22540	11788	1077	29002
	满铁地总	80880	5220	144901	89954	9134	186997	107274	15986	246998
总数		159514	5818	753490	184807	10369	856103	225257	18302	1081442

（资料来源：根据关东长官官房临时国势调查课《昭和五年国势调查世带及人口－关东厅》表2"国籍别人口"、表4"自大正十四年至昭和五年"五年间增加人口、表5"自大正九年至昭和五年十年间增加人口"整理而成。）

由表5－1－1可知，在关东州，1920年有日本人78634人，朝鲜人598人，中国人608589人。1925年有日本人94853人，朝鲜人1235人，中国人669106人。1930年有日本人117983人，朝鲜人2316人，中国人834444人。在满铁附属地，1920年有日本人80880人，朝鲜人5220人，中国人144901人。1925年有日本人89954人，朝鲜人9134人，中国人186997人。1930年有日本人107274人，朝鲜人15986人，中国人246998人。由此可知，日本人在关东州和满铁附属地的数量大致相等，而朝鲜人主要集中在满铁附属地（其中主要在安东），其数量是关东州数量的7倍以上，中国人主要集中在关东州，其数量是满铁附属地数量的3－4倍。总体而言，半数居民居住在满铁附属地和旅顺大连城里，1/6居住在关东州环绕两城的土地上，剩下的1/3居住在关东州北部三个主要农村区域：金州、普兰店、貔子窝。关东州和满铁附属地各民族人口数合计，1920年为918822，1925年为1051279，1930年为1325001，10年间增长44.2%，年均增长率37.4‰，这一速度跟1933－1940年间伪满洲国人口年均增长率（37.6‰）非常接近。

表 5 - 1 - 2   1920 - 1930 年关东州和满铁附属地各民族人口增长率（百分比）

地方别		1920 - 1925			1925 - 1930			1920 - 1930		
		日本人	朝鲜人	中国人	日本人	朝鲜人	中国人	日本人	朝鲜人	中国人
关东州	旅顺市	2.5	69.8	31.7	14.2	47.9	36.2	16.9	151.0	79.4
	旅顺村落	- 11.8	20.0	9.5	41.7	100.0	11.1	24.9	140.0	21.7
	大连市	44.8	134.3	18.3	26.5	79.7	54.5	83.2	321.2	82.9
	大连村落	- 70.9	- 8.5	- 13.2	- 4.7	40.7	47.6	72.2	28.8	28.1
	金州	70.9	155.6	12.9	59.3	321.7	18.2	172.3	977.8	33.5
	普兰店	29.8	34.8	13.4	34.6	204.8	13.1	74.6	310.9	28.2
	貔子窝	34.0	289.5	13.1	30.9	127.0	6.8	75.4	784.2	20.8
	关东州总	20.6	106.5	9.9	24.4	87.5	24.7	50.0	287.3	37.1
满铁附属地	瓦房店	8.2	266.7	35.9	28.2	87.9	20.3	38.8	588.9	63.6
	大石桥	10.0	- 14.3	51.9	20.7	400.0	15.8	32.8	328.6	75.9
	营口	6.3	- 44.5	44.5	15.6	70.9	4.4	22.9	5.2	50.8
	鞍山	- 8.8	104.9	83.7	13.9	291.7	26.2	3.9	702.4	131.8
	辽阳	9.1	247.1	91.5	4.3	137.3	31.1	13.7	723.5	151.1
	奉天	38.1	45.8	67.9	24.8	130.7	45.1	72.4	236.3	143.7
	本溪湖	- 32.6	24.6	71.9	24.9	5.6	126.0	- 15.8	31.6	288.6
	安东	11.4	95.4	32.3	10.2	49.3	33.1	22.7	191.7	76.1
	抚顺	11.2	2.1	27.8	25.0	218.5	51.1	39.0	225.2	93.1
	铁岭	4.7	- 39.1	80.5	- 11.8	69.6	31.8	- 7.6	3.3	138.0
	开原	16.0	178.7	6.6	7.7	194.0	- 3.8	25.0	719.1	2.5
	四平街	29.2	76.1	23.7	64.1	136.5	28.0	111.9	316.5	58.3
	公主岭	- 1.9	14.5	22.4	- 3.9	- 7.1	15.3	- 5.7	6.4	41.2
	长春	9.6	109.0	0.5	29.9	78.9	28.7	42.3	274.0	29.3
	满铁地总	11.2	75.0	29.1	19.3	75.0	32.1	32.6	206.2	70.5
总数		15.9	78.2	13.6	21.9	76.5	26.3	41.2	214.6	43.5

（资料来源：根据表 5 - 1 - 1 计算而得。）

先看日本人的情况。在关东州，从 1920 年到 1925 年，日本人整体增长了 20.6% 。其中增长最多的是金州（70.9%），其次是大连市（44.8%）、貔子窝（34%）和普兰店（29.8%）。旅顺市处于停滞状态（2.5%），大连村落（-70.9%）和旅顺村落（-11.8%）出现了负增长。从 1925 年到 1930 年，日本人整体增长了 24.4% 。其中增长最多的是金州（59.3%），其次是旅顺村落（41.7%）、普兰店（34.6%）、貔子窝（30.9%）和大连市（26.5%）。旅顺市增长有所加快（14.2%），大连村落仍是负增长（−4.7%）。在满铁附属地，从1920年到1925年，日本人整体增长了11.2%。其中增长最多的是奉天（38.1%）和四平街（29.2%），其次是开原（16%）、安东（11.4%）、抚顺（11.2%）。本溪湖（−32.6%）、鞍山（−8.8%）和公主岭（−1.9%）出现了负增长。从1925年到1930年，日本人整体增长了19.3%。其中增长最多的是四平街（64.1%），其次是长春（29.9%）、瓦房店（28.2%）、抚顺（25%）、本溪湖（24.9%）、奉天（24.8%）和大石桥（20.7%）。铁岭（−11.8%）和公主岭（−3.9%）出现了负增长。总的来说，从1920年到1930年，在关东州日本人增长最快的是大连市、金州、普兰店和貔子窝，旅顺市和旅顺村落增长较慢，大连村落处于负增长中。在满铁附属地日本人增长最快的是四平街、奉天和长春，而本溪湖、铁岭、公主岭处于负增长中。

再看朝鲜人的情况。在关东州，从1920年到1925年，朝鲜人整体增长了106.5%。其中增长最快的是貔子窝（289.5%），其次是金州（155.6%）和大连市（134.3%）。大连村落（−8.5%）出现了负增长。从1925年到1930年，朝鲜人整体增长了87.5%。其中增长最快的是金州（321.7%），其次是普兰店（204.8%）、貔子窝（127%）和旅顺村落（100%）。在满铁附属地，从1920年到1925年，朝鲜人整体增长了75%。其中增长最快的是瓦房店（266.7%）和辽阳（247.1%），其次是开原（178.7%）、长春（109%）、鞍山（104.9%）、安东（95.4%）和四平街（76.1%）。营口（−44.5%）、铁岭（−39.1%）和大石桥（−14.3%）出现了负增长。从1925年到1930年，朝鲜人整体增长了75%。其中增长最快的是大石桥（400%），其次是鞍山（291.7%）、抚顺（218.5%）、开原（194%），再次是辽阳（137.3%）、四平街（136.5%）和奉天（130.7%）。公主岭（−3.9%）出现了负增长。总的来说，从1920年到1930年，在关东州朝鲜人增长最快的是金州、貔子窝、普兰店和大连市，旅顺市和旅顺村落增长较慢，大连村落增长最慢。在满铁附属地朝鲜人增长最快的是辽阳、鞍山、开原和瓦房店。

最后看中国人的情况。在关东州，从1920年到1925年，中国人整体增长了9.9%。其中增长最快的是旅顺市（31.7%），其次是大连市（18.3%），大连村落（−13.2%）出现了负增长。从1925年到1930年，中国人整体增长了24.7%。其中增长最快的是大连市（54.5%）和大连村落（47.6%），其次是旅顺市（36.2%）。在满铁附属地，从 1920 年到 1925 年，中国人整体增长了 29.1%。其中增长最快的是辽阳（91.5%），其次是鞍山（83.7%）、铁岭（80.5%）和本溪湖（71.9%），再次是奉天（67.9%）、大石桥（51.9%）和营口（44.5%）。从 1925 年到 1930 年，中国人整体增长了 32.1%。其中增长最快的是本溪湖（126%），其次是抚顺（51.1%）和奉天（45.1%）。开原（-3.8%）出现了负增长。总的来说，从 1920 年到 1930 年，在关东州中国人增长最快的是大连市和旅顺市，其余地区增长都比较慢。在满铁附属地中国人增长最快的是本溪湖、辽阳、奉天、鞍山、铁岭。

各民族相比较而言，朝鲜人增长速度最快（这跟其人口基数小有关），日本人和中国人差不多，在关东州日本人增长速度超过中国人，在满铁附属地中国人增长速度超过日本人。日本人和中国人后五年的增长速度明显快于前五年，人口增长是个加速的过程（尤其中国人的加速增长更为明显）。而朝鲜人前五年和后五年的增长速度差不多。对于日本人来说，关东州人口增长速度超过满铁附属地，其中关东州的人口增长主要集中在关东州东北部（除旅顺市、旅顺村落和大连村落外的其它地方），满铁附属地的人口增长主要集中在四平、奉天和长春几个交通枢纽城市。对于朝鲜人来说，关东州人口增长速度超过满铁附属地，其中关东州的人口增长主要集中在关东州东北部（跟日本人类似），满铁附属地人口增长主要集中在南部的辽阳、鞍山、开原和瓦房店。其中对于中国人来说，满铁附属地人口增长速度超过关东州，其中关东州人口增长主要集中在旅顺市和大连市两个中心城市，满铁附属地人口增长主要集中在以奉天为中心的一圈城市（本溪湖、辽阳、奉天、鞍山、铁岭）。对于构成人口主体的中国人来说，人口增长模式有强烈的向中心城市集中的倾向。

第二节　人口的年龄和性别结构

一、人口的年龄结构

表 5 - 2 - 1　1930 年关东州各地和满铁附属地年龄结构（百分比）

年龄段	旅顺市	旅顺村落	大连市	大连村落	金州	普兰店	貔子窝	关东州总	满铁地总
4 以下	11.1	15.3	9.9	13.2	15.6	15.7	16.2	13.5	9.6
5—9	9.0	13.0	7.8	10.9	12.6	12.5	12.7	10.8	7.2
10—14	8.6	11.9	6.8	9.2	11.1	10.8	10.9	9.5	5.8

续表

年龄段	旅顺市	旅顺村落	大连市	大连村落	金州	普兰店	魏子窝	关东州总	满铁地总
15—19	11.8	9.6	12.6	9.4	10.3	9.6	9.5	10.6	11.0
20—24	15.4	8.9	13.7	10.7	9.0	9.5	9.2	11.0	15.3
25—29	10.4	6.6	13.2	10.4	7.7	8.1	7.8	9.8	13.4
30—34	8.7	5.9	10.1	8.5	6.6	6.9	6.8	8.0	10.7
35—39	7.0	5.6	8.2	7.2	5.5	5.5	5.2	6.6	9.0
40—44	5.7	5.4	6.1	5.8	5.2	5.0	4.7	5.6	6.5
45—49	4.7	5.1	4.8	4.8	4.4	4.3	4.5	4.6	4.9
50—54	3.2	3.8	2.9	3.4	3.6	3.6	3.5	3.4	2.9
55—59	1.9	2.7	1.7	2.4	2.7	2.6	2.8	2.3	1.7
60—64	1.2	2.0	1.0	1.7	2.2	2.3	2.4	1.8	1.1
65—69	0.7	2.0	0.5	1.2	1.6	1.6	1.8	1.3	0.5
70 以上	0.6	2.2	0.4	1.2	2.0	2.1	2.1	1.4	0.4
总数	100.0	100.0	100.0	100.0	100.0	100.0	100.0	100.0	100.0

（资料来源：根据关东长官官房调查课《昭和五年关东厅国势调查比例篇》表31"年龄及男女别人口"整理计算而得。）

由表5－2－1可知，在关东州，4岁以下年龄段人口比例最高（13.5%），其次是20－24岁年龄段（11%）和5－9岁年龄段（10.8%）。在旅顺市，20－24岁年龄段人口比例最高（15.4%），其次是15－19岁年龄段（11.8%）和4岁以下年龄段（11.1%）。在旅顺村落，4岁以下年龄段人口比例最高（15.3%），其次是5－9岁年龄段（13%）和10－14岁年龄段（11.9%）。在大连市，20－24岁年龄段人口比例最高（13.7%），其次是25－29岁年龄段（13.2%）和15－19岁年龄段（12.6%）。在大连村落，4岁以下年龄段人口比例最高（13.2%），其次是5－9岁年龄段（10.9%）和20－24岁年龄段（10.7%）。在金州，4岁以下年龄段人口比例最高（15.6%），其次是5－9岁年龄段（12.6%）和10－14岁年龄段（11.1%）。在普兰店，4岁以下年龄段人口比例最高（15.7%），其次是5－9岁年龄段（12.5%）和10－14岁年龄段（10.8%）。在魏子窝，4岁以下年龄段人口比例最高（16.2%），其次是5－9岁年龄段（12.7%）和10－14岁年龄段（10.9%）。在满铁附属地，20－24岁年龄段人口比例最高（15.3%），其次是25－29岁年龄段（13.4%）和

15－19 岁年龄段（11%）。满铁附属地内部各地之间没有明显的差异，不再赘述。由此可知，关东州内部的旅顺村落、金州、普兰店、貔子窝，以 4 岁以下年龄段人口为最多，其次是 5－9 岁年龄段和 10－14 岁年龄段，依此类推，人口年龄分布呈标准的金字塔形。而大连市和满铁附属地，以 20－24 岁年龄段人口为最多，其次是 25－29 岁年龄段和 15－19 岁年龄段。旅顺市和大连村落介于这两者之间，旅顺市更接近于大连市和满铁附属地，只是 4 岁以下人口比例较高，大连村落更接近于旅顺村落、金州、普兰店和貔子窝，只是 20－24 岁年龄段人口比例较高。因此可将上述地区归结为四种类型：一是城市型，以大连市和满铁附属地为代表，特点是 15－29 岁年龄段人口比例最高；二是亚城市型，以旅顺市为代表，特点是 15－24 岁年龄段人口比例最高，其次是 4 岁以下年龄段人口；三是农村型，以旅顺村落、金州、普兰店和貔子窝，特点是 14 岁以下年龄段人口比例最高；四是亚农村型，以大连村落为代表，特点是 10 岁以下年龄段人口比例最高，其次是 20－24 岁年龄段人口。城市化水平从高到低依次是城市型、亚城市型、亚农村型、农村型。上述各种类型的形成，关键因素是外来移民的影响，大量 15－29 岁青年涌入城市地区，而关东州的农村地区不但缺少这一年龄段人口的流入，甚至有流出的可能。

表 5－2－2　1930 年关东州和满铁附属地各民族年龄结构（百分比）

年龄段	关东州			满铁附属地		
	日本人	朝鲜人	中国人	日本人	朝鲜人	中国人
4 以下	14.0	7.6	13.4	14.7	14.0	7.1
5—9	11.4	5.1	10.8	11.4	10.8	5.2
10—14	8.2	5.0	9.7	7.1	10.2	4.9
15—19	9.7	16.3	10.7	8.0	12.1	12.3
20—24	11.2	23.7	10.9	16.2	11.0	15.3
25—29	10.4	15.4	9.7	10.3	9.0	15.1
30—34	9.2	12.0	7.8	9.2	8.5	11.5
35—39	7.4	5.6	6.4	7.3	6.7	9.8
40—44	6.1	3.3	5.5	5.7	5.2	6.9
45—49	4.9	2.2	4.6	4.4	4.2	5.2
50—54	3.2	1.3	3.4	2.5	3.1	3.0

续表

年龄段	关东州			满铁附属地		
	日本人	朝鲜人	中国人	日本人	朝鲜人	中国人
55—59	1.9	1.0	2.4	1.4	1.9	1.8
60—64	1.2	0.6	1.8	0.8	1.6	1.1
65—69	0.6	0.3	1.3	0.5	0.8	0.5
70 以上	0.6	0.6	1.6	0.4	1.1	0.4
总数	100.0	100.0	100.0	100.0	100.0	100.0

（资料来源：根据关东长官官房调查课《昭和五年关东厅国势调查比例篇》表33"年龄、男女及国籍别人口"整理计算而得。）

由表5－2－2可知，在关东州，日本人中占总人口比例在10%以上的年龄段依次是4岁以下年龄段（14%）、5－9岁年龄段（11.4%）、20－24岁年龄段（11.2%）和25－29岁年龄段（10.4%）。朝鲜人中占总人口比例在10%以上的年龄段依次是20－24岁年龄段（23.7%）、15－19岁年龄段（16.3%）、25－29岁年龄段（15.4%）和30－34岁年龄段（12%）。中国人中占总人口比例在10%以上的年龄段依次是4岁以下年龄段（13.4%）、20－24岁年龄段（10.9%）、5－9岁年龄段（10.8%）和15－19岁年龄段（10.7%）。在满铁附属地，日本人中占总人口比例在10%以上的年龄段依次是20－24岁年龄段（16.2%）、4岁以下年龄段（14.7%）、5－9岁年龄段（11.4%）和25－29岁年龄段（10.3%）。朝鲜人中占总人口比例在10%以上的年龄段依次是4岁以下年龄段（14%）、15－19岁年龄段（12.1%）、20－24岁年龄段（11%）、5－9岁年龄段（10.8%）和10－14岁年龄段（10.2%）。中国人中占总人口比例在10%以上的年龄段依次是20－24岁年龄段（15.3%）、25－29岁年龄段（15.1%）、15－19岁年龄段（12.3%）和30－34岁年龄段（11.5%）。由此可知，在关东州，日本人以9岁以下年龄段和20－29岁年龄段人口明显居多，朝鲜人以15－34岁年龄段人口明显居多，中国人以9岁以下年龄段和15－19岁年龄段人口明显居多。在满铁附属地，日本人以9岁以下年龄段和20－29岁年龄段人口明显居多，朝鲜人以9岁以下年龄段和15－19岁年龄段人口明显居多，中国人以15－34岁年龄段人口明显居多。关东州的日本人和满铁附属地的日本人年龄结构大体相似，只是前者4岁以下年龄段人口最多，后者20－24岁年龄段人口最多。关东州的朝鲜人和满铁附属地的中国人年龄结构相似，以 15 – 34 岁年龄段人口明显居多，其中 20 – 24 岁年龄段人口最多。而关东州的中国人和满铁附属地的朝鲜人年龄结构相似，以 9 岁以下年龄段人口和 15 – 19 岁年龄段人口明显居多，其中 4 岁以下年龄段人口最多。9 岁以下年龄段人口居多，人口年龄分布呈标准的金字塔形，说明整体定居历史较久。15 – 34 岁年龄段人口居多，说明最近几年有大量移民进入。如表 5 – 2 – 3，将各民族年龄结构作一相关分析，可以看出，在关东州日本人和中国人的年龄结构比较相似（相关系数 0.98），而在满铁附属地日本人和朝鲜人的年龄结构比较相似（相关系数 0.92）。由此可以推断，日本人定居关东州和满铁附属地的历史较久，最近几年又有不少移民进入，后面关于日本人移居时期的分析也支持这一点。朝鲜人移居满铁附属地的历史较久，但大量移居关东州的历史很短，最近几年有不少移民进入关东州。中国人在关东州居住历史悠久，但最近几年大量移居的目标是满铁附属地。

表 5 – 2 – 3　1930 年关东州和满铁附属地各民族年龄结构相关性

相关系数	关东州			满铁附属地		
	日本人	朝鲜人	中国人	日本人	朝鲜人	中国人
日本人	1			1		
朝鲜人	0.72	1		0.92	1	
中国人	0.98	0.72	1	0.78	0.72	1

（资料来源：根据表 5 – 2 – 2 计算而得。）

表 5 – 2 – 4　1920 – 1930 年关东州和满铁附属地各民族年龄结构之变迁（百分比）a

年龄段	日本人			朝鲜人			中国人		
	1920 年	1925 年	1930 年	1920 年	1925 年	1930 年	1920 年	1925 年	1930 年
9 以下	20.7	25.0	25.8	17.6	20.2	23.2	20.3	21.4	21.5
10—19	15.6	15.6	16.5	21.6	21.4	22.1	20.4	20.2	19.7
20—29	30.0	25.6	23.9	29.3	26.0	22.5	22.8	22.0	22.8
30—39	20.1	17.7	16.6	16.1	15.6	15.5	17.3	16.0	15.8
40—49	9.3	10.7	10.6	8.1	9.2	8.9	9.5	10.4	10.5
50—59	2.9	3.8	4.6	4.6	4.6	4.6	5.7	5.6	5.5

年龄段	日本人			朝鲜人			中国人		
	1920 年	1925 年	1930 年	1920 年	1925 年	1930 年	1920 年	1925 年	1930 年
60—69	1.1	1.3	1.6	2.2	2.2	2.2	2.9	3.1	2.8
70 以上	0.4	0.5	0.5	0.6	0.7	1.0	1.2	1.3	1.3
全体	100.0	100.0	100.0	100.0	100.0	100.0	100.0	100.0	100.0

（资料来源：根据关东长官官房调查课《昭和五年关东厅国势调查比例篇》表35"年龄、男女及国籍别人口比较"整理计算而得。）

由表5-2-4可知，关东州和满铁附属地作为一个整体，日本人在1920年比例最高的三个年龄段依次是20-29岁年龄段（30%）、9岁以下年龄段（20.7%）和30-39岁年龄段（20.1%）。1925年比例最高的三个年龄段依次是20-29岁年龄段（25.6%）、9岁以下年龄段（25%）和30-39岁年龄段（17.7%）。1930年比例最高的三个年龄段依次是9岁以下年龄段（25.8%）、20-29岁年龄段（23.9%）和30-39岁年龄段（16.6%）。朝鲜人在1920年比例最高的三个年龄段依次是20-29岁年龄段（29.3%）、10-19岁年龄段（21.6%）和9岁以下年龄段（17.6%）。1925年比例最高的三个年龄段依次是20-29岁年龄段（26%）、10-19岁年龄段（21.4%）和9岁以下年龄段（20.2%）。1930年比例最高的三个年龄段依次是9岁以下年龄段（23.2%）、20-29岁年龄段（22.5%）和10-19岁年龄段（22.1%）。中国人在1920年比例最高的三个年龄段依次是20-29岁年龄段（22.8%）、10-19岁年龄段（20.4%）和9岁以下年龄段（20.3%）。1925年比例最高的三个年龄段依次是20-29岁年龄段（22%）、9岁以下年龄段（21.4%）和10-19岁年龄段（20.2%）。1930年比例最高的三个年龄段依次是20-29岁年龄段（22.8%）、9岁以下年龄段（21.5%）、10-19岁年龄段（19.7%）。由此可知，从1920年到1930年，日本人人口比例最多的三个年龄段保持不变，但9岁以下年龄段人口比例不断上升（20.7%-25%-25.8%），而20-29岁年龄段人口比例则在不断下降（30%-25.6%-23.9%），30-39岁年龄段人口比例也在不断下降（20.1%-17.7%-16.6%）。朝鲜人人口比例最多的三个年龄段也保持不变，但9岁以下年龄段人口比例不断上升（17.6%-20.2%-23.2%），10-19岁年龄段人口比例变化不大（21.6%-21.4%-22.1%），20-29岁年龄段人口比例不断下降（29.3%-26%-22.5%）。中国人人口比例最多的三个年龄段也保持不变，且三个年龄段人口比例变化都不大。日本人9岁以下年龄段人口比例不断上升而20－39岁年龄段人口比例不断下降，说明随着时间的推移，日本人的移居色彩在减弱，本地化程度在增强。朝鲜人的情况类似，9岁以下年龄段人口比例不断上升而20－29岁年龄段人口比例在不断下降，也反映了本地化程度在不断增强。中国人的情况有所不同，由于定居历史悠久，本地化程度变化不大，而20－29岁年龄段人口一直占据最高比例，说明有持续不断的移民压力存在。

表5－2－5　1920－1930年关东州和满铁附属地各民族年龄结构之变迁（百分比）b

年龄段	日本人		朝鲜人		中国人	
	1930 年（拟）	1930 年（实）	1930 年（拟）	1930 年（实）	1930 年（拟）	1930 年（实）
9 以下	－	25.8	－	23.2	－	21.5
10—19	20.7	16.5	17.6	22.1	20.3	19.7
20—29	15.6	23.9	21.6	22.5	20.4	22.8
30—39	30.0	16.6	29.3	15.5	22.8	15.8
40—49	20.1	10.6	16.1	8.9	17.3	10.5
50—59	9.3	4.6	8.1	4.6	9.5	5.5
60—69	2.9	1.6	4.6	2.2	5.7	2.8
70 以上	1.1	0.5	2.2	1.0	2.9	1.3

（资料来源：根据表5－2－4处理而得。）

将表5－2－4中1920年人口分年龄百分比下移一行和1930年比较，就可以得到表5－2－5。在没有出生、死亡和外来移民的前提下，将1920年分年龄百分比下移一行，就是1930年的分年龄百分比。由于实际出生率远大于死亡率，理论上随着9岁以下新出生人口的加入，其余各年龄段人口百分比都应该下降才是。由表5－2－5可知，日本人20－29岁年龄段人口不降反升。朝鲜人10－19岁年龄段和20－29岁年龄段人口不降反升。中国人10－19岁年龄段人口略微下降，20－29岁年龄段人口不降反升。由此可知，从1920年到1930年，日本人移入者中基本是20－29岁年龄段人口。朝鲜人移入者中最多的是10－19岁年龄段人口，其次有不少20－29岁年龄段人口。中国人移入者中最多的是20－29岁年龄段人口，其次有不少10－19岁年龄段人口。

二、人口的性别结构

表 5-2-6　1930 年关东州和满铁附属地各地各民族性别比

地方别	日本人	朝鲜人	中国人	地方别	日本人	朝鲜人	中国人	地方别	日本人	朝鲜人	中国人
旅顺市	136.8	225.7	216.0	瓦房店	120.1	63.2	292.6	抚顺	110.4	115.0	196.1
旅顺村落	137.4	300.0	104.3	大石桥	176.3	73.1	288.1	安东	110.2	113.4	413.7
大连市	106.3	127.4	269.8	营口	106.0	104.2	808.0	铁岭	124.0	331.8	365.4
大连村落	117.1	111.1	143.5	鞍山	120.5	108.2	282.1	开原	130.5	117.0	308.0
金州	109.3	106.4	115.6	辽阳	166.4	137.3	392.2	四平街	116.9	104.5	313.7
普兰店	143.9	122.4	114.7	奉天	122.1	148.8	359.5	公主岭	164.5	134.0	325.2
貔子窝	120.0	133.3	106.4	本溪湖	155.3	150.0	353.5	长春	132.1	112.0	365.4
关东州总	110.3	133.7	141.1	满铁地总	124.9	116.3	315.6	全体	117.0	118.4	166.7

（资料来源：根据关东长官官房调查课《昭和五年关东厅国势调查比例篇》表 31 "年龄及男女别人口" 整理计算而得。）

　　由表 5-2-6 可知，在关东州，日本人整体性别比为 110.3，朝鲜人整体性别比为 133.7，中国人整体性别比为 141.1。在关东州内部，中国人性别比以大连市（269.8）和旅顺市（216）为最高，明显高于周边农村地区。在满铁附属地，日本人整体性别比为 124.9，朝鲜人整体性别比为 116.3，中国人整体性别比为 315.6。在满铁附属地内部各地，日本人性别比方差为 505，朝鲜人性别比方差为 3727，中国人性别比方差为 18240。可见在性别比的地区差异上，日本人最小，朝鲜人次之，中国人最大。特别是营口的中国人，性别比高达 808。总的来说，中国人性别比最高，其次是朝鲜人和日本人。性别比的地区差异也是中国人最大，满铁附属地远远高于关东州，在关东州内部大连市和旅顺市明显高于周边农村地区，在满铁附属地内部也存在着不小的地区差异。

表 5-2-7　1930 年关东州和满铁附属地各民族分年龄性别比

年龄段	关东州			满铁附属地		
	日本人	朝鲜人	中国人	日本人	朝鲜人	中国人
4 以下	105.2	118.8	101.5	102.4	109.8	102.9
5—9	104.0	87.3	101.6	101.0	108.3	103.1
10—14	108.0	152.2	109.7	103.9	128.3	144.5

续表

年龄段	关东州			满铁附属地		
	日本人	朝鲜人	中国人	日本人	朝鲜人	中国人
15—19	100.0	84.8	159.1	99.1	133.1	351.5
20—24	116.2	112.0	176.1	222.4	106.3	441.8
25—29	100.9	150.7	194.4	102.8	119.0	508.0
30—34	105.2	256.4	182.9	115.2	124.0	485.4
35—39	122.7	242.1	177.6	131.2	131.8	483.9
40—44	132.7	305.3	163.4	150.8	129.7	427.8
45—49	146.2	168.4	162.0	182.4	125.9	397.5
50—54	145.0	210.0	149.3	159.1	113.5	315.5
55—59	124.4	130.0	141.0	113.6	82.6	268.7
60—64	88.6	100.0	127.7	97.8	80.4	196.8
65—69	69.1	14.3	111.7	65.9	62.3	144.4
70 以上	42.1	44.4	97.3	49.2	61.1	106.3
总数	110.3	133.7	141.1	124.9	116.3	315.6

（资料来源：根据关东长官官房调查课《昭和五年关东厅国势调查比例篇》表33"年龄、男女及国籍别人口"整理计算而得。）

由表5-2-7可知，在关东州，日本人性别比最高的三个年龄段分别是45-49岁年龄段（146.2）、50-54岁年龄段（145）和40-44岁年龄段（132.7）。朝鲜人性别比最高的三个年龄段分别是40-44岁年龄段（305.3）、30-34岁年龄段（256.4）和35-39岁年龄段（242.1）。中国人性别最高的三个年龄段分别是25-29岁年龄段（194.4）、30-34岁年龄段（182.9）和35-39岁年龄段（177.6）。在满铁附属地，日本人性别比最高的三个年龄段分别是20-24岁年龄段（222.4）、45-49岁年龄段（182.4）、50-54岁年龄段（159.1）。朝鲜人性别比最高的三个年龄段分别是15-19岁年龄段（133.1）、35-39岁年龄段（131.8）和40-44岁年龄段（129.7）。中国人性别最高的三个年龄段分别是25-29岁年龄段（508）、30-34岁年龄段（485.4）和35-39岁年龄段（483.9）。日本人40-54岁年龄段人口性别比最高，反映了日本早期移民中男女比例失衡的事实，后面关于日本人移居时期的分析也证明了这一点。满铁附属地日本人20-24岁年龄段人口性别比相当高，说明最近几年有不少日本青年男性到达满铁附属地。朝鲜人 30 - 34 岁年龄段人口性别比最高，反映了朝鲜早些时候移民中男女比例失衡的事实。满铁附属地朝鲜人 15 - 19 岁年龄段人口性别相当高，说明最近几年有不少朝鲜男性青少年到达满铁附属地。总之朝鲜人和日本人的分年龄性别比模式比较相似，只是朝鲜人在时间上比较滞后，说明朝鲜人移居要比日本人晚。中国人各个阶段的移民都是男多女少，性别比严重失衡。关东州和满铁附属地的中国人分年龄性别比模式非常相似，都是 25 - 29 岁年龄段最高，其次是 30 - 34 岁年龄段，再次是 35 - 39 岁年龄段，只是满铁附属地的性别比远大于关东州的性别比。这表明两者都面临着持续不断的青壮年移民的压力，只是程度有所不同。

表 5 - 2 - 8　1920 - 1930 年关东州和满铁附属地各民族分年龄性别比之变迁（百分比）a

年龄段	日本人			朝鲜人			中国人		
	1920 年	1925 年	1930 年	1920 年	1925 年	1930 年	1920 年	1925 年	1930 年
9 以下	104.0	103.7	103.2	103.8	109.7	108.8	102.7	102.7	101.8
10—19	116.7	100.7	102.6	126.3	126.2	126.2	161.8	145.6	151.0
20—29	148.7	123.3	133.8	152.8	118.2	114.7	298.2	253.0	235.8
30—39	155.1	126.6	117.0	199.4	168.6	139.6	267.5	237.5	233.7
40—49	189.1	170.8	149.3	179.0	139.5	133.9	220.1	205.9	201.3
50—59	143.0	134.9	138.5	135.1	104.7	103.8	166.0	169.5	165.6
60—69	63.5	73.1	82.7	63.6	73.5	72.9	126.5	124.6	126.9
70 以上	39.6	41.4	44.8	88.2	60.4	59.8	96.9	98.5	97.9
全体	134.7	117.9	117.0	140.3	123.9	118.4	184.1	168.4	166.7

（资料来源：根据关东长官官房调查课《昭和五年关东厅国势调查比例篇》表 35 "年龄、男女及国籍别人口比较"整理计算而得。）

由表 5 - 2 - 8 可知，关东州和满铁附属地作为一个整体，日本人整体性别比，在 1920 年是 134.7，在 1925 年是 117.9，在 1930 年是 117，基本上是下降的趋势，但主要的变化发生在前五年，说明在 1920 - 1925 年间有大量女性移入，后面关于日本人移居时期的分析也证明这一点。朝鲜人整体性别比，在 1920 年是 140.3，在 1925 年是 123.9，在 1930 年是 118.4，也是下降的趋势，主要的变化发生在前五年。中国人整体性别比，在 1920 年是 184.1，在 1925

年是 168.4，在 1930 年是 166.7，也是下降的趋势，主要的变化发生在前五年。由于移居初期总是以男性移民为主，故性别比极高，性别比的下降也标志着一个地区移居色彩的减弱和本地化程度的增强。

表 5－2－9　1920－1930 年关东州和满铁附属地各民族分年龄性别比之变迁（百分比）b

年龄段	日本人		朝鲜人		中国人	
	1930 年（拟）	1930 年（实）	1930 年（拟）	1930 年（实）	1930 年（拟）	1930 年（实）
9 以下	－	103.2	－	108.8	－	101.8
10—19	104.0	102.6	103.8	126.2	102.7	151.0
20—29	116.7	133.8	126.3	114.7	161.8	235.8
30—39	148.7	117.0	152.8	139.6	298.2	233.7
40—49	155.1	149.3	199.4	133.9	267.5	201.3
50—59	189.1	138.5	179.0	103.8	220.1	165.6
60—69	143.0	82.7	135.1	72.9	166.0	126.9
70 以上	63.5	44.8	63.6	59.8	126.5	97.9

（资料来源：根据表 5－2－8 处理而得。）

将表 5－2－8 中 1920 年人口分年龄性别比下移一行和 1930 年比较，就可以得到表 5－2－9。在没有出生、死亡和外来移民的前提下，将 1920 年分年龄性别比下移一行，就是 1930 年的分年龄性别比。由表 5－2－9 可知，日本人各年龄段人口性别比都在下降，只有 20－29 岁年龄段人口性别比在上升。朝鲜人各年龄段人口性别比都在下降，只有 10－19 岁年龄段人口性别比在上升。中国人各年龄段人口性别比都在下降，只有 10－19 岁和 20－29 岁年龄人口性别比在上升，其中后者上升幅度更大。结合前面对各民族年龄结构变化的分析，可知日本人移入者中以 20－29 岁男性居多，朝鲜人移入者中以 10－19 岁男性居多，中国人移入者中以 20－29 岁男性居多，其次是 10－19 岁男性。

第三节　户的规模

表 5 - 3 - 1　1930 年关东州和满铁附属地各地不同规模户所占比例（百分比）

地别	1	2	3	4	5	6	7	8	9	10	11 - 15	16 - 20	21 +	总数
旅顺市	9.5	15.3	17.9	15.8	13.0	10.4	6.1	3.5	2.7	1.3	3.2	0.8	0.4	100.0
旅顺村落	4.0	7.4	10.0	11.4	12.6	12.5	10.3	8.0	5.7	4.1	9.2	3.0	1.6	100.0
大连市	4.9	16.1	19.3	16.9	13.2	9.6	6.4	3.9	2.6	1.6	3.6	1.1	1.0	100.0
大连村落	4.7	12.3	16.1	16.2	14.4	10.7	7.6	5.1	3.4	2.3	4.8	1.3	1.0	100.0
金州	4.7	9.5	11.0	12.7	12.8	11.5	8.8	6.9	4.8	3.5	8.5	3.2	2.2	100.0
普兰店	3.1	7.4	9.9	11.4	11.9	11.5	9.7	7.3	5.4	4.3	10.7	4.2	3.3	100.0
貔子窝	4.0	8.6	11.4	12.3	12.4	11.0	9.1	7.1	5.1	3.7	9.5	3.1	2.7	100.0
关东州总	4.6	11.8	14.6	14.4	13.0	10.7	8.0	5.7	4.0	2.8	6.6	2.3	1.7	100.0
瓦房店	5.4	15.1	16.5	16.8	12.6	9.0	7.0	5.0	3.3	2.3	4.5	1.6	0.8	100.0
大石桥	7.4	13.5	16.5	15.6	13.4	11.0	6.5	5.2	2.9	1.6	4.4	1.2	0.7	100.0
营口	9.5	15.8	17.2	18.7	14.0	8.6	6.7	2.6	1.9	1.2	2.1	0.9	0.8	100.0
鞍山	4.8	15.8	19.6	17.7	15.1	11.3	6.1	3.9	2.4	0.9	1.8	0.4	0.2	100.0
辽阳	6.4	16.1	20.4	19.6	13.0	9.7	6.4	2.8	1.2	0.9	1.9	0.7	0.8	100.0
奉天	5.8	17.8	18.9	16.2	12.8	9.2	5.9	3.7	2.4	1.7	3.5	0.9	1.2	100.0
本溪湖	9.7	19.0	17.1	17.5	12.3	9.9	6.0	3.4	1.7	1.0	2.3	0.1	0.1	100.0
安东	4.8	15.9	21.0	18.0	14.1	10.2	6.0	3.6	2.2	1.1	2.2	0.5	0.4	100.0
抚顺	3.4	17.5	22.5	19.7	14.6	9.5	5.2	2.7	1.4	0.9	1.9	0.5	0.2	100.0
铁岭	13.7	18.4	15.7	16.5	11.7	8.0	5.9	2.6	1.8	1.4	2.1	1.1	1.3	100.0

续表

地别	1	2	3	4	5	6	7	8	9	10	11－15	16－20	21＋	总数
开原	6.0	14.7	17.5	15.6	12.6	8.8	5.9	3.8	2.9	2.3	5.4	1.7	2.9	100.0
四平街	5.5	15.8	18.3	17.1	12.3	9.2	5.9	3.6	2.5	1.4	4.4	1.9	2.1	100.0
公主岭	5.0	16.6	17.4	16.9	12.4	9.0	6.2	3.4	2.5	1.8	4.3	1.9	2.6	100.0
长春	5.5	17.5	19.3	16.9	12.3	8.4	6.0	3.4	2.1	1.5	3.4	1.4	2.3	100.0
满铁地总	5.4	16.6	19.8	17.7	13.4	9.5	5.9	3.5	2.1	1.3	2.9	0.9	1.0	100.0
全体	4.8	13.2	16.1	15.3	13.1	10.4	7.4	5.0	3.4	2.4	5.5	1.9	1.5	100.0

（资料来源：根据关东长官官房调查课《昭和五年关东厅国势调查比例篇》表1"人员级别普通世带"整理计算而得。）

由表5－3－1可知，在关东州，最多的是三人户（14.6%），其次是四人户（14.4%）和五人户（13%），单身户占4.6%。在旅顺市，最多的是三人户（17.9%），其次是四人户（15.8%）和二人户（15.3%），单身户高达9.5%。在旅顺村落，最多的是五人户（12.6%），其次是六人户（12.5%）和四人户（11.4%），单身户占4%。在大连市，最多的是三人户（19.3%），其次是四人户（16.9%）和二人户（16.1%），单身户占4.9%。在大连村落，最多的是四人户（16.2%），其次是三人户（16.1%）和五人户（14.4%），单身户占4.7%。在金州，最多的是五人户（12.8%），其次是四人户（12.7%）和六人户（11.5%），单身户占4.7%。在普兰店，最多的是五人户（11.9%），其次是六人户（11.5%）和四人户（11.4%），单身户占3.1%。在貔子窝，最多的是五人户（12.4%），其次是四人户（12.3%）和三人户（11.4%），单身户占4%。在满铁附属地，最多的是三人户（16.1%），其次是四人户（15.3%）和二人户（13.2%），单身户占5.4%。由此可知，在关东州，整体以3－5人户居多，其中旅顺市和大连市以2－4人户居多，大连村落和貔子窝以3－5人户居多，旅顺村落、金州和普兰店以4－6人户居多。在满铁附属地各地，都是以2－4人户居多。旅顺市、大连市和满铁附属地是城市化程度最高的地区，户的规模也最小，大连村落和貔子窝城市化程度次之，户的规模也较大，旅顺村落、金州、普兰店城市化程度最低，户的规模最大。单身户比例，关东州（4.6%）低于满铁附属地（5.4%），满铁附属地中以铁岭为最高（13.7%）。

表 5 - 3 - 2　1930 年关东州和满铁附属地各民族不同规模户所占比例（百分比）

户的规模	关东州			满铁附属地		
	日本人	朝鲜人	中国人	日本人	朝鲜人	中国人
1	6.4	7.3	4.2	7.2	2.6	4.3
2	16.9	19.2	10.7	17.8	13.0	16.1
3	18.6	16.1	13.8	19.5	19.1	20.0
4	16.4	16.7	13.9	17.1	19.3	17.9
5	13.8	8.5	12.8	13.7	15.9	13.1
6	10.3	7.3	10.8	10.3	12.3	8.8
7	6.9	6.6	8.3	6.1	7.5	5.6
8	4.1	4.7	6.0	3.2	4.3	3.6
9	2.5	1.6	4.3	1.9	2.5	2.3
10	1.3	3.5	3.1	0.9	1.4	1.6
11—15	2.1	6.0	7.5	1.7	1.9	3.8
16—20	0.5	1.9	2.6	0.4	0.2	1.3
21 +	0.3	0.6	2.0	0.2	0.1	1.6
合计	100.0	100.0	100.0	100.0	100.0	100.0

（资料来源：根据关东长官官房调查课《昭和五年关东厅国势调查比例篇》表 2 "人员级及国籍别普通世带"整理计算而得。）

由表 5 - 3 - 2 可知，在关东州，日本人最多的户是三人户（18.6%），其次是二人户（16.9%），再次是四人户（16.4%），单身户占 6.4%。朝鲜人最多的户是二人户（19.2%），其次是四人户（16.7%），再次是三人户（16.1%），单身户占 7.3%。中国人最多的户是四人户（13.9%），其次是三人户（13.8%），再次是五人户（12.8%），单身户占 4.2%。在满铁附属地，日本人最多的户是三人户（19.5%），其次是二人户（17.8%），再次是四人户（17.1%），单身户占 7.2%。朝鲜人最多的户是四人户（19.3%），其次是三人户（19.1%），再次是五人户（15.9%），单身户占 2.6%。中国人最多的户是三人户（20%），其次是四人户（17.9%），再次是二人户（16.1%），单身户占 4.3%。由此可知，在关东州，日本人和朝鲜人相似，以 2 - 4 人户居多，中国人以 3 - 5 人户居多。单身户的比例，朝鲜人和日本人明显高于中国人。在满铁附属地，日本人和中国人相似，以2—4人户居多，朝鲜人以3—5人户居多。单身户的比例，日本人明显高于中国人和朝鲜人。日本人不同规模户所占比例，在关东州和满铁附属地之间高度相似。朝鲜人户的规模，在关东州要小于在满铁附属地，单身户比例则是关东州远大于满铁附属地。中国人正好相反，户的规模，在关东州要大于在满铁附属地，但两者的单身户比例相差无几。由前面对人口年龄结构的分析可知，日本人在关东州和满铁附属地定居历史同样悠久，最近几年不少移民同时流入两地，而朝鲜人在满铁附属地定居历史比在关东州更悠久，最近几年有不少移民流入关东州，中国人在关东州定居历史比满铁附属地更悠久，最近几年移民大量流向满铁附属地。可见，在定居历史较短而最近有相对大量移民涌入的地区，户的规模会小一些。

表5—3—3　1920年到1930年各民族不同规模户所占比例的变迁（百分比）

户的规模	日本人			朝鲜人			中国人		
	1920年	1925年	1930年	1920年	1925年	1930年	1920年	1925年	1930年
1	7.3	5.6	6.7	4.7	2.7	3.0	3.8	3.8	4.2
2	23.5	19.8	17.3	16.0	15.0	13.5	10.0	10.9	11.9
3	22.5	21.3	19.0	16.0	19.3	18.8	12.8	13.8	15.2
4	16.1	17.6	16.7	16.1	18.4	19.1	13.9	13.9	14.8
5	11.3	13.1	13.7	13.6	15.9	15.2	12.5	12.7	12.9
6	7.3	8.8	10.3	10.6	11.0	11.8	10.7	10.8	10.4
7	4.5	5.7	6.5	8.6	6.9	7.5	8.6	8.7	7.7
8	2.5	3.2	3.7	4.8	3.8	4.4	6.1	5.9	5.5
9	1.4	1.6	2.2	3.8	1.9	2.4	4.3	4.1	3.8
10	0.8	1.0	1.1	2.1	1.9	1.6	3.2	2.9	2.8
11—15	1.8	1.6	1.9	3.4	2.9	2.3	8.2	7.5	6.7
16—20	0.5	0.4	0.4	0.3	0.3	0.3	2.9	2.6	2.3
21+	0.4	0.3	0.3	0.0	0.0	0.1	2.8	2.3	1.9
合计	100.0	100.0	100.0	100.0	100.0	100.0	100.0	100.0	100.0

（资料来源：根据关东长官官房调查课《昭和五年关东厅国势调查比例篇》表3"人员级及国籍别普通世带比较"整理计算而得。）

由表5—3—3可知，日本人1920年最多的户是二人户（23.5%），其次是三人户（22.5%）和四人户（16.1%）。1925 年最多的户是三人户（21.3%），其次是二人户（19.8%）和四人户（17.6%）。1930 年最多的户是三人户（19%），其次是二人户（17.3%）和四人户（16.7%）。朝鲜人1920 年最多的户是四人户（16.1%），其次是三人户（16%）和二人户（16%）。1925 年最多的户是三人户（19.3%），其次是四人户（18.4%）和五人户（15.9%）。1930 年最多的户是四人户（19.1%），其次是三人户（18.8%）和五人户（15.2%）。中国人 1920 年最多的户是四人户（13.9%），其次是三人户（12.8%）和五人户（12.5%）。1925 年最多的户是四人户（13.9%），其次是三人户（13.8%）和五人户（12.7%）。1930 年最多的户是三人户（15.2%），其次是四人户（14.8%）和五人户（12.9%）。由于1930 年关东州和满铁附属地全体人口平均户的规模是 6.1，下面将通过考察 5人以下户所占比例来分析户的规模的变迁。5 人以下户所占比例，日本人在1920 年是 80.8%，1925 年是 77.3%，1930 年是 73.5%。朝鲜人在 1920 年是66.4%，1925 年是 71.2%，1930 年是 69.7%。中国人在 1920 年是 53.1%，1925 年是 55.1%，1930 年是 58.9%。由此可知，从 1920 年到 1930 年，日本人一直都是以 2－4 人户居多，但平均户的规模在持续上升。中国人一直以 3－5 人户居多，平均户的规模在持续下降。朝鲜人基本以 3－5 人户居多，平均户的规模在前五年下降，在后五年略有上升。

表 5－3－4　1920 年到 1930 年关东州和满铁附属地各地平均户的规模的变迁

地别	1920 年	1925 年	1930 年	地别	1920 年	1925 年	1930 年	地别	1920 年	1925 年	1930 年
旅顺市	5.0	5.2	5.3	瓦房店	5.2	5.1	5.5	抚顺	7.5	7.3	6.3
旅顺村落	6.6	6.8	6.7	大石桥	5.5	5.8	5.8	安东	4.7	4.5	4.7
大连市	6.3	5.2	5.4	营口	4.8	4.8	5.9	铁岭	5.8	5.3	4.9
大连村落	5.8	5.9	5.7	鞍山	4.7	4.9	5.6	开原	8.1	7.1	6.2
金州	6.5	6.6	6.6	辽阳	5.6	5.9	6.4	四平街	6.4	6.0	5.9
普兰店	7.6	7.6	7.5	奉天	5.3	5.4	5.5	公主岭	6.3	6.1	6.4
貔子窝	6.9	7.0	6.8	本溪湖	4.1	4.4	5.4	长春	7.1	5.9	6.2
关东州总	6.5	6.2	6.1	满铁地总	6.4	6.1	6.1	全体	6.4	6.2	6.1

（资料来源：根据关东长官官房调查课《昭和五年关东厅国势调查比例篇》表 25 “世

带及人口比较"整理计算而得。)

由表5-3-4可知，关东州平均户的规模在1920年是6.5，在1925年是6.2，在1930年是6.1，基本上是一路下降的趋势。但关东州内部除旅顺市和大连市外其它地区变化都很小。旅顺市在1920年是5.0，在1925年是5.2，在1930年是5.3，是一路上升的趋势。而大连市在1920年是6.3，在1925年是5.2，在1930年是5.4，前五年急剧下降，后五年略有回升。考虑到大连市户口在关东州所占比重，可以说关东州平均户的规模的变化主要是受大连市的影响。满铁附属地平均户的规模在1920年是6.4，在1925年是6.1，在1930年还是6.1，前五年下降，后五年保持不变。在满铁附属地内部各地，平均户的规模之变化存在一个平均化的趋势。各地平均户的规模，其方差在1920年是1.3，在1925年是0.7，在1930年是0.3。低于平均值的地区，如瓦房店、大石桥、营口、鞍山、辽阳、奉天、本溪湖、安东、公主岭等，平均户的规模在上升，而高于或等于平均值的地区，如抚顺、开原、四平街、长春，平均户的规模在下降。只有铁岭是个例外，可能与其单身户比例异常高有关。

第四节　人口的婚姻状况

一、分地区的婚姻状况

表5-4-1　1930年关东州和满铁附属地中国人分婚姻状况的人口比例（百分比）

地别		男					女				
		未婚	有配偶	丧偶	离婚	合计	未婚	有配偶	丧偶	离婚	合计
关东州	旅顺市	55.8	40.0	4.1	0.1	100.0	47.7	45.8	6.4	0.1	100.0
	旅顺村落	57.5	37.3	5.2	0.1	100.0	49.3	43.4	7.2	0.0	100.0
	大连市	53.7	43.1	3.0	0.2	100.0	42.9	50.4	6.5	0.1	100.0
	大连村落	58.5	36.8	4.5	0.3	100.0	46.6	46.3	7.0	0.1	100.0
	金州	58.7	36.0	5.2	0.1	100.0	49.4	43.3	7.3	0.0	100.0
	普兰店	55.8	38.4	5.7	0.1	100.0	50.6	42.5	6.8	0.1	100.0
	貔子窝	56.3	37.4	6.3	0.1	100.0	49.3	43.1	7.6	0.0	100.0
	关东州总	56.2	39.0	4.7	0.2	100.0	48.2	44.7	7.1	0.0	100.0

地别		男					女				
		未婚	有配偶	丧偶	离婚	合计	未婚	有配偶	丧偶	离婚	合计
满铁附属地	瓦房店	43.8	50.7	5.4	0.2	100.0	47.4	46.7	5.8	0.0	100.0
	大石桥	38.0	56.3	5.5	0.2	100.0	45.4	48.1	6.3	0.2	100.0
	营口	50.4	45.5	4.0	0.1	100.0	39.0	54.2	6.8	0.0	100.0
	鞍山	54.8	41.2	3.8	0.2	100.0	44.4	50.4	5.2	0.0	100.0
	辽阳	57.3	39.3	3.2	0.1	100.0	45.9	47.6	6.5	0.0	100.0
	奉天	48.3	48.7	2.6	0.4	100.0	42.0	52.5	5.3	0.2	100.0
	本溪湖	57.2	38.6	4.2	0.0	100.0	45.2	50.1	4.7	0.0	100.0
	安东	53.3	41.3	5.1	0.3	100.0	43.4	49.6	6.8	0.1	100.0
	抚顺	63.4	33.1	3.1	0.3	100.0	40.4	53.5	5.9	0.2	100.0
	铁岭	41.0	53.8	5.0	0.1	100.0	42.0	51.8	6.2	0.0	100.0
	开原	44.0	51.1	4.7	0.2	100.0	46.1	47.8	5.9	0.2	100.0
	四平街	48.3	47.8	3.7	0.1	100.0	43.9	50.3	5.8	0.0	100.0
	公主岭	44.3	51.0	4.5	0.2	100.0	44.3	49.6	6.0	0.1	100.0
	长春	44.8	50.7	4.3	0.3	100.0	46.1	47.8	5.5	0.1	100.0
	满铁地总	52.5	43.3	3.9	0.3	100.0	43.5	50.3	6.0	0.1	100.0
总数		55.2	40.2	4.5	0.2	100.0	47.5	45.5	6.9	0.1	100.0

（资料来源：根据关东长官官房调查课《昭和五年关东厅国势调查比例篇》表40"配偶关系、国籍及男女别人口"整理计算而得。）

由表5-4-1可知，中国人男性未婚率，满铁附属地总体为52.5%，低于关东州总体56.2%的水平，在关东州内部，大连市和旅顺市的男性未婚率分别为53.7%和55.8%，低于大连村落、旅顺村落、金州、普兰店、貔子窝等周边农村地区。女性未婚率亦然，满铁附属地总体为43.5%，低于关东州总体48.2%的水平。在关东州内部，大连市和旅顺市的女性未婚率分别为42.9%和47.7%，低于旅顺村落、金州、普兰店、貔子窝等周边农村地区，旅顺市女性未婚率仅比大连村落略高。男性有偶率，满铁附属地总体为43.3%，高于关东州总体39%的水平，在关东州内部，大连市和旅顺市的男性有偶率分别为43.1%和40%，高于大连村落、旅顺村落、金州、普兰店、貔子窝等周边农村地区。女性有偶率亦然，满铁附属地总体为50.3%，高于关东州总体44.7%的水平，在关东州内部，大连市和旅顺市的女性有偶率分别为50.4%和45.8%，高于旅顺村落、金州、普兰店、貔子窝等周边农村地区，旅顺市女性有偶率仅比大连村落略低。男性丧偶率，满铁附属地总体为3.9%，低于关东州总体4.7%的水平，在关东州内部，大连市和旅顺市的男性丧偶率分别为3%和4.1%，低于大连村落、旅顺村落、金州、普兰店、貔子窝等周边农村地区。女性丧偶率亦然，满铁附属地总体为6%，低于关东州总体7.1%的水平，在关东州内部，大连市和旅顺市的女性丧偶率分别为6.5%和6.4%，低于大连村落、旅顺村落、金州、普兰店、貔子窝等周边农村地区。男性离婚率，满铁附属地总体为0.3%，高于关东州总体0.2%的水平，在关东州内部以大连市和大连村落为高。女性离婚率满铁附属地总体为0.1%，高于关东州总体0.0%的水平，关东州内部也是大连市、旅顺市和大连村落为高，达0.1%，其余部分几乎为0。由于满铁附属地几乎全部为城市人口，在关东州内部以大连市、旅顺市和大连村落三地城市化水平为最高，以上几方面的比较无一例外地证明了城市人口较之农村人口，未婚率低、有偶率高、丧偶率低、离婚率高。城市未婚率低有偶率高的主要原因是城市里青壮年移民多，未成年人比例低①。城市丧偶率低的原因主要是城市里青壮年人口多，年龄结构偏轻，也有可能是再婚率较高的缘故。男性人口较之女性人口，未婚率高、有偶率低、丧偶率低、离婚率高。男性未婚率高有偶率低反映了当时当地男女性别不平衡这样一个现实，也跟当时满洲乃至中国其他地区的性别分布状况比较接近。男性丧偶率低的原因同样也是两方面，一是男性平均寿命较低，二是男性再婚率高。

表5-4-2　1930年关东州和满铁附属地日本人分婚姻状况的人口比例（百分比）

地别		男					女				
		未婚	有配偶	丧偶	离婚	合计	未婚	有配偶	丧偶	离婚	合计
关东州	旅顺市	66.1	32.1	1.2	0.6	100.0	53.7	40.5	4.8	1.1	100.0
	旅顺村落	50.5	46.6	2.6	0.3	100.0	47.7	49.5	2.7	0.0	100.0
	大连市	57.0	40.4	1.7	0.9	100.0	49.5	42.5	6.5	1.6	100.0
	大连村落	50.9	46.2	1.7	1.2	100.0	45.3	49.7	4.6	0.4	100.0
	金州	54.4	43.6	1.4	0.5	100.0	50.3	44.8	4.2	0.7	100.0
	普兰店	50.7	47.8	0.9	0.5	100.0	45.6	51.0	3.4	0.0	100.0
	貔子窝	47.7	51.3	1.1	0.0	100.0	43.2	52.5	3.6	0.7	100.0
	关东州总	57.7	39.8	1.6	0.9	100.0	49.7	42.7	6.1	1.5	100.0

① 城市是移民的主要目的地，而这些移民主要是青年人，城市里的日本移民未婚率更高，而中国移民未婚率较低，主要是由于中国人倾向于早婚，使得同一年龄的青年人更早地进入婚姻状态。

地别		男					女				
		未婚	有配偶	丧偶	离婚	合计	未婚	有配偶	丧偶	离婚	合计
满铁附属地	瓦房店	57.7	40.5	1.2	0.6	100.0	48.9	46.7	3.4	1.1	100.0
	大石桥	69.2	29.5	1.2	0.1	100.0	48.4	46.4	4.2	1.0	100.0
	营口	51.7	46.3	1.3	0.6	100.0	50.3	43.9	4.3	1.5	100.0
	鞍山	58.8	39.3	1.3	0.6	100.0	48.8	45.3	4.4	1.6	100.0
	辽阳	66.8	31.6	1.2	0.4	100.0	48.5	46.7	4.1	0.7	100.0
	奉天	60.5	37.2	1.5	0.8	100.0	50.5	42.7	5.5	1.3	100.0
	本溪湖	64.5	33.8	1.4	0.3	100.0	48.4	46.5	4.6	0.5	100.0
	安东	58.1	39.5	1.9	0.6	100.0	50.4	42.8	5.9	0.9	100.0
	抚顺	55.1	42.6	1.6	0.7	100.0	49.9	44.6	4.8	0.8	100.0
	铁岭	58.5	39.7	1.2	0.6	100.0	50.1	45.6	3.8	0.5	100.0
	开原	59.0	38.9	1.3	0.6	100.0	49.4	45.7	4.5	0.5	100.0
	四平街	54.8	42.5	1.9	0.8	100.0	48.8	46.0	4.0	1.2	100.0
	公主岭	63.7	34.6	1.3	0.4	100.0	51.2	44.8	3.7	0.4	100.0
	长春	62.7	35.6	1.1	0.7	100.0	50.5	43.8	4.3	1.4	100.0
	满铁地总	60.0	38.0	1.4	0.6	100.0	49.9	44.3	4.8	1.0	100.0
总数		58.8	38.9	1.5	0.7	100.0	49.8	43.4	5.5	1.3	100.0

（资料来源：根据关东长官官房调查课《昭和五年关东厅国势调查比例篇》表40"配偶关系、国籍及男女别人口"整理计算而得。）

由表5-4-2可知，日本人男性未婚率，满铁附属地总体为60%，高于关东州总体57.7%的水平，在关东州内部，大连市和旅顺市的男性未婚率分别为57%和66.1%，高于大连村落、旅顺村落、金州、普兰店、貔子窝等周边农村地区。女性未婚率亦然，满铁附属地总体为49.9%，高于关东州总体49.2%的水平，在关东州内部，大连市和旅顺市的女性未婚率分别为49.5%和53.7%，高于大连村落、旅顺村落、普兰店、貔子窝等周边农村地区。男性有偶率，满铁附属地总体为38%，低于关东州总体39.8%的水平，在关东州内部，大连市和旅顺市的男性有偶率分别为40.4%和32.1%，低于大连村落、旅顺村落、金州、普兰店、貔子窝等周边农村地区。女性有偶率，满铁附属地总体为44.3%，高于关东州总体42.7%的水平，但在关东州内部，大连市和旅顺市的女性有偶率分别为42.5%和40.5%，低于大连村落、旅顺村落、金州、普兰店、貔子窝等周边农村地区。男性丧偶率，满铁附属地总体为

1.4%，低于关东州总体1.6%的水平，但在关东州内部，除大连村落和旅顺村落外，其它农村地区都低于大连市和旅顺市的水平。男性离婚率，满铁附属地总体为0.6%，低于关东州总体0.9%的水平，在关东州内部，以大连市和大连村落为最高。女性离婚率，满铁附属地总体为1%，低于关东州总体1.5%的水平，在关东州内部，以大连市和旅顺市为最高。总之，未婚率，无论男女都是满铁附属地高于关东州，旅顺大连高于关东州其他地区。男性有偶率，满铁附属地低于关东州，而女性有偶率则是满铁附属地高于关东州，但旅顺大连有偶率则低于关东州其它地区，无论男女。丧偶率，无论男女都是满铁附属地低于关东州，旅顺大连高于关东州其他地区。离婚率，无论男女都是满铁附属地低于关东州，旅顺大连高于关东州其他地区。对于中国人来说，满铁附属地和关东州的差别，以及旅顺大连和关东州其他地区的差别，就相当于城乡差别，而对于日本人来说则不是这样，无论在哪个地方日本人从事农业的都极少，故其在未婚率、有偶率、丧偶率和离婚率方面的地域模式要比中国人复杂得多。未婚率方面的比较说明，未婚青年男女更多地去往满铁附属地和旅顺大连这些城市化程度较高的地方。而旅顺大连的丧偶率高则说明这些地方人口基数大，定居历史久，老年人比例更高些，满铁附属地中的奉天和安东也是这种情况。与中国人相比，日本男女未婚率高，有偶率低。值得注意的是，日本人女性离婚率超过男性，这一点也与中国人不同。

表5-4-3　1930年关东州和满铁附属地朝鲜人分婚姻状况的人口比例（百分比）

地别		男					女				
		未婚	有配偶	丧偶	离婚	合计	未婚	有配偶	丧偶	离婚	合计
关东州	旅顺市	46.7	46.1	6.6	0.6	100.0	62.2	25.7	1.4	10.8	100.0
	旅顺村落	66.7	22.2	0.0	11.1	100.0	66.7	33.3	0.0	0.0	100.0
	大连市	58.7	37.8	2.6	0.9	100.0	48.2	31.3	5.2	15.3	100.0
	大连村落	60.0	35.0	5.0	0.0	100.0	36.1	52.8	11.1	0.0	100.0
	金州	66.0	34.0	0.0	0.0	100.0	48.9	44.7	6.4	0.0	100.0
	普兰店	51.9	45.2	2.9	0.0	100.0	43.5	47.1	9.4	0.0	100.0
	貔子窝	38.5	61.5	0.0	0.0	100.0	52.8	40.3	6.9	0.0	100.0
	关东州总	55.5	40.8	2.9	0.8	100.0	48.8	34.3	5.7	11.2	100.0
满铁附属地	瓦房店	37.5	58.3	4.2	0.0	100.0	52.6	39.5	5.3	2.6	100.0
	大石桥	44.7	52.6	2.6	0.0	100.0	61.5	36.5	0.0	1.9	100.0
	营口	53.3	45.3	1.3	0.0	100.0	43.1	40.3	6.9	9.7	100.0

续表

地别		男					女				
		未婚	有配偶	丧偶	离婚	合计	未婚	有配偶	丧偶	离婚	合计
满铁附属地	鞍山	57.3	41.5	1.2	0.0	100.0	45.6	48.1	6.3	0.0	100.0
	辽阳	42.0	54.3	1.2	2.5	100.0	57.6	33.9	6.8	1.7	100.0
	奉天	59.7	37.2	2.0	1.1	100.0	43.9	46.1	8.1	1.9	100.0
	本溪湖	57.8	37.8	4.4	0.0	100.0	60.0	36.7	3.3	0.0	100.0
	安东	51.7	44.8	3.2	0.4	100.0	41.6	46.6	11.2	0.6	100.0
	抚顺	53.1	43.3	3.4	0.3	100.0	41.7	49.2	7.7	1.4	100.0
	铁岭	69.9	30.1	0.0	0.0	100.0	40.9	50.0	9.1	0.0	100.0
	开原	55.7	41.7	2.5	0.0	100.0	46.4	46.4	6.8	0.3	100.0
	四平街	48.7	48.7	1.3	1.3	100.0	46.8	47.7	4.5	0.9	100.0
	公主岭	52.2	44.8	3.0	0.0	100.0	52.0	44.0	4.0	0.0	100.0
	长春	55.5	40.8	3.2	0.5	100.0	43.9	46.9	6.5	2.8	100.0
	满铁地总	52.9	43.7	2.9	0.4	100.0	42.8	46.7	9.5	1.0	100.0
总数		53.3	43.3	2.9	0.5	100.0	43.5	45.2	9.0	2.2	100.0

（资料来源：根据关东长官官房调查课《昭和五年关东厅国势调查比例篇》表40"配偶关系、国籍及男女别人口"整理计算而得。）

由表5-4-3可知，朝鲜人男性未婚率，满铁附属地总体为52.9%，低于关东州总体55.5%的水平①。女性未婚率亦然，满铁附属地总体为42.8%，低于关东州总体48.8%的水平。男性有偶率，满铁附属地总体为43.7%，高于关东州总体40.8%的水平。女性有偶率，满铁附属地总体为46.7%，高于关东州总体34.3%的水平。男性丧偶率，满铁附属地总体为2.9%，与关东州总体水平相当。男性离婚率，满铁附属地总体为0.4%，低于关东州总体0.8%的水平。女性离婚率，满铁附属地总体为1%，低于关东州总体11.2%的水平。在男女未婚率方面，都是关东州高于满铁附属地。相应地在男女有偶率方面，都是满铁附属地高于关东州。值得注意的是，关东州女性离婚率相当高，尤其是大连市和旅顺市。

---

① 由于关东州和满铁附属地朝鲜人人口基数较小，因此不在关东州和满铁附属地内部各地之间进行比较。

二、分年龄段的婚姻状况

表 5 - 4 - 4　1930 年关东州和满铁附属地中国人各年龄段分婚姻状况的人口比例（百分比）

年龄段		男					女				
		未婚	有配偶	丧偶	离婚	合计	未婚	有配偶	丧偶	离婚	合计
关东州	0—9	100.0	0.0	0.0	0.0	100.0	100.0	0.0	0.0	0.0	100.0
	10—14	99.7	0.3	0.0	0.0	100.0	99.5	0.5	0.0	0.0	100.0
	15—19	87.5	12.3	0.1	0.0	100.0	67.7	32.1	0.2	0.0	100.0
	20—24	55.8	43.3	0.7	0.2	100.0	13.6	85.4	0.9	0.1	100.0
	25—29	36.9	61.4	1.4	0.2	100.0	1.7	96.2	2.0	0.1	100.0
	30—34	26.1	71.1	2.5	0.3	100.0	0.3	96.1	3.5	0.1	100.0
	35—39	21.3	74.3	4.2	0.3	100.0	0.3	94.0	5.7	0.0	100.0
	40—44	16.0	76.7	6.9	0.4	100.0	0.2	89.1	10.7	0.1	100.0
	45—49	13.8	74.0	11.9	0.3	100.0	0.1	82.9	16.9	0.1	100.0
	50—54	11.5	72.2	15.9	0.4	100.0	0.1	74.3	25.6	0.0	100.0
	55—59	9.7	67.0	23.0	0.3	100.0	0.1	62.2	37.7	0.0	100.0
	60 及以上	5.9	51.7	42.1	0.2	100.0	0.1	39.2	60.6	0.1	100.0
	关东州总	56.2	39.0	4.7	0.2	100.0	48.2	44.7	7.1	0.0	100.0
满铁附属地	9 岁以下	100.0	0.0	0.0	0.0	100.0	100.0	0.0	0.0	0.0	100.0
	10 - 14 岁	98.3	1.7	0.0	0.0	100.0	98.7	1.3	0.0	0.0	100.0
	15 - 19 岁	80.9	18.9	0.2	0.1	100.0	60.9	38.7	0.3	0.1	100.0
	20 - 24 岁	62.3	36.9	0.6	0.2	100.0	21.3	77.4	1.0	0.3	100.0
	25 - 29 岁	49.5	49.1	1.2	0.3	100.0	4.5	93.8	1.5	0.2	100.0
	30 - 34 岁	38.7	58.6	2.2	0.5	100.0	0.8	97.0	2.1	0.1	100.0
	35 - 39 岁	31.6	64.0	3.8	0.6	100.0	0.5	95.7	3.7	0.2	100.0
	40 - 44 岁	24.8	67.6	7.1	0.6	100.0	0.4	90.9	8.6	0.2	100.0
	45 - 49 岁	19.1	67.8	12.5	0.6	100.0	0.4	81.3	18.0	0.2	100.0
	50 - 54 岁	13.9	67.7	17.8	0.6	100.0	0.4	70.3	29.1	0.1	100.0
	55 - 59 岁	12.2	58.7	28.6	0.5	100.0	0.4	52.6	46.9	0.2	100.0
	60 岁以上	7.9	47.4	44.3	0.4	100.0	0.4	29.5	69.8	0.2	100.0
	满铁地总	52.5	43.3	3.9	0.3	100.0	43.5	50.3	6.0	0.1	100.0

（资料来源：根据关东长官官房调查课《昭和五年关东厅国势调查比例篇》表 41 "配偶关系、年龄、国籍及男女别人口"整理计算而得。）

由表 5 - 4 - 4 可知，在关东州，中国人男性有偶率在 15 - 19 岁年龄段达 12.3%，在 20 - 24 岁年龄段出现显著增长，达 43.3%，在 40 - 44 岁年龄段达到峰值 76.7%。女性有偶率在 15 - 19 岁年龄段出现显著增长，达 32.1%，在 25 - 29 岁年龄段达到峰值 96.2%。在满铁附属地，男性有偶率在 15 - 19 岁年龄段达 18.9%，在 20 - 24 岁年龄段出现显著增长，达 36.9%，在 45 - 49 岁年龄段达到峰值 67.8%。女性有偶率在 15 - 19 岁年龄段出现显著增长，达 38.7%，在 30 - 34 岁年龄段达到峰值 97%。成年男性的有偶率，除 15 - 19 岁年龄段外，都是关东州高于满铁附属地，且前者更早达到峰值。这表明满铁附属地的男性较之关东州的男性，结婚更为不易。成年女性的有偶率，也是关东州更早达到峰值。但关东州和满铁附属地两者之间的共同点多于其差别：男性结婚较早，20 岁时已有 10% 以上进入婚姻状态，但成年男性有偶率低，分年龄段有偶率最高也只有 70% 左右，反之未婚率较高，直到 60 岁时仍有 10% 左右是未婚。随着年龄的增长，男性未婚率的下降是一个连续缓慢的过程，从 10 岁到 60 岁一直有人不断进入婚姻状态，但在 60 岁时仍有将近 10% 的人是未婚状态。女性结婚更早，20 岁时已有 30% 以上进入婚姻状态，30 岁时 90% 以上已经进入婚姻状态，女性未婚率的下降主要集中在 15 - 25 岁这一年龄段。与成年男性相比，成年女性有偶率很高，这表明中国人女性普遍结婚，而男性则不是。

表 5 - 4 - 5　1930 年关东州和满铁附属地日本人各年龄段分婚姻状况的人口比例（百分比）

年龄段		男					女				
		未婚	有配偶	丧偶	离婚	合计	未婚	有配偶	丧偶	离婚	合计
关东州	0—9	100.0	0.0	0.0	0.0	100.0	100.0	0.0	0.0	0.0	100.0
	10—14	100.0	0.0	0.0	0.0	100.0	100.0	0.0	0.0	0.0	100.0
	15—19	99.8	0.2	0.0	0.0	100.0	90.5	9.4	0.0	0.1	100.0
	20—24	90.1	9.4	0.1	0.4	100.0	38.5	60.0	0.5	1.0	100.0
	25—29	40.7	57.3	1.0	1.0	100.0	11.1	85.5	1.5	1.9	100.0
	30—34	9.3	87.3	1.6	1.7	100.0	3.9	90.3	2.7	3.1	100.0
	35—39	3.6	91.9	2.2	2.3	100.0	2.3	89.6	5.2	2.9	100.0
	40—44	1.4	93.8	3.0	1.8	100.0	1.4	86.7	8.6	3.3	100.0
	45—49	0.8	93.9	3.3	1.9	100.0	0.9	78.0	17.5	3.5	100.0
	50—54	1.2	91.7	5.2	1.9	100.0	0.9	63.5	30.5	5.1	100.0
	55—59	0.4	89.0	9.1	1.5	100.0	1.5	46.4	47.1	4.9	100.0

续表

年龄段		男					女				
		未婚	有配偶	丧偶	离婚	合计	未婚	有配偶	丧偶	离婚	合计
关东州	60 及以上	0.3	74.4	22.5	2.8	100.0	0.5	18.5	78.4	2.7	100.0
	关东州总	57.7	39.8	1.6	0.9	100.0	49.7	42.7	6.1	1.5	100.0
满铁附属地	9 岁以下	100.0	0.0	0.0	0.0	100.0	100.0	0.0	0.0	0.0	100.0
	10 – 14 岁	100.0	0.0	0.0	0.0	100.0	100.0	0.0	0.0	0.0	100.0
	15 – 19 岁	99.7	0.3	0.0	0.0	100.0	87.5	12.3	0.1	0.1	100.0
	20 – 24 岁	90.4	9.3	0.1	0.0	100.0	29.7	69.3	0.1	0.1	100.0
	25 – 29 岁	36.2	62.0	1.0	0.8	100.0	8.9	88.6	1.0	1.5	100.0
	30 – 34 岁	7.6	89.1	2.1	1.2	100.0	3.5	92.9	1.7	1.8	100.0
	35 – 39 岁	2.2	94.6	1.8	1.4	100.0	1.7	93.3	3.9	1.1	100.0
	40 – 44 岁	1.3	95.1	2.5	1.2	100.0	1.6	87.8	7.8	2.8	100.0
	45 – 49 岁	0.8	94.1	3.5	1.7	100.0	0.8	80.8	14.9	3.4	100.0
	50 – 54 岁	1.1	91.1	6.1	1.7	100.0	0.8	62.4	33.4	3.5	100.0
	55 – 59 岁	0.6	88.9	8.0	2.5	100.0	0.6	45.2	50.1	4.1	100.0
	60 岁以上	0.0	66.5	30.4	3.1	100.0	0.3	18.1	79.8	1.9	100.0
	满铁地总	60.0	38.0	1.4	0.6	100.0	49.9	44.3	4.8	1.0	100.0

（资料来源：根据关东长官官房调查课《昭和五年关东厅国势调查比例篇》表41"配偶关系、年龄、国籍及男女别人口"整理计算而得。）

由表5－4－5可知，在关东州，日本人男性有偶率在20－24岁年龄组只有9.4%，在25－29岁年龄段出现显著增长，达57.3%，在45－49岁年龄段达到峰值93.9%。女性有偶率在15－19岁年龄段只有9.4%，在20－24岁年龄段出现显著增长，达60%，在30－34岁年龄段达到峰值90.3%。在满铁附属地，男性有偶率在20－24岁年龄段只有9.3%，在25－29岁年龄段出现显著增长，达62%，在40－44岁年龄段达到峰值95.1%。女性有偶率在15－19岁年龄段只有12.3%，在20－24岁年龄段出现显著增长，达69.3%，在35－39岁年龄段达到峰值93.3%。由此可知，日本人男性在20－24岁年龄段有偶率很低，在10%以下，在25－29岁年龄段开始大量进入婚姻状态，到35岁时，已有将近90%的人进入婚姻状态。也就是说，日本成年男性有偶率高，且主要是在25－34岁这一年龄段结婚的。日本人女性在15－19岁年龄段有偶率很低，在10%左右，在20－24岁年龄段开始大量进入婚姻状态，到30岁时，已有将近90%的人进入婚姻状态。日本成年女性有偶率跟男性一样高，主要是在 20－30 岁这一年龄段结婚的。与中国人相比，日本男女结婚都较晚，但随着年龄的增长，未婚率的下降是一个急剧的过程，男性是在 25－34 岁这一年龄段，女性是在 20－30 岁这一年龄段，男性比女性差不多晚了五年。

表 5－4－6　1930 年关东州和满铁附属地朝鲜人各年龄段分婚姻状况的人口比例（百分比）

年龄段		男					女			
		未婚	有配偶	丧偶	离婚	合计	未婚	有配偶	丧偶	离婚	合计
关东州	0—9	100.0	0.0	0.0	0.0	100.0	100.0	0.0	0.0	0.0	100.0
	10—14	100.0	0.0	0.0	0.0	100.0	95.7	4.3	0.0	0.0	100.0
	15—19	94.2	5.8	0.0	0.0	100.0	65.2	16.7	0.5	17.6	100.0
	20—24	70.3	28.6	0.7	0.3	100.0	44.8	29.7	4.2	21.2	100.0
	25—29	37.9	58.4	2.3	1.4	100.0	26.8	59.2	4.9	9.2	100.0
	30—34	23.5	73.0	2.5	1.0	100.0	11.5	74.4	6.4	7.7	100.0
	35—39	10.9	72.8	12.0	4.3	100.0	0.0	92.1	7.9	0.0	100.0
	40—44	19.0	74.1	6.9	0.0	100.0	5.3	89.5	5.3	0.0	100.0
	45—49	0.0	93.8	6.3	0.0	100.0	0.0	84.2	10.5	5.3	100.0
	50—54	0.0	85.7	14.3	0.0	100.0	0.0	80.0	20.0	0.0	100.0
	55—59	0.0	69.2	30.8	0.0	100.0	0.0	50.0	50.0	0.0	100.0
	60 及以上	0.0	83.3	16.7	0.0	100.0	0.0	17.4	82.6	0.0	100.0
	关东州总	55.5	40.8	2.9	0.8	100.0	48.8	34.3	5.7	11.2	100.0
满铁附属地	9 岁以下	100.0	0.0	0.0	0.0	100.0	100.0	0.0	0.0	0.0	100.0
	10－14 岁	99.9	0.1	0.0	0.0	100.0	97.7	2.3	0.0	0.0	100.0
	15－19 岁	88.2	11.5	0.2	0.1	100.0	46.1	51.8	0.4	1.7	100.0
	20－24 岁	43.6	55.4	0.6	0.4	100.0	17.0	78.0	1.6	3.4	100.0
	25－29 岁	14.2	82.7	1.7	1.5	100.0	5.9	89.8	2.6	1.7	100.0
	30－34 岁	6.3	90.8	2.3	0.7	100.0	1.0	93.0	4.6	1.3	100.0
	35－39 岁	4.2	91.4	3.7	0.7	100.0	0.6	90.7	8.2	0.4	100.0
	40－44 岁	2.1	91.1	5.5	1.3	100.0	0.3	79.9	19.2	0.5	100.0
	45－49 岁	1.6	88.6	9.2	0.5	100.0	0.7	67.7	31.3	0.4	100.0
	50－54 岁	0.4	87.7	11.5	0.4	100.0	0.0	65.1	33.6	1.3	100.0
	55－59 岁	1.4	81.2	16.7	0.7	100.0	0.0	40.7	58.7	0.6	100.0
	60 岁以上	0.9	63.6	35.5	0.0	100.0	0.0	18.0	81.4	0.6	100.0
	满铁地总	52.9	43.7	2.9	0.4	100.0	42.8	46.7	9.5	1.0	100.0

（资料来源：根据关东长官官房调查课《昭和五年关东厅国势调查比例篇》表 41 "配偶关系、年龄、国籍及男女别人口"整理计算而得。）

由表 5 - 4 - 6 可知，在关东州，朝鲜人男性有偶率在 15 - 19 岁年龄组只有 5.8%，在 25 - 29 岁年龄段出现显著增长，达 58.4%，在 45 - 49 岁年龄段达到峰值 93.8%。女性有偶率在 15 - 19 岁年龄段达 16.7%，在 20 - 24 岁年龄段达 29.7%，在 25 - 29 岁年龄段出现显著增长，达 59.2%，在 35 - 39 岁年龄段达到峰值 92.1%。在满铁附属地，男性有偶率在 15 - 19 岁年龄段只有 11.5%，在 20 - 24 岁年龄段出现显著增长，达 55.4%，在 35 - 39 岁年龄段达到峰值 91.4%。女性有偶率在 15 - 19 岁年龄段出现显著增长，达 51.8%，在 30 - 34 岁年龄段达到峰值 93%。由此可知，关东州和满铁附属地的朝鲜人男女婚姻状况存在重大差别：关东州总体来说有偶率更低，有偶率达到峰值的年龄段更晚。在关东州，朝鲜男性分年龄婚姻模式与日本男性颇为相似：有偶率在 25 - 29 岁年龄段出现显著增长（58% 左右），在 45 - 49 岁年龄段达到峰值（将近 94%），只是朝鲜男性在 20 - 24 岁年龄段进入婚姻的比日本男性更多，也就是说更倾向早婚一些，但没有中国男性那么严重。在满铁附属地，朝鲜男性分年龄婚姻模式与日本男性也较为相似，只是在年龄段上不同步：朝鲜男性有偶率在 20 - 24 岁年龄段出现显著增长（55.4%），而日本男性有偶率在 25 - 29 岁年龄段出现显著增长（62%）；朝鲜男性有偶率在 35 - 39 岁年龄段达到峰值（91.4%），而日本男性有偶率在 40 - 44 岁年龄段达到峰值（95.1%）。可以直观地看出，日本男性正好在年龄上晚于朝鲜男性五年，这也说明朝鲜男性比日本男性更倾向早婚一些。关东州的朝鲜女性，分年龄婚姻模式最为独特，在 15 - 19 岁年龄段有偶率达 16.7%，介于中国女性和日本女性之间，但直到 25 - 29 岁年龄段才出现显著增长（59.2%），到 35 - 39 岁年龄段才达到峰值（92.1%）。也就是说，在关东州，朝鲜女性比日本女性和中国女性都更为倾向晚婚。满铁附属地的朝鲜女性，分年龄婚姻模式与中国女性颇为相似，在 20 - 24 岁年龄段出现显著增长（78% 左右），在 30 - 34 岁年龄段达到峰值（93% 以上）。但朝鲜女性在 15 - 19 岁年龄段有偶率即达 51.8%，比中国女性和日本女性都高，也就是说，在满铁附属地，朝鲜女性比中国女性和日本女性都更为倾向早婚。总之，朝鲜男性和女性的分年龄婚姻模式也存在重大差别：朝鲜男性总体与日本相似，只是更为倾向早婚些；而朝鲜女性在关东州和满铁附属地的特征截然相反，在关东州是最为晚婚的一个群体，在满铁附属地是最为早婚的一个群体。

三、婚姻状况的历时变化

表 5-4-7　1920—1930 年中国人各年龄段分婚姻状况的人口比例（百分比）

年龄组	1920 年				1925 年				1930 年			
	未婚	有配偶	丧偶	离婚	未婚	有配偶	丧偶	离婚	未婚	有配偶	丧偶	离婚
0—9	100.0	0.0	0.0	0.0	100.0	0.0	0.0	0.0	100.0	0.0	0.0	0.0
10—14	98.4	1.5	0.0	0.0	99.2	0.8	0.0	0.0	99.5	0.5	0.0	0.0
15—19	78.0	21.7	0.3	0.0	78.9	20.9	0.2	0.0	79.0	20.8	0.2	0.0
20—24	49.0	49.8	1.0	0.1	47.1	52.0	0.8	0.1	44.7	54.4	0.8	0.2
25—29	36.7	61.1	2.0	0.1	31.8	66.4	1.6	0.1	30.4	67.9	1.5	0.2
30—34	26.3	69.9	3.6	0.2	23.1	73.8	3.0	0.2	21.6	75.4	2.7	0.3
35—39	20.3	73.5	6.0	0.2	17.5	76.9	5.4	0.2	17.6	77.7	4.4	0.3
40—44	14.6	75.1	10.0	0.3	12.6	77.7	9.4	0.3	12.8	78.9	8.0	0.3
45—49	11.4	73.1	15.3	0.2	10.1	75.5	14.2	0.2	10.3	75.6	13.8	0.3
50—54	8.3	68.5	23.1	0.2	7.7	70.6	21.5	0.2	7.7	72.0	19.9	0.3
55—59	5.3	62.3	32.3	0.2	5.6	64.3	29.9	0.2	6.3	63.6	29.9	0.2
60 及以上	3.3	45.2	51.4	0.1	2.7	45.5	51.6	0.1	3.4	45.2	51.2	0.2
总数	53.7	40.2	6.0	0.1	52.8	41.2	5.8	0.1	52.3	42.2	5.4	0.2

（资料来源：根据关东长官官房调查课《昭和五年关东厅国势调查比例篇》表 44"配偶关系、年龄及国籍别人口比较"整理计算而得。）

　　由表 5-4-7 可知，中国人从 1920 年到 1925 年，未婚率整体下降，除 10-19 岁年龄段和 55-59 岁年龄段在上升外，其他年龄段都在下降。有偶率整体上升，除 10-19 岁年龄段在下降外，其他年龄段都在上升。丧偶率整体下降，除 60 岁以上年龄段在上升外，其他年龄段都在下降。离婚率整体稳定，各年龄段变化不大。从 1925 年到 1930 年，未婚率整体继续下降，除 20-34 年龄段在下降外，其他年龄段都在上升，不过上升幅度很小。有偶率整体继续上升，除 10-19 岁年龄段和 55 岁以上年龄段在下降外，其他年龄段都在上升。丧偶率整体继续下降，在所有年龄段都在下降。离婚率整体上升，在所有年龄段都有上升。由此可知，从 1920 年到 1930 年，中国人未婚率整体持续下降，对于 35-54 岁年龄段来说，未婚率下降主要发生在前五年。有偶率整体持续上升，但 20 岁以下人口（特别是 15 岁以下人口）有偶率在不断下降，这表明早婚的倾向在不断减弱。丧偶率整体持续下降，在所有年龄段都是如此，这可能是由于再婚率和人均寿命的增长①。离婚率整体有所上升，不过主要发生在后五年。

表5-4-8　1920-1930年日本人各年龄段分婚姻状况的人口比例（百分比）

年龄组	1920年				1925年				1930年			
	未婚	有配偶	丧偶	离婚	未婚	有配偶	丧偶	离婚	未婚	有配偶	丧偶	离婚
0—9	100.0	0.0	0.0	0.0	100.0	0.0	0.0	0.0	100.0	0.0	0.0	0.0
10—14	99.8	0.2	0.0	0.0	100.0	0.0	0.0	0.0	100.0	0.0	0.0	0.0
15—19	87.8	11.7	0.1	0.4	90.5	9.2	0.1	0.2	94.5	5.4	0.0	0.1
20—24	65.3	32.9	0.3	1.5	61.6	37.1	0.3	1.0	69.3	30.0	0.2	0.5
25—29	26.8	69.0	1.3	2.9	21.6	75.3	1.2	1.9	24.4	73.1	1.2	1.3
30—34	8.2	86.3	2.6	3.0	6.0	90.1	1.9	2.0	6.2	89.8	2.1	1.9
35—39	2.9	90.6	3.3	3.2	2.2	92.5	3.0	2.3	2.5	92.1	3.1	2.3
40—44	1.5	89.7	5.5	3.3	1.1	91.6	5.1	2.2	1.4	91.2	5.3	2.2
45—49	1.0	86.4	9.1	3.6	1.1	87.4	8.9	2.6	0.8	88.3	8.4	2.4
50—54	0.7	77.7	18.4	3.2	0.8	79.8	16.6	2.7	1.1	80.0	16.0	2.9
55—59	0.6	61.8	35.4	2.2	0.7	64.5	32.5	2.3	0.8	69.4	26.7	3.1
60及以上	0.2	28.9	69.3	1.6	0.2	33.2	65.8	0.9	0.3	40.4	56.7	2.6
总数	51.1	44.0	3.1	1.7	51.8	43.7	3.3	1.1	54.7	41.0	3.4	1.0

（资料来源：根据关东长官官房调查课《昭和五年关东厅国势调查比例篇》表44"配偶关系、年龄及国籍别人口比较"整理计算而得。）

由表5-4-8可知，日本人从1920年到1925年，未婚率整体上升，除20-44岁年龄段和60岁以上年龄段在下降外，其他年龄段都在上升。有偶率整体下降，但除10-19岁年龄段在下降外，其他年龄段都在上升。丧偶率整体上升，但各年龄段都在下降②。离婚率整体下降，只有55-59岁年龄段在上升。从1925年到1930年，未婚率整体继续上升，除45-49岁年龄段在下降外，其他年龄段都在上升。有偶率整体下降，除45岁以上年龄段在上升外，其他年龄段都在下降，以20-24岁年龄段降幅最大，这可能与这一年龄段的大量未婚青年移入有关。丧偶率整体有所上升，但主要集中在30-44岁这一年龄段，在其他年

---

① 从1920年到1930年中国人人口结构变化不大，所以丧偶率的减少不太可能是由于老龄人口减少造成的，而且各年龄段的丧偶率都在减少，所以只能归结于这两个原因。

② 日本人15-25岁人口数量在下降，25-40岁人口数量变化不大，40岁以上人口数量急剧增长，人均寿命提高和人口年龄结构老化导致这种怪现象的发生。

龄段都在下降。离婚率整体下降，除 50 岁以上年龄段外，在其他年龄段基本都在下降。由此可知，从 1920 年到 1930 年，日本人未婚率整体持续上升，但对于 25－44 岁年龄段，未婚率实际在下降。有偶率整体持续下降，但对于 25－59 岁年龄段，有偶率实际在上升，所以有偶率下降主要是青年婚龄推迟的体现。丧偶率整体持续上升，但在各个年龄段丧偶率都在下降，所以这种情况只能是人口年龄结构老化导致的结果。离婚率整体持续下降，但在 55 岁以上年龄段中出现增长，日本老年人离婚率的上涨是一个值得注意的现象。

表 5－4－9 1920－1930 年朝鲜人各年龄段分婚姻状况的人口比例（百分比）

年龄组	1920 年				1925 年				1930 年			
	未婚	有配偶	丧偶	离婚	未婚	有配偶	丧偶	离婚	未婚	有配偶	丧偶	离婚
0—9	100.0	0.0	0.0	0.0	100.0	0.0	0.0	0.0	100.0	0.0	0.0	0.0
10—14	92.3	7.5	0.0	0.2	97.6	2.4	0.0	0.0	98.9	1.1	0.0	0.0
15—19	67.9	28.9	0.6	2.6	71.1	27.8	0.2	0.9	71.5	26.0	0.3	2.2
20—24	43.7	51.2	2.6	2.5	37.3	58.8	1.5	2.4	37.3	57.5	1.4	3.9
25—29	20.5	72.9	4.7	1.9	18.6	77.0	2.4	1.9	15.0	80.5	2.3	2.2
30—34	10.3	83.4	5.7	0.6	6.5	87.9	4.7	0.9	6.7	88.7	3.4	1.3
35—39	6.9	85.6	6.5	1.0	5.2	88.8	5.3	0.7	3.2	89.6	6.2	1.0
40—44	6.1	82.8	10.0	1.1	2.3	85.1	11.5	1.1	2.5	85.5	11.1	0.9
45—49	3.2	72.2	24.1	0.5	2.4	76.7	19.0	1.9	1.1	80.1	18.2	0.6
50—54	1.8	69.8	27.8	0.6	0.9	70.6	27.2	1.3	0.2	77.5	21.5	0.8
55—59	1.0	52.5	46.5	0.0	1.2	53.1	45.7	0.0	0.6	59.1	39.6	0.6
60 及以上	0.6	39.9	59.5	0.0	0.0	37.6	62.1	0.3	0.3	36.9	62.4	0.3
总数	46.2	46.0	6.6	1.2	46.5	46.3	6.2	1.0	48.8	44.2	5.7	1.3

（资料来源：根据关东长官官房调查课《昭和五年关东厅国势调查比例篇》表 44 "配偶关系、年龄及国籍别人口比较"整理计算而得。）

由表 5－4－9 可知，朝鲜人从 1920 年到 1925 年，未婚率整体上升，但只有 10－19 岁年龄段在上升，其他年龄段都在下降。有偶率整体上升，除 10－19 岁年龄段和 60 岁以上年龄段在下降外，其他年龄段都在上升。丧偶率整体下降，除 40－44 岁年龄段和 60 岁以上年龄段在上升外，其他年龄段都在下降。离婚率整体下降，15－29 岁年龄段和 35－39 岁年龄段在下降，而 30－35 岁和 40 岁以上年龄段都在上升。从 1925 年到 1930 年，未婚率整体继续上升，除 20－29 岁年龄段、35－39 岁年龄段、45 岁以上年龄段在下降外，其他年龄段都在上升，不过上升幅度不大。有偶率整体开始下降，但只有 10 - 24 岁年龄段和 60 岁以上年龄段在下降，其他年龄段都在上升。丧偶率整体继续下降，除 15 - 19 岁年龄段、35 - 39 岁年龄段和 60 岁以上年龄段有所上升外，其他年龄段都在下降。离婚率整体回升，除 40 - 54 岁年龄段在下降外，其他年龄段都有所上升。由此可知，从 1920 年到 1930 年，朝鲜人未婚率持续上升，但 20 岁以上年龄段未婚率实际在下降。有偶率整体下降，但对于 20 - 59 岁年龄段，有偶率实际在上升，所以有偶率下降也是青年婚龄推迟的体现。但 20 - 24 岁年龄段有偶率在上升，这是与日本人不同的地方，显示了朝鲜人还是比日本人更倾向于早婚。丧偶率整体持续下降，除 40 - 44 岁和 60 岁以上年龄段上升外，其他年龄段都在下降。离婚率整体变化不大，略有上升，只在 15 - 19 岁年龄段和 40 - 44 岁年龄段有所下降。如前所述，随着时间的推移，中国人、日本人、朝鲜人婚龄都在推迟，正如 Irene B. Taeuber 所说，"基本人口变化的早期征兆就是婚龄的提高①"。

第五节　人口的职业状况

一、各地人口职业比例

表 5 - 5 - 1　1930 年关东州和满铁附属地男性人口职业分布（百分比）

	职业	农业	水产业	矿业	工业	商业	交通业	公务、自由业	家事使用人	其他有业者	无业	总数
关东州	旅顺市	2.3	0.9	0.4	17.9	14.6	11.3	16.3	1.5	5.8	29.1	100.0
	旅顺村落	42.2	5.5	0.1	4.1	2.2	1.6	0.7	0.1	1.8	41.7	100.0
	大连市	0.8	0.5	0.1	22.1	24.5	15.5	7.1	1.4	5.6	22.6	100.0
	大连村落	23.2	3.2	2.4	17.7	7.2	8.9	1.2	0.2	4.1	32.0	100.0
	金州	36.2	2.2	0.8	9.0	5.0	1.0	1.1	0.4	4.5	39.9	100.0
	普兰店	45.9	0.6	0.2	5.5	3.9	1.5	0.9	0.2	2.9	38.4	100.0
	貔子窝	36.4	7.0	0.2	5.1	5.1	3.1	1.2	0.1	1.7	40.0	100.0
	关东州总	22.9	2.4	0.5	13.5	12.1	7.9	3.7	0.7	4.0	32.4	100.0

---

① Irene B. Taeuber, Migrants and cities in Japan, Taiwan, and Northeast China, The Chinese City Between Two Worlds, pp. 359 - 384, Edited by Mark Elvin and G. william Skinner, Stanford: Stanford University Press, 1974.

续表

职业		农业	水产业	矿业	工业	商业	交通业	公务、自由业	家事使用人	其他有业者	无业	总数
铁道附属地	瓦房店	5.8	0.0	0.0	23.3	34.7	7.8	5.5	0.7	1.6	20.5	100.0
	大石桥	6.4	0.0	2.1	15.9	20.6	11.6	19.4	1.0	3.4	19.5	100.0
	营口	2.0	0.0	0.0	11.7	16.0	40.8	6.6	1.7	2.6	18.5	100.0
	鞍山	1.7	0.0	10.8	31.5	12.8	5.0	8.2	0.5	4.2	25.2	100.0
	辽阳	1.9	0.0	15.2	23.1	13.2	7.9	17.6	0.9	2.7	17.6	100.0
	奉天	0.8	0.0	0.1	15.8	32.0	8.2	11.5	2.6	5.0	23.8	100.0
	本溪湖	0.5	0.0	3.5	23.2	16.7	7.8	20.4	1.9	6.5	19.5	100.0
	安东	1.1	0.2	0.2	20.9	25.4	13.1	4.1	0.8	6.5	27.7	100.0
	抚顺	1.8	0.0	33.0	21.9	9.5	5.9	3.0	0.4	8.2	16.1	100.0
	铁岭	3.9	0.0	1.0	15.6	29.7	11.9	11.0	1.3	2.8	23.0	100.0
	开原	3.0	0.0	0.0	12.7	41.8	7.9	9.0	1.1	8.0	16.5	100.0
	四平街	3.4	0.0	0.1	21.7	31.9	11.5	7.1	1.0	5.4	17.7	100.0
	公主岭	2.8	0.0	0.0	18.2	34.7	8.5	11.8	0.4	7.1	16.1	100.0
	长春	1.4	0.0	0.7	17.4	33.0	12.2	12.2	1.6	4.9	16.7	100.0
	满铁地总	2.0	0.0	9.2	19.9	24.0	9.6	8.1	1.1	6.0	20.1	100.0

（资料来源：根据关东长官官房调查课《昭和五年关东厅国势调查比例篇》表54"职业及男女别人口"整理计算而得。）

由表5-5-1可知，关东州的男性无业比例高达32.4%，满铁附属地的这一数字也有20.1%，这是因为职业统计的对象是全体人口，包括未成年人在内，关东州的未成年人比例更高，年龄结构更加偏轻，所以无业率更高。在关东州内部，男性无业率最低的是大连市（22.6%）和旅顺市（29.1%）。关东州男性最主要的职业是农业（22.9%），其次是工业（13.5%）、商业（12.1%）和交通业（7.9%）。满铁附属地男性最主要的职业是商业（24%）和工业（19.9%），其次是交通业（9.6%）、矿业（9.2%）和公务及自由职业（8.1%）。在关东州内部，大连市最主要的职业是商业（24.5%）、工业（22.5%）和交通业（15.5%），旅顺市最主要的职业是工业（17.9%）、公务及自由职业（16.3%）、商业（14.6%）和交通业（11.3%），其他地区都是以农业为主，只有大连村落的工业、商业和交通业占有相当比例。在满铁附属地内部，各地最主要的职业大都是商业和工业，只有营口是交通业（40.8%），抚顺是矿业（33%）。前者与其港口地位有关，后者则主要是抚顺煤矿的缘故。此外，商业在开原占有特殊重要的地位，比例高达41.8%，远远超过满铁附属地其他地区①。

表5－5－2 1930年关东州和满铁附属地女性人口职业分布（百分比）

	职业	农业	水产业	矿业	工业	商业	交通业	公务、自由业	家事使用人	其他有业者	无业	总数
关东州	旅顺市	0.4	0.0	0.0	2.0	5.4	0.3	2.1	1.3	0.3	88.2	100.0
	旅顺村落	11.1	0.6	0.0	0.0	0.1	0.0	0.0	0.0	0.0	88.1	100.0
	大连市	0.2	0.0	0.0	1.3	6.9	0.2	2.3	1.8	0.3	86.9	100.0
	大连村落	1.1	0.0	0.0	0.7	0.4	0.0	0.1	0.1	0.0	97.5	100.0
	金州	0.3	0.0	0.0	0.0	0.2	0.0	0.1	0.0	0.0	98.5	100.0
	普兰店	4.3	0.0	0.0	0.0	0.2	0.0	0.1	0.0	0.0	95.3	100.0
	貔子窝	0.4	0.0	0.0	0.0	0.0	0.0	0.0	0.0	0.0	99.2	100.0
	关东州总	2.4	0.1	0.0	0.6	2.0	0.1	0.7	0.5	0.1	93.5	100.0
满铁附属地	瓦房店	0.6	0.0	0.0	0.0	7.2	0.3	1.0	0.5	0.0	89.7	100.0
	大石桥	0.3	0.0	0.0	0.5	4.9	0.5	1.1	0.8	0.1	91.8	100.0
	营口	0.3	0.0	0.0	1.3	10.1	1.8	2.6	1.3	0.1	82.6	100.0
	鞍山	1.1	0.0	0.0	0.8	6.1	0.4	2.1	0.8	0.1	88.6	100.0
	辽阳	0.2	0.0	0.0	1.9	7.1	1.9	1.9	1.2	0.1	86.7	100.0
	奉天	0.4	0.0	0.0	1.4	10.3	0.9	2.8	2.5	0.1	81.6	100.0
	本溪湖	0.8	0.0	0.0	1.1	7.9	0.7	1.8	0.6	0.1	86.7	100.0
	安东	0.3	0.0	0.0	2.3	6.1	0.3	1.0	0.9	0.1	88.9	100.0
	抚顺	0.6	0.0	0.0	0.9	5.5	0.1	1.4	0.5	0.0	90.7	100.0
	铁岭	0.2	0.0	0.0	1.3	7.6	0.9	2.2	1.0	0.1	86.7	100.0
	开原	1.1	0.0	0.0	1.1	10.8	0.9	1.4	1.2	0.0	83.5	100.0
	四平街	0.4	0.0	0.0	0.4	7.5	0.7	1.1	1.5	0.1	88.3	100.0
	公主岭	0.2	0.0	0.0	0.6	8.7	0.6	1.1	0.9	0.1	87.6	100.0
	长春	0.2	0.0	0.0	0.8	12.1	0.8	1.5	1.2	0.1	83.2	100.0
	满铁地总	0.5	0.0	0.0	1.3	7.8	0.5	1.6	1.1	0.1	87.1	100.0

（资料来源：根据关东长官官房调查课《昭和五年关东厅国势调查比例篇》表54"职业及男女别人口"整理计算而得。）

由表5－5－2可知，满铁附属地女性无业率高达87.1%，而关东州更高，

————————

① 开原女性人口从事商业的比例也非常之高，仅次于长春，详见下文。

达 93.5%，在关东州内部，女性无业率最低的也是大连市（86.9%）和旅顺市（88.2%）。关东州女性最主要的职业是农业（2.4%），其次是商业（2%），满铁附属地女性主要的职业是商业（7.8%）。在关东州内部，从事农业的比例以旅顺村落（11.1%）和普兰店（4.3%）为最高，从事商业的比例以大连市（6.9%）和旅顺市（5.4%）为最高。在满铁附属地内部，从事商业的比例以长春（12.1%）、开原（10.8%）、奉天（10.3%）和营口（10.1%）为最高。由此可见，女性总体上以无业（或从事家事）为主，不过满铁附属地和关东州的旅顺大连市区等城市化水平较高的地区，女性无业率要低一些，这些地区的女性最重要的职业是商业，而在关东州的农村地区，女性最重要的职业是农业。

二、各民族职业结构

表 5 - 5 - 3　1930 年关东州和满铁附属地各民族职业分布（百分比）

职业	关东州			满铁附属地		
	日本人	朝鲜人	中国人	日本人	朝鲜人	中国人
农业	0.6	4.0	16.2	0.6	5.2	1.7
水产业	0.3	8.9	1.5	0.0	0.2	0.0
矿业	0.0	0.0	0.3	0.9	0.2	9.2
工业	8.3	11.4	8.0	8.0	8.3	17.2
商业	11.2	25.6	7.3	9.8	13.8	23.3
交通业	5.1	8.3	4.5	7.0	4.8	6.8
公务、自由业	12.6	2.1	1.0	15.2	1.8	2.4
家事使用人	1.1	1.3	0.5	0.6	1.2	1.3
其他有业者	1.0	0.9	2.6	0.6	2.9	5.8
无业	59.8	37.7	58.0	57.3	61.8	32.3
总数	100.0	100.0	100.0	100.0	100.0	100.0

（资料来源：根据关东长官官房调查课《昭和五年关东厅国势调查比例篇》表 57 "职业及国籍别人口"整理计算而得。）

由表 5 - 5 - 3 可知，在关东州，无业率最高的是日本人（59.8%），其次是中国人（58%），朝鲜人最低（37.7%）。而在满铁附属地，无业率最高的是朝鲜人（61.8%），其次是日本人（57.3%），中国人最低（32.3%）。在关东州，日本人主要从事公务与自由职业（12.6%）和商业（11.2%），其次是工业（8.3%）和交通业（5.1%）。朝鲜人主要从事商业（25.6%），其次是工业（11.4%）和交通业（8.3%）。中国人主要从事农业（16.2%），其次是工业（8%）和商业（7.3%）。在满铁附属地，日本人主要从事公务与自由职业（15.2%），其次是商业（9.8%）、工业（8%）和交通业（7%）。朝鲜人主要从事商业（13.8%），其次是农业（5.2%）和交通业（4.8%）。中国人主要从事商业（23.3%）和工业（17.2%），其次是矿业（9.2%）、交通业（6.8%）和其他（5.8%，主要是杂役）。在关东州和满铁附属地之间作比较，日本人职业结构几乎没有什么区别，朝鲜人职业结构只有较小的区别（满铁附属地无业率远大于关东州），中国人职业结构则有很大的区别。对于中国人来说，关东州无业率远大于满铁附属地，从事农业比例远大于满铁附属地，而从事商业、工业和矿业的比例则远小于满铁附属地，这表明两者之间的差别是典型的城乡差别。这也反映了这一时期该地区的日本人和朝鲜人移民主要分布在城市区域这一事实。日本人与朝鲜人中国人职业结构最大的差别就是从事公务与自由职业的比例很高，这也反映了关东州和满铁附属地的殖民地性质。

三、职业与阶级状况

表5-5-4　1930年关东州和满铁附属地各行业阶级构成（百分比）

职业	关东州					满铁附属地				
	总数	雇主	自雇	雇工	雇工雇主比	总数	雇主	自雇	雇工	雇工雇主比
农业	100.0	25.4	11.9	62.7	2.5	100.0	22.2	18.9	58.8	2.6
水产业	100.0	19.5	20.6	59.9	3.1	100.0	30.2	19.8	50.0	1.7
矿业	100.0	2.3	3.2	94.5	40.8	100.0	0.1	0.0	99.9	873.0
工业	100.0	7.0	8.7	84.4	12.1	100.0	7.3	6.4	86.3	11.9
商业	100.0	13.2	23.5	63.4	4.8	100.0	14.5	12.3	73.2	5.0
交通业	100.0	3.6	9.8	86.6	24.0	100.0	2.6	11.9	85.6	33.5
公务、自由业	100.0	1.2	4.9	93.9	77.7	100.0	0.5	3.2	96.3	182.5
家事使用人	100.0	0.0	0.0	100.0	–	100.0	0.0	0.0	100.0	–
其他有业者	100.0	0.2	2.2	97.6	417.8	100.0	0.1	1.4	98.5	951.6
总数	100.0	13.6	12.3	74.1	5.4	100.0	7.4	7.8	84.9	11.5

（资料来源：根据关东长官官房调查课《昭和五年关东厅国势调查比例篇》表59"职

业及产业上ノ地位别有业者"整理计算而得。)

由表5-5-4可知，在关东州，自雇比例最高的行业是商业（23.5%）和水产业（20.6%），其次是农业（11.9%）和交通业（9.8%）。相应地，其余行业发生雇佣关系比例最高，有家事使用人（100%）、其他（97.8%，主要是杂役，下同）、矿业（96.8%）和公务与自由职业（95.1%）。每个雇主对应的雇工数，以其他（417.8）为最高，其次是公务与自由职业（77.7）、矿业（40.8）和交通业（24），而以农业（2.5）、水产业（3.1）和商业（4.8）为最低。在满铁附属地，自雇比例最高的行业是水产业（19.8%）和农业（18.9%），其次是商业（12.3%）和交通业（11.9%）。发生雇佣关系比例最高的行业是，家事使用人（100%）、矿业（100%）、其他（98.6%）、公务与自由职业（96.8%）和工业（93.6%）。每个雇主对应的雇工数，以其他（951.6）为最高，其次是矿业（873）、公务与自由职业（182.5），而以水产业（1.7）、农业（2.6）和商业（5）为最低。在关东州和满铁附属地间作一比较，可以发现，关东州的整体自雇比例要高于满铁附属地，只有农业和交通业是例外。前者是因为满铁附属地的农业规模通常很小，自耕农较多；后者是因为关东州的交通业中船运业比例较高，而船运业中小规模个体经营比例很低。关东州每个雇主对应的雇工数小于满铁附属地，但这一差别主要是由某些行业雇工雇主比的差别悬殊造成的，如矿业、其他、公务与自由职业等，而在农业、水产业、工业、商业、交通业等方面，两者差别并不明显。再将各行业的自雇比例与雇工雇主比这两列数字作一相关分析，关东州的相关系数是 -0.54，满铁附属地的相关系数是 -0.75。满铁附属地的自雇比例与雇工雇主比呈强负相关，关东州呈较强负相关。也就是说，自雇比例高个体经营多的行业，平均每个雇主雇佣的雇工少，而个体经营少的行业，平均每个雇主雇佣的雇工多，两个指标从不同角度反映了某一行业经营的集中程度。关东州之所以负相关不如满铁附属地强，主要原因有：关东州农村自耕农比例少于满铁附属地，而两地农业平均雇工又差不多；个体经营比较少的行业，如矿业、公务与自由职业、其他行业，关东州这些行业的经营规模偏小，也就是说，每一雇主雇佣的人数远不如满铁附属地。由此可知，满铁附属地较之关东州，个体经营更少，雇佣经营更多，每个雇主雇工更多，经营规模更大，这也是城乡差别的又一体现。

表 5 - 5 - 5　1930 年关东州和满铁附属地各阶级职业分布（百分比）

职业	关东州				满铁附属地			
	总数	雇主	单独	使用人	总数	雇主	单独	使用人
农业	34.1	63.6	32.9	28.8	2.6	7.8	6.3	1.8
水产业	3.4	4.8	5.6	2.7	0.0	0.2	0.1	0.0
矿业	0.7	0.1	0.2	0.9	10.7	0.2	0.0	12.6
工业	19.3	9.9	13.6	22.0	23.9	23.6	19.8	24.3
商业	18.7	18.1	35.6	16.0	32.1	63.4	50.8	27.7
交通业	10.9	2.9	8.7	12.8	11.4	4.0	17.5	11.5
公务、自由业	5.9	0.5	2.3	7.4	10.7	0.7	4.2	11.7
家事使用人	1.5	0.0	0.0	2.0	1.9	0.0	0.0	2.2
其他有业者	5.7	0.1	1.0	7.5	7.0	0.1	1.2	8.2
总数	100.0	100.0	100.0	100.0	100.0	100.0	100.0	100.0

（资料来源：根据关东长官官房调查课《昭和五年关东厅国势调查比例篇》表 59 "职业及产业上ノ地位别有业者"整理计算而得。）

再看表 5 - 5 - 5，在关东州，与全体人口的职业结构相比较，雇主这一阶级大量集中在农业，比例达 63.6%，远超过农业人口相应的比例。自雇者这一阶级大量集中在商业，比例达 35.6%，远超过商业人口相应的比例。而矿业、工业、交通业、公务与自由职业、其他行业的雇主和自雇者比例远小于这些职业相应的人口比例。在满铁附属地，雇主和自雇者在商业和农业中的比例远高于商业和农业人口相应的比例，矿业、公务与自由职业、其他行业的雇主和自雇者比例远小于这些职业相应的人口比例。关东州和满铁附属地的情况大体一致，如果雇主大量集中在某一行业，说明这一行业经营规模小，如果自雇者大量集中在某一行业，说明这一行业雇佣关系不发达。农业和商业就是这种情况，这些行业往往经营规模小，同时雇佣关系也不发达。

四、职业与年龄状况

表5-5-6　1930年关东州和满铁附属地男性人口分年龄段职业分布（百分比）

	年龄段	农业	水产业	矿业	工业	商业	交通业	公务、自由业	家事使用人	其他有业者	无业	总数
关东州	0—14	2.5	0.1	0.0	1.0	0.8	0.1	0.0	0.4	0.3	94.8	100.0
	15—19	27.0	2.3	0.3	20.2	17.4	6.5	2.1	2.5	4.7	17.0	100.0
	20—24	27.0	3.1	0.8	22.7	17.1	12.9	7.0	0.7	5.2	3.4	100.0
	25—29	25.7	3.2	1.0	22.9	17.6	15.2	6.4	0.5	5.8	1.8	100.0
	30—34	28.2	3.6	0.9	20.3	17.5	14.6	6.8	0.5	6.2	1.6	100.0
	35—39	27.9	3.7	1.0	19.8	18.2	14.4	6.7	0.3	6.6	1.5	100.0
	40—44	32.6	3.9	0.8	17.7	18.1	12.3	6.0	0.3	6.5	1.8	100.0
	45—49	36.9	4.2	0.7	15.8	17.9	9.8	5.1	0.2	6.8	2.6	100.0
	50—54	43.8	4.0	0.5	13.2	16.4	6.9	4.4	0.2	6.4	3.9	100.0
	55—59	51.2	3.9	0.3	9.1	14.9	4.7	3.5	0.3	5.3	6.7	100.0
	60 及以上	56.1	3.1	0.1	3.9	7.1	1.6	1.6	0.2	3.0	23.3	100.0
	关东州总	22.9	2.4	0.5	13.5	12.1	7.9	3.7	0.7	4.0	32.4	100.0
满铁附属地	0—14	0.2	0.0	0.1	2.2	2.8	0.2	0.1	0.7	0.7	93.2	100.0
	15—19	1.7	0.0	4.2	24.5	35.1	7.3	3.3	3.2	5.1	15.6	100.0
	20—24	1.5	0.0	11.6	22.7	22.1	10.2	21.7	1.1	6.0	3.1	100.0
	25—29	1.8	0.0	15.8	25.8	24.3	14.3	8.1	0.9	7.2	1.7	100.0
	30—34	2.3	0.0	14.9	24.7	25.3	14.3	8.2	0.8	7.6	1.4	100.0
	35—39	2.6	0.1	14.6	23.9	27.0	13.8	7.6	0.7	8.4	1.5	100.0
	40—44	3.1	0.1	10.6	23.8	31.9	12.1	7.2	0.7	8.4	2.2	100.0
	45—49	3.5	0.1	6.9	22.3	37.1	10.8	6.5	0.8	8.5	3.7	100.0
	50—54	4.8	0.1	3.6	20.4	41.2	7.9	5.7	0.8	8.7	6.8	100.0
	55—59	5.8	0.0	2.0	15.3	43.9	6.2	5.1	0.9	8.4	12.5	100.0
	60 及以上	5.9	0.0	0.7	10.2	31.8	3.2	4.4	1.0	6.3	36.6	100.0
	满铁地总	2.0	0.0	9.2	19.9	24.0	9.6	8.1	1.1	6.0	20.1	100.0

（资料来源：根据关东长官官房调查课《昭和五年关东厅国势调查比例篇》表71"职业、年龄及男女别人口"整理计算而得。）

由表5-5-6可知，在关东州的男性人口中，0-14岁基本上是无业（94.8%），在其它年龄段，农业都是最主要的职业，并且随着年龄的增长，农业比例越来越高。在15-39岁年龄段，工业是仅次于农业的职业，然后是才商业。但在 40－59 岁年龄段，情况正好相反，商业是第二位的职业，工业排在第三。在 60 岁以上年龄段，无业又占了相当比例（23.3%）。在满铁附属地的男性人口中，0－14 岁仍是以无业为主（93.2%），不过较之关东州比例略有下降。在 15－19 岁年龄段，商业居第一，工业次之。在 20－29 岁年龄段，工业居第一，商业次之。在 30－59 岁年龄段，又是商业居第一，工业次之，并且随着年龄的增长，商业和工业比例的差距在增大，商业的优势越来越明显。在 60 岁以上人口中，无业最多（36.6%），其次是商业（31.8%）。另外，在 25－39 岁年龄段，矿业是居第三位的职业。由此可知，在 30 岁以后，随着年龄的增长，越来越多的人从其他行业（尤其是矿业、工业和交通业）中撤出，转向农业和商业。

表 5－5－7　1930 年关东州和满铁附属地女性人口分年龄段职业分布（百分比）

	年龄段	农业	水产业	工业	商业	交通业	公务、自由业	家事使用人	其他有业者	无业	总数
关东州	0—14	0.1	0.0	0.2	0.1	0.0	0.0	0.2	0.0	99.3	100.0
	15—19	2.7	0.1	1.5	4.7	0.3	1.9	1.8	0.2	86.9	100.0
	20—24	3.9	0.1	0.6	4.8	0.2	1.7	0.8	0.1	87.9	100.0
	25—29	3.7	0.1	0.7	3.4	0.1	0.9	0.4	0.1	90.6	100.0
	30—34	4.1	0.2	0.9	2.7	0.1	0.8	0.3	0.2	90.7	100.0
	35—39	4.5	0.2	1.0	2.9	0.0	0.8	0.5	0.2	89.9	100.0
	40—44	5.3	0.2	1.0	3.0	0.1	0.6	0.6	0.2	88.9	100.0
	45—49	5.3	0.2	1.0	2.9	0.0	1.0	0.7	0.2	88.7	100.0
	50—54	5.2	0.2	0.6	2.2	0.0	0.6	0.3	0.2	89.7	100.0
	55—59	3.9	0.1	0.4	1.8	0.0	0.6	0.7	0.2	92.2	100.0
	60 及以上	2.7	0.0	0.2	0.6	0.0	0.2	0.3	0.1	95.9	100.0
	关东州总	2.4	0.1	0.6	2.0	0.1	0.7	0.5	0.1	93.5	100.0
满铁附属地	0—14	0.0	0.0	0.3	0.5	0.0	0.0	0.4	0.0	98.6	100.0
	15—19	0.4	0.0	2.0	22.1	3.4	3.8	3.1	0.3	64.9	100.0
	20—24	0.6	0.0	1.5	16.3	1.1	3.2	1.1	0.1	76.2	100.0
	25—29	0.5	0.0	1.6	8.4	0.1	1.5	0.7	0.1	87.1	100.0
	30—34	0.7	0.0	1.9	7.2	0.1	1.5	1.0	0.2	87.4	100.0
	35—39	1.1	0.0	2.3	8.4	0.1	2.0	1.0	0.2	84.9	100.0
	40—44	1.0	0.0	2.5	9.1	0.2	2.1	1.3	0.1	83.7	100.0

	年龄段	农业	水产业	工业	商业	交通业	公务、自由业	家事使用人	其他有业者	无业	总数
满铁附属地	45—49	1.1	0.0	2.3	10.0	0.0	2.1	2.5	0.3	81.7	100.0
	50—54	1.0	0.0	1.7	9.1	0.1	2.6	2.2	0.2	83.0	100.0
	55—59	0.9	0.0	1.6	8.1	0.1	2.3	2.4	0.2	84.4	100.0
	60 及以上	0.5	0.0	0.6	2.6	0.0	0.9	1.5	0.1	93.8	100.0
	满铁地总	0.5	0.0	1.3	7.8	0.5	1.6	1.1	0.1	87.1	100.0

（资料来源：根据关东长官官房调查课《昭和五年关东厅国势调查比例篇》表71"职业、年龄及男女别人口"整理计算而得。）

由表5-5-7可知，在关东州的女性人口中，各个年龄段都是以无业为主。在15-24岁年龄段，占首位的职业是商业。在25岁以上年龄段，占首位的是农业。在满铁附属地的女性人口中，各年龄段占首位的职业都是商业。

表5-5-8　1930年关东州和满铁附属地各行业男性人口年龄结构（百分比）

	年龄段	农业	水产业	矿业	工业	商业	交通业	公务、自由业	家事使用人	其他有业者	无业	总数
关东州	0—14	3.2	1.7	0.2	2.2	1.9	0.4	0.3	20.1	1.9	87.1	29.8
	15—19	13.0	10.7	6.0	16.5	15.9	9.1	6.3	42.4	12.8	5.8	11.0
	20—24	14.0	15.4	18.3	19.9	16.9	19.5	22.4	12.7	15.4	1.2	11.9
	25—29	12.1	14.4	22.5	18.3	15.8	21.0	18.4	8.3	15.6	0.6	10.8
	30—34	10.7	13.2	15.6	13.0	12.6	16.1	15.8	4.5	13.2	0.4	8.7
	35—39	8.7	11.0	14.0	10.4	10.8	13.1	12.7	3.3	11.6	0.3	7.1
	40—44	8.4	9.7	9.7	7.7	8.9	9.2	9.5	2.9	9.6	0.3	5.9
	45—49	8.0	8.7	7.3	5.8	7.3	6.2	6.7	1.8	8.4	0.4	4.9
	50—54	6.7	6.2	3.8	3.4	4.7	3.1	4.1	1.6	5.5	0.4	3.5
	55—59	5.3	3.9	1.7	1.6	2.9	1.4	2.2	1.0	3.1	0.5	2.4
	60 及以上	9.9	5.2	0.9	1.2	2.4	0.8	1.7	1.2	3.0	2.9	4.0
	关东州总	100.0	100.0	100.0	100.0	100.0	100.0	100.0	100.0	100.0	100.0	100.0
满铁附属地	0—14	1.6	0.0	0.1	1.9	2.0	0.4	0.2	11.4	1.2	79.2	17.1
	15—19	9.3	9.3	5.2	13.9	16.5	8.7	4.6	32.6	9.6	8.7	11.3
	20—24	13.2	9.3	21.6	19.5	15.7	18.1	45.4	16.3	17.1	2.6	17.0
	25—29	13.5	16.3	25.1	19.0	14.9	22.0	14.6	12.1	17.6	1.3	14.7
	30—34	13.2	14.0	18.7	14.4	12.2	17.7	11.7	8.6	14.8	0.8	11.5

续表

年龄段		农业	水产业	矿业	工业	商业	交通业	公务、自由业	家事使用人	其他有业者	无业	总数
满铁附属地	35—39	12.8	15.1	15.6	11.8	11.1	14.2	9.1	6.0	13.9	0.7	9.8
	40—44	10.8	12.8	8.1	8.4	9.3	8.9	6.2	4.7	9.9	0.8	7.0
	45—49	9.2	9.3	4.0	6.0	8.2	6.0	4.2	3.7	7.6	1.0	5.3
	50—54	7.1	10.5	1.1	3.0	5.1	2.4	2.1	2.0	4.3	1.0	2.9
	55—59	4.7	2.3	0.4	1.3	3.0	1.1	1.0	1.3	2.3	1.0	1.6
	60 及以上	4.7	1.2	0.1	0.8	2.1	0.5	0.9	1.4	1.7	2.9	1.6
	满铁地总	100.0	100.0	100.0	100.0	100.0	100.0	100.0	100.0	100.0	100.0	100.0

（资料来源：根据关东长官官房调查课《昭和五年关东厅国势调查比例篇》表71"职业、年龄及男女别人口"整理计算而得。）

由表5-5-8可知，在关东州的男性人口中，从事农业、水产业、工业、商业、公务与自由职业者，以20-24岁年龄段所占比例为最高，从事矿业、交通业、其他行业者，以25-29岁年龄段所占比例为最高，从事家事使用人者以15-19岁年龄段所占比例为最高。在满铁附属地的男性人口中，从事农业、水产业、矿业、交通业、其他行业者，以25-29岁年龄段所占比例为最高，从事工业、公务与自由职业者，以20-24岁年龄段所占比例为最高，从事商业和家事使用人者，以15-19岁年龄段所占比例为最高。可见对于30岁以内的青年人来说，矿业和交通业是年龄结构偏高的行业，而家事使用人是年龄结构偏低的行业，其他行业介于两者之间。值得注意的是，20-24岁从事公务与自由职业者的比例，满铁附属地远高于关东州。而19岁以下从事家事使用人的比例，满铁附属地则远低于关东州。

表5-5-9 1930年关东州和满铁附属地各行业女性人口年龄结构（百分比）

年龄段		农业	水产业	工业	商业	交通业	公务、自由业	家事使用人	其他有业者	无业	总数
关东州	0—14	2.0	0.3	12.5	2.1	0.4	2.0	12.9	8.9	41.6	39.2
	15—19	11.1	10.0	24.7	23.2	41.3	28.0	32.6	20.8	9.3	10.0
	20—24	15.5	15.3	9.8	22.8	27.8	24.6	14.2	7.2	9.2	9.8
	25—29	12.7	13.1	10.3	13.8	14.2	10.4	6.1	8.2	8.1	8.3
	30—34	11.8	14.4	10.1	9.2	6.0	8.4	6.4	13.3	6.8	7.0
	35—39	10.6	13.8	9.5	8.3	2.1	7.0	5.8	9.1	5.6	5.8

	年龄段	农业	水产业	工业	商业	交通业	公务、自由业	家事使用人	其他有业者	无业	总数
关东州	40—44	11.0	10.0	8.4	7.4	4.3	6.4	5.7	11.7	4.8	5.1
	45—49	9.2	9.7	7.0	6.0	1.8	6.0	5.5	8.9	4.0	4.2
	50—54	6.8	7.5	4.3	3.4	1.4	4.0	4.9	4.7	3.1	3.2
	55—59	3.7	3.1	1.7	2.1	0.0	1.9	3.0	4.7	2.3	2.3
	60 及以上	5.6	2.8	1.7	1.5	0.7	1.2	2.9	2.6	5.2	5.0
	关东州总	100.0	100.0	100.0	100.0	100.0	100.0	100.0	100.0	100.0	100.0
满铁附属地	0—14	3.2	–	7.1	2.3	2.3	3.4	12.4	11.0	39.7	35.0
	15—19	9.3	–	16.3	29.2	66.0	24.8	28.6	22.6	7.7	10.3
	20—24	14.1	–	13.2	24.0	23.5	23.5	11.1	7.5	10.1	11.5
	25—29	11.9	–	13.0	11.5	2.5	10.2	6.9	7.5	10.7	10.7
	30—34	12.6	–	13.3	8.1	1.1	8.6	7.4	13.0	8.8	8.8
	35—39	16.3	–	12.8	7.6	1.8	8.6	5.9	13.0	6.8	7.0
	40—44	10.9	–	10.2	6.2	1.6	6.8	6.1	7.5	5.1	5.3
	45—49	9.1	–	7.1	5.1	0.3	5.3	8.5	8.9	3.7	4.0
	50—54	5.9	–	3.6	3.1	0.3	4.4	5.2	4.1	2.5	2.7
	55—59	3.5	–	2.2	1.9	0.3	2.7	3.9	2.7	1.8	1.8
	60 及以上	3.2	–	1.3	1.0	0.2	1.6	3.9	2.1	3.1	2.9
	满铁地总	100.0	–	100.0	100.0	100.0	100.0	100.0	100.0	100.0	100.0

（资料来源：根据关东长官官房调查课《昭和五年关东厅国势调查比例篇》表71"职业、年龄及男女别人口"整理计算而得。）

由表5-5-9可知，在关东州的女性人口中，从事工业、商业、交通业、公务与自由职业、家事使用人和其他职业者，以15-19岁年龄段所占比例为最高，从事农业和水产业者，以20-24岁所占比例为最高。在满铁附属地的女性人口中，从事工业、商业、交通业、公务与自由职业、家事使用人和其他职业者，以15-19岁年龄段所占比例为最高，从事农业者以35-39岁所占比例为最高。可见除从事农业和水产业者外，其他行业的女性比例最高的年龄段就是15-19岁，尤其在交通业最为集中。与男性相比，各行业就业女性的年龄分布更为集中，而无业也不再是14岁以下人口的专利，而是各个年龄段都有不少。

五、职业与婚姻状况

表 5 - 5 - 10 1930 年关东州和满铁附属地各婚姻状况人口职业分布（百分比）

职业		男				女			
		总数	未婚	有配偶	丧偶	离婚	总数	未婚	有配偶	丧偶	离婚

	职业	男 总数	男 未婚	男 有配偶	男 丧偶	男 离婚	女 总数	女 未婚	女 有配偶	女 丧偶	女 离婚
关东州	农业	22.9	12.2	35.8	45.4	18.0	2.4	0.4	4.4	3.6	0.2
	水产业	2.4	1.2	3.9	3.9	3.1	0.1	0.0	0.2	0.0	0.0
	矿业	0.5	0.5	0.5	0.3	0.7	0.0	0.0	0.0	0.0	0.0
	工业	13.5	11.4	17.0	10.1	21.6	0.6	0.5	0.6	1.2	8.0
	商业	12.1	8.0	17.9	11.2	21.8	2.0	2.1	1.6	2.6	36.0
	交通业	7.9	6.6	9.8	6.5	9.9	0.1	0.1	0.0	0.1	0.5
	公务、自由业	3.7	2.0	6.4	2.1	10.0	0.7	0.4	0.4	1.1	14.6
	家事使用人	0.7	0.9	0.3	0.3	0.6	0.5	0.7	0.3	1.2	7.4
	其他有业者	4.0	3.0	5.4	5.5	6.7	0.1	0.1	0.1	0.1	0.8
	无业	32.4	54.3	3.0	14.7	7.5	93.5	95.3	92.4	89.9	32.4
	关东州总	100.0	100.0	100.0	100.0	100.0	100.0	100.0	100.0	100.0	100.0
满铁附属地	农业	2.0	1.2	2.9	4.0	1.8	0.5	0.1	0.8	0.7	0.3
	水产业	0.0	0.0	0.0	0.1	0.0	0.0	0.0	0.0	0.0	0.0
	矿业	9.2	11.3	6.8	4.6	9.9	0.0	0.0	0.0	0.0	0.0
	工业	19.9	17.4	23.1	19.2	21.6	1.3	0.6	1.7	3.0	5.5
	商业	24.0	15.0	34.7	33.6	32.1	7.8	9.8	5.5	8.3	33.6
	交通业	9.6	7.5	12.2	9.2	11.8	1.0	1.0	0.1	0.2	0.3
	公务、自由业	8.1	7.3	9.5	4.0	8.7	1.6	2.0	0.8	3.2	15.3
	家事使用人	1.1	1.4	0.7	1.6	1.3	1.1	1.3	0.6	4.0	7.7
	其他有业者	6.0	5.2	6.8	8.9	7.4	0.1	0.1	0.1	0.4	0.9
	无业	20.1	33.7	3.3	14.8	5.5	87.1	85.1	90.4	80.2	36.3
	满铁地总	100.0	100.0	100.0	100.0	100.0	100.0	100.0	100.0	100.0	100.0

（资料来源：根据关东长官官房调查课《昭和五年关东厅国势调查比例篇》表 75 "职业、配偶关系及男女别人口"整理计算而得。）

由表 5 - 5 - 10 可知，在关东州，男性未婚者最多的是无业（54.3%），这与其未成年有关。男性有偶者中，从事农业的最多（35.8%），无业的最低（3%）。男性丧偶者中，也是从事农业的最多（45.4%），其次是无业（14.7%），这与其年长有关。男性离婚者中，从事商业的最多（21.8%）。女性未婚、有偶、丧偶者中都是以无业为主，且比例很高，都在90%以上。而女性离婚者中，从事商业的最多（36%）。在满铁附属地，男性未婚者最多的是无业（33.7%），不过这比关东州的数字低很多。男性有偶者、丧偶者、离婚者中，都是从事商业的最多，这与在满铁附属地商业是从业人员最多的职业有关。女性未婚、有偶、丧偶者中都是以无业为主，比例在80－90%，略低于关东州的水平。女性离婚者最多的是无业（36.3%），不过远低于未婚、有偶、丧偶者的水平，其次从事商业（33.6%）。从事商业者在离婚者中所占比例远超过其在总人口中的比例，说明经商者的离婚率远高于正常水平。女性的情况有所不同，可能是离婚后生计无着才被迫从事商业，离婚女性的无业率远低于未婚、有偶和丧偶者的水平，也说明了这一点。除家事使用人外，各行业在男性有偶者中的比例，都高于其在总人口中的比例，而男性有偶者中无业者的比例，则远远低于总人口中无业者的比例，即使存在无业者中未成年人较多的情况，也充分说明了男性就业对于其婚姻的重要性。关东州男性丧偶者中从事农业的比例，远超过总人口中务农的比例，说明了农业劳动者年龄结构偏老，以及再婚率较低的事实。

表5－5－11　1930年关东州和满铁附属地各行业人口婚姻状况（百分比）

职业		男				女				
		总数	未婚	有配偶	丧偶	离婚	总数	未婚	有配偶	丧偶	离婚
关东州	农业	100.0	30.0	61.3	8.5	0.2	100.0	8.7	80.9	10.3	0.0
	水产业	100.0	28.8	63.8	7.1	0.3	100.0	6.9	89.1	4.1	0.0
	矿业	100.0	60.3	36.4	2.9	0.4	－	－	－	－	－
	工业	100.0	47.3	49.0	3.2	0.4	100.0	40.5	41.8	14.0	3.6
	商业	100.0	37.5	58.0	4.0	0.5	100.0	50.5	36.0	8.8	4.8
	交通业	100.0	47.2	48.9	3.6	0.3	100.0	67.6	23.1	7.1	2.1
	公务、自由业	100.0	29.8	67.1	2.4	0.7	100.0	58.8	24.4	11.1	5.8
	家事使用人	100.0	77.6	20.1	2.0	0.2	100.0	60.8	20.5	15.0	3.7
	其他有业者	100.0	41.5	52.2	5.9	0.4	100.0	33.2	46.3	18.5	2.1
	无业	100.0	94.4	3.6	2.0	0.1	100.0	49.3	43.9	6.7	0.1
	关东州总	100.0	56.3	39.1	4.3	0.3	100.0	48.4	44.4	6.9	0.3
满铁附属地	农业	100.0	32.2	60.8	6.7	0.3	100.0	7.4	83.7	8.5	0.4
	水产业	100.0	39.5	53.5	7.0	0.0	－	－	－	－	－
	矿业	100.0	66.9	31.0	1.7	0.4	100.0	100.0	0.0	0.0	0.0

续表

职业		男				女			
	总数	未婚	有配偶	丧偶	离婚	总数	未婚	有配偶	丧偶	离婚
满铁附属地 工业	100.0	47.3	49.0	3.2	0.4	100.0	21.5	62.7	13.3	2.4
商业	100.0	33.9	60.9	4.7	0.5	100.0	57.7	33.7	6.1	2.4
交通业	100.0	42.8	53.5	3.2	0.5	100.0	91.1	6.6	2.0	0.3
公务、自由业	100.0	48.6	49.3	1.6	0.4	100.0	58.1	24.7	11.6	5.5
家事使用人	100.0	67.0	27.7	4.9	0.4	100.0	51.8	24.0	20.4	3.8
其他有业者	100.0	46.8	47.7	5.0	0.5	100.0	34.2	43.8	17.8	4.1
无业	100.0	90.7	6.8	2.4	0.1	100.0	45.0	49.4	5.3	0.2
满铁地总	100.0	54.2	42.1	3.3	0.4	100.0	46.0	47.6	5.8	0.6

（资料来源：根据关东长官官房调查课《昭和五年关东厅国势调查比例篇》表75"职业、配偶关系及男女别人口"整理计算而得。）

由表5-5-11可知，在关东州，男性未婚率最高的职业是家事使用人（77.6%），其次是矿业（60.3%）。男性有偶率是高的职业是公务与自由职业（67.1%）、水产业（63.8%）和农业（61.3%），其次是商业（58%）和其他行业（52.2%）。男性丧偶率最高的职业是农业（8.5%）和水产业（7.1%）。男性离婚率最高的职业是公务与自由职业（0.7%）。女性未婚率最高的职业是交通业（67.6%）和家事使用人（60.8%），其次是公务与自由职业（58.8%）和商业（50.5%）。女性有偶率最高的职业是水产业（89.1%）和农业（80.9%）。女性丧偶率最高的职业是其他行业（18.5%），其次是家事使用人（15%）和工业（14%）。女性离婚率最高的职业是公务与自由职业（5.8%），其次是商业（4.8%）。在满铁附属地，男性未婚率最高的职业是矿业（66.9%），其次是家事使用人（67%）。男性有偶率最高的职业是商业（60.9%）和农业（60.8%），其次是水产业（53.5%）和交通业（53.5%）。男性丧偶率最高的职业是水产业（7%），其次是农业（6.7%）。女性未婚率最高的职业是交通业（91.1%），其次是公务与自由职业（58.1%）、商业（57.7%）和家事使用人（51.8%）。女性有偶率最高的职业是农业（83.7%），其次是工业（62.7%）和其他行业（43.8%）。女性离婚率最高的职业是公务与自由职业（5.5%），其次是其他行业（4.1%）和家事使用人（3.8%）。对于男性来说，家事使用人的未婚率最高，这与其比较年幼有关。从事矿业者的未婚率也很高，而这与年龄无关，说明矿工是一个结婚较难的群体。从事农业、商业等传统职业的男性，有偶率最高。对于女性来说，除了农业和水产业外，其他职业都保持相当高的未婚率和较低的有偶率。家事使用人、其他行业、工业、公务与自由职业的女性丧偶率最高，说明女性丧偶后为维持生计，多从事此类职业。值得注意的是，除农业和水产业外其他职业的女性，离婚率都远高于男性。

第六节　人口的教育状况

表 5 - 6 - 1　1930 年关东州和满铁附属地日本人教育状况（百分比）

地别	男					女				
	普通教育修了者	普通教育未了者	接受家庭教育者	未受教育者	总数	普通教育修了者	普通教育未了者	接受家庭教育者	未受教育者	总数
旅顺市	95.4	3.7	0.0	0.9	100.0	88.2	4.3	0.1	7.4	100.0
旅顺村落	96.3	0.9	0.0	2.8	100.0	93.8	1.6	0.0	4.7	100.0
大连市	97.4	1.2	0.1	1.4	100.0	87.6	4.5	0.2	7.7	100.0
大连村落	95.0	2.2	0.4	2.4	100.0	85.6	3.6	0.1	10.8	100.0
金州	98.8	0.4	0.4	0.5	100.0	89.8	4.1	0.8	5.3	100.0
普兰店	98.3	1.2	0.0	0.6	100.0	92.7	3.2	0.0	4.1	100.0
貔子窝	97.6	2.2	0.0	0.3	100.0	89.2	3.7	0.0	7.1	100.0
关东州总	97.1	1.6	0.1	1.3	100.0	87.7	4.4	0.2	7.7	100.0
瓦房店	96.6	2.2	0.0	1.0	100.0	86.7	6.3	0.1	6.9	100.0
大石桥	96.2	3.5	0.0	0.3	100.0	90.6	3.3	0.4	5.7	100.0
营口	97.8	0.9	0.1	1.1	100.0	87.5	6.5	0.1	5.9	100.0
鞍山	96.4	2.4	0.6	0.9	100.0	86.4	5.5	1.0	7.2	100.0
辽阳	96.9	2.4	0.0	0.7	100.0	92.2	2.1	0.3	5.4	100.0
奉天	97.5	1.4	0.2	1.0	100.0	88.4	4.1	0.5	7.0	100.0
本溪湖	93.4	5.6	0.0	1.1	100.0	85.8	5.4	0.5	8.3	100.0
抚顺	96.4	1.6	0.4	1.6	100.0	85.1	5.0	0.7	9.2	100.0
安东	97.2	1.4	0.1	1.3	100.0	87.1	4.3	0.6	8.0	100.0
铁岭	96.9	2.4	0.1	0.6	100.0	86.7	6.8	0.2	6.3	100.0
开原	97.2	1.8	0.0	1.0	100.0	87.7	4.1	0.4	7.8	100.0
四平街	97.5	1.8	0.1	0.6	100.0	88.3	4.0	0.3	7.3	100.0

续表

地别	男					女				
	普通教育修了者	普通教育未了者	接受家庭教育者	未受教育者	总数	普通教育修了者	普通教育未了者	接受家庭教育者	未受教育者	总数
公主岭	97.2	2.2	0.0	0.6	100.0	91.3	3.6	0.1	5.0	100.0
长春	96.2	2.9	0.1	0.8	100.0	87.2	4.9	0.5	7.4	100.0
满铁地总	96.8	2.1	0.2	1.0	100.0	87.6	4.6	0.5	7.3	100.0

（资料来源：根据关东长官官房调查课《昭和五年关东厅国势调查比例篇》表57"普通教育ノ有无、国籍及男女别人口"整理计算而得。）

由表5－6－1可知，在关东州，日本人男性修完普通教育者达97.1%，普通教育未完者1.6%，文盲率只有1.3%，女性修完普通教育者达87.7%，普通教育未完者4.4%，文盲率7.7%。在满铁附属地，日本人男性修完普通教育者达96.8%，普通教育未完者2.1%，文盲率只有1%，女性修完普通教育者达87.6%，普通教育未完者4.6%，文盲率7.3%。在关东州和满铁附属地之间，以及两者内部没有显著的地域差别。总之，日本人男性文盲率在1%左右，女性文盲率在7%左右，其受教育程度远远高于朝鲜人和中国人。

表5－6－2　1930年关东州和满铁附属地朝鲜人教育状况（百分比）

地别	男					女				
	普通教育修了者	普通教育未了者	接受书房教育者	接受家庭教育者	未受教育者	普通教育修了者	普通教育未了者	接受书房教育者	接受家庭教育者	未受教育者
旅顺市	38.2	1.9	1.3	26.1	32.5	9.0	4.5	3.0	0.0	83.6
旅顺村落	62.5	0.0	0.0	0.0	37.5	0.0	0.0	0.0	0.0	100.0
大连市	64.0	7.9	0.0	0.4	27.7	12.4	3.7	0.0	1.9	81.9
大连村落	35.7	7.1	0.0	0.0	57.1	3.8	7.7	0.0	0.0	88.5
金州	27.3	4.5	13.6	4.5	50.0	3.3	6.7	0.0	0.0	90.0
普兰店	38.6	2.9	0.0	58.6		3.9	2.0	0.0	0.0	94.1
貔子窝	9.2	3.9	7.9	0.0	78.9	5.0	0.0	0.0	0.0	95.0
关东州总	53.5	6.3	1.0	4.1	35.1	10.6	3.7	0.2	1.4	84.0
瓦房店	44.4	16.7	0.0	0.0	38.9	3.3	6.7	0.0	0.0	90.0
大石桥	32.1	17.9	0.0	7.1	42.9	8.3	8.3	0.0	0.0	83.3

续表

地别	男					女				
	普通教育修了者	普通教育未了者	接受书房教育者	接受家庭教育者	未受教育者	普通教育修了者	普通教育未了者	接受书房教育者	接受家庭教育者	未受教育者
营口	70.5	18.2	0.0	0.0	11.4	17.8	28.9	0.0	0.0	53.3
鞍山	54.1	5.5	0.0	1.8	38.5	5.9	1.0	0.0	0.0	93.1
辽阳	82.4	2.9	0.0	0.0	14.7	15.6	2.2	0.0	0.0	82.2
奉天	70.0	6.2	1.0	1.7	21.0	21.6	2.1	0.0	0.8	75.5
本溪湖	25.7	8.6	0.0	5.7	60.0	10.0	0.0	0.0	15.0	75.0
抚顺	51.2	7.2	1.8	1.3	38.5	10.9	4.0	0.0	0.8	84.4
安东	53.7	8.2	0.0	4.1	34.0	9.6	6.1	0.2	1.6	82.6
铁岭	26.3	64.9	0.0	0.0	8.8	20.0	13.3	0.0	0.0	66.7
开原	44.3	13.9	0.0	3.8	38.0	5.8	4.7	0.0	1.6	88.0
四平街	75.2	8.7	0.0	0.0	16.1	9.7	6.0	0.0	0.0	84.3
公主岭	53.5	11.6	0.0	4.7	30.2	2.9	0.0	0.0	0.0	97.1
长春	65.7	7.7	0.0	1.6	25.0	23.9	5.3	0.0	1.2	69.6
满铁地总	54.2	8.3	1.1	1.8	34.5	11.8	4.6	0.0	0.9	82.7

（资料来源：根据关东长官官房调查课《昭和五年关东厅国势调查比例篇》表57"普通教育ノ有无、国籍及男女别人口"整理计算而得。）

由表5-6-2可知，在关东州，朝鲜人男性修完普通教育者达53.5%，普通教育未完者6.3%，接受家庭教育者4.1%，文盲率35.1%，女性修完普通教育者10.6%，普通教育未完者3.7%，文盲率84%。在满铁附属地，朝鲜人男性修完普通教育者达54.2%，普通教育未完者8.3%，文盲率34.5%，女性修完普通教育者11.8%，普通教育未完者4.6%，文盲率82.7%。由于朝鲜人人口基数较小，因此不在关东州和满铁附属地内部各地之间进行比较。个别地方如铁岭男性普通教育未完者达64.9%，营口女性普通教育未完者达28.9%，很可能是由于到达这些地方的朝鲜人移民人数少，其中有不少学童尚在就学的缘故。朝鲜人的男性文盲率只有35%左右，女性文盲率在80%以上，受教育程度远低于日本人，但却高出中国人不少。

表 5 - 6 - 3　1930 年关东州和满铁附属地中国人教育状况（百分比）

地别	男					女				
	普通教育修了者	普通教育未了者	接受书房教育者	接受家庭教育者	未受教育者	普通教育修了者	普通教育未了者	接受书房教育者	接受家庭教育者	未受教育者
旅顺市	16.0	2.6	25.7	1.8	53.9	6.1	1.5	0.9	0.1	91.5
旅顺村落	14.4	5.0	22.9	0.1	57.6	2.3	1.5	0.2	0.0	96.0
大连市	11.1	3.1	27.3	1.7	56.8	2.2	0.7	1.5	0.2	95.4
大连村落	8.6	2.7	16.2	1.3	71.2	1.6	0.8	0.8	0.1	96.7
金州	13.9	3.4	16.9	0.2	65.7	2.0	0.9	0.4	0.1	96.6
普兰店	16.8	1.8	14.2	0.7	66.5	2.9	0.5	0.3	0.1	96.3
貔子窝	13.0	2.0	16.1	0.1	68.7	1.2	0.5	0.2	0.1	98.4
关东州总	12.6	2.9	20.8	1.0	62.7	2.1	0.8	0.5	0.1	96.5
瓦房店	25.8	16.7	21.1	0.1	36.3	2.1	2.2	0.4	0.1	95.3
大石桥	28.2	8.9	16.7	2.4	43.8	6.1	3.4	0.4	0.4	89.6
营口	21.6	9.5	3.0	4.0	62.0	7.6	8.8	0.0	0.6	83.0
鞍山	20.5	9.5	6.2	2.5	61.3	3.0	2.3	0.4	0.3	94.0
辽阳	25.9	8.5	5.4	0.4	59.8	5.5	2.0	1.4	0.0	91.1
奉天	30.7	4.2	19.1	2.4	43.6	9.3	2.0	3.1	0.3	85.0
本溪湖	29.0	6.1	5.9	1.3	57.7	3.7	1.3	1.3	0.3	93.4
抚顺	13.0	4.2	14.9	1.4	66.5	1.7	0.8	1.0	0.0	96.2
安东	7.5	1.6	12.5	1.4	77.0	1.4	0.4	0.9	0.3	97.0
铁岭	41.8	3.2	12.4	0.1	42.4	5.9	2.2	1.0	0.0	90.9
开原	27.1	5.3	17.3	4.8	45.5	4.6	2.5	0.8	1.0	91.1
四平街	23.9	3.5	15.4	2.9	54.3	4.4	1.0	0.5	0.3	93.8
公主岭	10.5	2.1	33.3	0.5	53.6	2.5	0.4	4.2	0.4	92.6
长春	13.9	3.2	29.5	3.2	50.2	2.7	1.0	3.2	0.8	92.4
满铁地总	17.0	4.2	17.0	2.0	59.8	3.2	1.2	1.5	0.4	93.6

（资料来源：根据关东长官官房调查课《昭和五年关东厅国势调查比例篇》表57 "普通教育ノ有无、国籍及男女别人口"整理计算而得。）

由表 5 - 6 - 3 可知，在关东州，中国人男性修完普通教育者只有 12.6%，普通教育未完者 2.9%，接受书房教育者 20.8%，文盲率高达 62.7%，女性修完普通教育者只有 2.1%，普通教育未完者 0.8%，接受书房教育者 0.5%，文盲率高达 96.5%。在满铁附属地，中国人男性修完普通教育者达 17%，普通教育未完者 4.2%，接受书房教育者 17%，文盲率高达 59.8%，女性修完普通教育者达3.2%，普通教育未完者1.2%，接受书房教育者1.5%，文盲率高达93.6%。由于中国人女性90%以上都是文盲，所以主要讨论男性。修完普通教育者的比例，满铁附属地（17%）高于关东州（12.6%），但接受书房教育者的比例，关东州（20.8%）高于满铁附属地（17%），文盲率关东州（62.7%）略高于满铁附属地（59.8%）。在关东州内部，修完普通教育者的比例没有明显的城乡差别，旅顺大连市区和周边农村地区相差无几。但接受书房教育者的比例就存在明显的城乡差别，大连市（27.3%）和旅顺市（25.7%）最高，明显高于周边地区15%左右的水平。这样导致文盲率也存在较明显的城乡差别，旅顺市（53.9%）和大连市（56.8%）最低，周边地区除旅顺村落外，都在65%以上。中国人男性文盲率在60%左右，女性文盲率在95%左右，平均受教育程度最低，而且其中相接受旧式私塾教育的比例超过接受新式普通教育的比例。总的来说，满铁附属地人口文盲率低于关东州，而关东州内部又以旅顺市和大连市为最低。在关东州内部，旧式私塾教育的分布存在明显的城乡差别，而新式普通教育则没有这种差别。

第七节　人口的籍贯分布

一、日本人籍贯分布①

表5-7-1　1930年关东州和满铁附属地日本人籍贯分布（百分比）

本籍		关东州		满铁附属地		本籍		关东州		满铁附属地	
		男	女	男	女			男	女	男	女
北海道	北海道	0.8	0.8	0.6	0.6	近畿地区	三重县	1.4	1.1	3.0	1.1
东北地区	青森县	0.5	0.4	0.9	0.6		滋贺县	2.2	1.3	1.3	1.1
	岩手县	0.6	0.6	0.9	0.6		京都府	2.5	1.4	2.7	1.1
	宫城县	1.5	1.4	1.7	1.6		大阪府	2.6	2.9	1.5	1.9
	秋田县	0.9	0.9	1.2	0.9		兵库县	2.9	3.0	1.8	2.2
	山形县	1.2	1.1	1.4	1.1		奈良县	0.6	0.5	2.1	0.5
	福岛县	1.4	1.3	2.2	1.9		和歌山县	0.9	1.0	0.8	0.8
	合计	6.0	5.7	8.3	6.8		合计	13.0	11.1	13.1	8.6

---

①　本节中的"日本人"，除日本本国人外，还包括当时拥有"日本国籍"的我国台湾、朝鲜、及库页岛南部居民等。

续表

本籍		关东州		满铁附属地		本籍		关东州		满铁附属地	
		男	女	男	女			男	女	男	女
关东地区	茨城县	1.2	1.1	1.4	1.2	中国地区	鸟取县	1.1	1.2	0.9	0.9
	栃木县	0.7	0.6	1.0	0.7		岛根县	1.7	1.8	1.5	1.7
	群马县	0.7	0.7	0.9	0.6		冈山县	2.3	2.3	1.9	2.0
	埼玉县	0.7	0.7	0.8	0.6		广岛县	5.1	5.5	3.6	4.0
	千叶县	0.8	0.8	0.9	0.6		山口县	5.2	5.4	3.2	3.9
	东京府	4.4	4.7	2.6	2.4		合计	15.5	16.2	11.0	12.4
	神奈川县	1.2	1.3	0.9	0.8	四国地区	德岛县	0.9	1.0	0.7	0.8
	合计	9.7	9.9	8.5	7.0		香川县	1.5	1.5	1.4	1.6
中部地区	新潟县	1.9	1.9	2.1	1.7		爱媛县	2.8	3.0	2.0	2.4
	富山县	1.2	1.1	0.9	1.0		高知县	0.9	0.9	0.6	0.6
	石川县	1.3	1.3	1.2	1.3		合计	6.0	6.4	4.6	5.4
	福井县	0.9	0.8	0.8	0.8	九州地区	福冈县	6.7	7.1	6.6	7.9
	山梨县	0.4	0.4	0.7	0.6		佐贺县	4.4	4.6	3.6	4.2
	长野县	1.8	1.7	2.2	1.8		长崎县	5.9	7.0	4.0	5.6
	岐阜县	1.1	1.1	1.2	1.1		熊本县	5.6	6.1	4.4	5.5
	静冈县	1.8	1.6	1.7	1.7		大分县	4.0	4.0	2.9	3.3
	爱知县	2.2	2.2	1.8	1.8		宫崎县	1.2	1.1	1.1	1.1
	合计	12.7	12.2	12.6	11.8		鹿儿岛县	6.2	5.9	6.0	6.3
其它	朝鲜	2.1	1.7	12.6	13.4		冲绳县	0.1	0.1	0.1	0.1
	台湾	0.0	0.0	0.0	0.0		合计	34.1	35.9	28.6	33.9
	桦太	0.0	0.0	0.0	0.0		总数	100.0	100.0	100.0	100.0

（资料来源：根据关东长官官房调查课《昭和五年关东厅国势调查比例篇》表46"本籍、民籍及男女别日本人"整理计算而得。）

由表5-7-1可知，在关东州，日本人男性籍贯比例从高到低依次是九州地区（34.1%），中国四国地区（21.5%），近畿地区（13%），中部地区（12.7%），关东地区（9.7%），东北地区（6%）。女性籍贯比例从高到低依次是九州地区（35.9%），中国四国地区（22.6%），近畿地区（11.1%），中部地区（12.2%），关东地区（9.9%），东北地区（5.7%）。在满铁附属地，男性籍贯比例从高到低依次是九州地区（28.6%），中国四国地区（15.6%），近畿地区（13.1%），中部地区（12.6%），朝鲜（12.6%），关东地区

（8.5%），东北地区（8.3%）。女性籍贯比例从高到低依次是九州地区（33.9%），中国四国地区（17.8%），朝鲜（13.4%），中部地区（11.8%），近畿地区（8.6%），关东地区（7%），东北地区（6.8%）。总之，关东州和满铁附属地日本人籍贯比例从西南到东北递减：最多的是九州地区和中国四国地区，其次是近畿地区和中部地区，再次是关东地区和东北地区，北海道最少。朝鲜人在满铁附属地占有相当大的比例（10%以上），而在关东州则微不足道，这是两者在移民籍贯方面的重大差别。如图5-2所示。

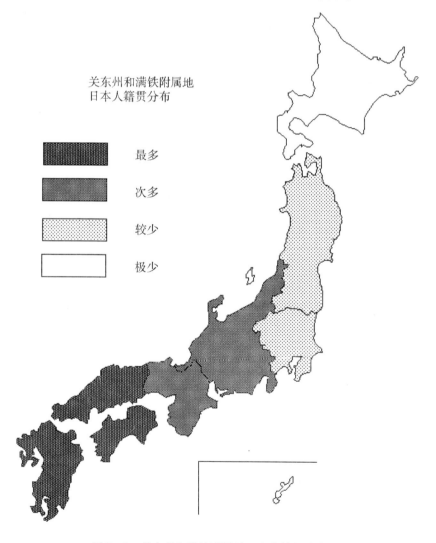

图5-2　关东州和满铁附属地日本人籍贯分布图

表 5 - 7 - 2　各籍贯地日本人的去向（百分比）

地方别	男			女		
	关东州	满铁地	合计	关东州	满铁地	合计
北海道	53.8	46.2	100.0	57.6	42.4	100.0
东北地区	40.4	59.6	100.0	46.5	53.5	100.0
关东地区	51.6	48.4	100.0	59.2	40.8	100.0
中部地区	48.3	51.7	100.0	51.7	48.3	100.0
近畿地区	47.9	52.1	100.0	57.2	42.8	100.0
中国地区	56.6	43.4	100.0	57.6	42.4	100.0
四国地区	54.6	45.4	100.0	54.9	45.1	100.0
九州地区	52.5	47.5	100.0	52.4	47.6	100.0
朝鲜	13.4	86.6	100.0	11.8	88.2	100.0
全体	48.1	51.9	100.0	50.9	49.1	100.0

（资料来源：根据表 5 - 7 - 1 计算而得。）

由表 5 - 7 - 2 可知，朝鲜人主要去往满铁附属地，去往关东州的极少。北海道、关东地区、九州地区和中国四国地区的日本人去往关东州的居多。东北地区的日本人去往满铁附属地的居多。中部地区和近畿地区的情况比较特殊：男性去往满铁附属地的居多，女性去往关东州的居多。整体而言，也是男性去往满铁附属地的居多，女性去往关东州的居多。

表 5 - 7 - 3　1920 年到 1930 年关东州和满铁附属地日本人籍贯分布之变化（百分比）

籍贯	关东州			满铁附属地			籍贯	关东州			满铁附属地		
	1920	1925	1930	1920	1925	1930		1920	1925	1930	1920	1925	1930
北海道	0.9	0.8	0.8	0.8	0.8	0.6	三重县	1.3	1.1	1.3	1.7	1.2	2.2
青森县	0.4	0.4	0.5	0.8	0.7	0.8	滋贺	1.5	1.3	1.7	4.0	1.4	1.2
岩手县	0.5	0.5	0.6	0.8	0.6	0.7	京都府	2.9	1.7	2.0	1.7	1.3	2.0
宫城县	1.1	1.5	1.5	1.6	1.6	1.7	大阪府	3.4	3.2	2.7	2.5	2.1	1.7
秋田县	0.8	0.9	0.9	1.1	1.0	1.0	兵库县	2.9	3.5	2.9	2.5	4.5	2.0
山形县	1.0	1.1	1.1	1.0	1.1	1.3	奈良县	0.6	0.5	0.5	0.8	0.5	1.3
福岛县	1.2	1.4	1.4	2.2	1.9	2.1	和歌山县	1.0	1.0	0.9	1.0	0.9	0.8

续表

籍贯	关东州			满铁附属地			籍贯	关东州			满铁附属地		
	1920	1925	1930	1920	1925	1930		1920	1925	1930	1920	1925	1930
东北地区	5.9	6.6	6.7	8.3	7.6	8.2	近畿地区	13.6	12.3	12.1	14.3	11.8	11.1
茨城县	1.2	1.2	1.2	1.4	1.3	1.3	鸟取县	1.1	1.3	1.1	0.8	1.6	0.9
栃木县	0.7	0.7	0.7	1.0	0.8	0.9	岛根县	2.0	2.2	1.8	1.8	1.7	1.6
群马县	0.6	0.6	0.7	0.8	0.6	0.7	冈山县	2.3	3.0	2.3	1.9	2.2	1.9
埼玉县	0.8	0.7	0.7	0.8	0.7	0.7	广岛县	6.1	5.7	5.3	4.2	4.2	3.7
千叶县	1.0	0.9	0.9	1.0	0.7	0.8	山口县	5.1	5.1	5.4	4.8	4.0	3.5
东京府	5.5	5.0	4.5	3.5	2.9	2.5	中国地区	16.9	17.4	15.8	12.8	13.6	11.6
神奈川县	1.8	1.3	1.2	1.1	0.9	0.9	德岛县	1.1	1.0	0.9	1.0	0.9	0.7
关东地区	11.5	10.4	9.8	9.6	7.9	7.8	香川县	1.8	1.6	1.5	1.5	1.6	1.5
新潟县	1.9	1.9	1.9	2.0	1.6	1.9	爱媛县	4.4	2.9	2.9	2.5	2.5	2.2
富山县	1.2	1.1	1.2	1.2	1.2	1.0	高知县	1.1	1.0	0.9	0.8	0.6	0.6
石川县	1.4	1.5	1.3	1.6	1.5	1.2	四国地区	8.4	6.5	6.2	5.6	5.7	5.0
福井县	0.9	0.9	0.9	1.3	1.4	0.8	福冈县	6.5	6.8	6.9	7.5	7.3	7.2
山梨县	0.5	0.4	0.4	0.7	0.6	0.7	佐贺县	4.0	4.2	4.5	3.8	4.1	3.9
长野县	1.7	1.7	1.8	2.1	1.9	2.0	长崎县	6.1	6.0	6.4	4.6	4.8	4.7
岐阜县	1.2	1.2	1.1	1.2	1.1	1.1	熊本县	5.3	5.5	5.9	4.6	4.8	4.9
静冈县	1.7	1.6	1.7	1.8	2.0	1.7	大分县	3.7	3.8	3.6	3.2	3.1	3.0
爱知县	2.6	2.3	2.2	2.2	2.1	1.8	宫崎县	0.9	1.1	1.2	0.9	1.1	1.1
中部地区	13.0	12.6	12.5	14.0	13.2	12.2	鹿儿岛县	3.4	5.5	6.0	4.7	5.8	6.1
朝鲜	0.7	1.2	1.9	6.0	9.2	13.0	冲绳县	0.1	0.1	0.1	0.1	0.1	0.1
台湾	0.0	0.1	0.0	0.0	0.0	0.0	九州地区	29.9	33.0	35.0	29.3	30.9	31.0
桦太	0.0	0.0	0.0	0.0	0.0	0.0	总数	100.0	100.0	100.0	100.0	100.0	100.0

（资料来源：根据关东长官官房调查课《昭和五年关东厅国势调查比例篇》表48"本籍、民籍别日本人比较"整理计算而得。）

　　由表5－7－3可知，在关东州，从1920年到1925年，北海道籍贯比例从0.9%下降到0.8%，东北地区籍贯比例从5.9%上升到6.6%，关东地区籍贯比例从11.5%下降到10.4%，中部地区籍贯比例从13%下降到12.6%，近畿地区籍贯比例从13.6%下降到12.3%，中国四国地区籍贯比例从25.3%下降到23.9%，九州地区籍贯比例从29.9%上升到33%。从1925年到1930年，北海道籍贯比例保持0.8%不变，东北地区籍贯比例从6.6%上升到6.7%，关东地区籍贯比例从 10.4% 下降到 9.8%，中部地区籍贯比例从 12.6% 下降到 12.5%，近畿地区籍贯比例从 12.3% 下降到 12.1%，中国四国地区籍贯比例从 23.9% 下降到 22%，九州地区籍贯比例从 33% 上升到 35%。在满铁附属地，从 1920 年到 1925 年，北海道籍贯比例保持 0.8% 不变，东北地区籍贯比例从 8.3% 下降到 7.6%，关东地区籍贯比例从 9.6% 下降到 7.9%，中部地区籍贯比例从 14% 下降到 13.2%，近畿地区籍贯比例从 14.3% 下降到 11.8%，中国四国地区籍贯比例从 18.4% 上升到 19.3%，九州地区籍贯比例从 29.3% 上升到 30.9%。从 1925 年到 1930 年，北海道籍贯比例从 0.8% 下降到 0.6%，东北地区籍贯比例从 7.6% 上升到 8.2%，关东地区籍贯比例从 7.9% 下降到 7.8%，中部地区籍贯比例从 13.2% 下降到 12.2%，近畿地区籍贯比例从 11.8% 下降到 11.1%，中国四国地区籍贯比例从 19.3% 下降到 16.6%，九州地区籍贯比例从 30.9% 上升到 31%。由此可知，在关东州，从 1920 年到 1930 年，除九州地区籍贯比例在持续上升上，其他地区籍贯比例都在持续下降，且前五年变化幅度更为剧烈。在满铁附属地，除九州地区籍贯比例在持续上升外，其他地区籍贯比例都在下降，总体而言也是前五年变化更大。中国四国地区籍贯比例前五年在上升，而后五年则下降更多，整体上也是在下降。总之，在 1920 – 1930 年间关东州和满铁附属地的日本人中，只有来自九州地区的比例在不断上升，其他地区的比例都在下降，且前五年变化更大。朝鲜人的比例也在持续上升，在满铁附属地的上升最为引人瞩目。

二、中国人籍贯分布

表 5 – 7 – 4　1930 年关东州和满铁附属地中国人籍贯分布（百分比）

籍贯	关东州		满铁地		籍贯	关东州		满铁地	
	男	女	男	女		男	女	男	女
奉天省	61.47	80.56	25.40	35.48	湖北省	0.12	0.07	0.13	0.11
吉林省	0.02	0.02	1.29	1.70	湖南省	0.00	0.01	0.01	0.01
黑龙江省	0.01	0.01	0.03	0.04	陕西省	0.00	0.01	0.00	0.00
河北省	3.52	2.38	30.21	24.43	甘肃省	0.00	0.00	0.00	0.00
山东省	34.38	16.63	41.37	36.62	四川省	0.00	0.00	0.00	0.01
河南省	0.05	0.02	0.50	0.15	广东省	0.04	0.02	0.03	0.07
山西省	0.01	0.00	0.36	0.10	广西省	0.00	0.00	0.00	0.01

续表

籍贯	关东州		满铁地		籍贯	关东州		满铁地	
	男	女	男	女		男	女	男	女
江苏省	0.15	0.12	0.34	0.85	云南省	0.00	0.00	0.00	0.00
安徽省	0.02	0.02	0.02	0.04	贵州省	0.00	0.00	0.00	0.00
江西省	0.01	0.01	0.00	0.00	新疆省	0.00	0.00	0.00	0.00
福建省	0.02	0.02	0.01	0.02	蒙古	0.00	0.00	0.07	0.03
浙江省	0.17	0.11	0.23	0.32	总数	100.00	100.00	100.00	100.00

（资料来源：根据关东长官官房调查课《昭和五年关东厅国势调查比例篇》表49整理计算而得。）

由表5-7-4可知，在关东州，中国人男性籍贯比例最高的是奉天省（61.47%），其次是山东省（34.38%）和河北省（3.52%）。女性籍贯比例最高的是奉天省（80.56%），其次是山东省（16.63%）和河北省（2.38%）。在满铁附属地，男性籍贯比例最高的是山东省（41.37%），其次是河北省（30.21%）和奉天省（25.4%）。女性籍贯比例最高的是山东省（36.62%），其次是奉天省（35.48%）和河北省（24.43%）。由此可知，关东州的中国人以奉天省籍为主，约占三分之二以上，特别是女性更多。其次是山东省籍，河北省籍只占很小一部分。满铁附属地的中国人以山东省籍为最多，其次是河北省籍和奉天省籍，三者比例大致相当，各占三分之一左右。可见城市化程度越高，移民来源地越远。值得注意的是，无论在关东州还是满铁附属地，女性的奉天省籍比都高于男性，也就是说女性的本地色彩更浓，这也从另一个侧面反映了移民中男性多于女性这样一个事实。

表5-7-5 1920年到1930年关东州和满铁附属地中国人籍贯分布之变化（百分比）

本籍	关东州			满铁地		
	1920年	1925年	1930年	1920年	1925年	1930年
奉天省	99.60	79.36	69.39	98.41	32.72	27.82
吉林省	0.01	0.02	0.02	0.20	1.35	1.39
黑龙江省	0.00	0.01	0.01	0.02	0.05	0.03
河北省	0.07	2.74	3.05	0.67	29.23	28.82
山东省	0.26	17.46	27.02	0.66	35.12	40.23

续表

本籍	关东州			满铁地		
	1920 年	1925 年	1930 年	1920 年	1925 年	1930 年
河南省	0.00	0.02	0.04	0.01	0.39	0.41
山西省	0.00	0.00	0.01	0.01	0.27	0.29
江苏省	0.03	0.09	0.14	0.01	0.41	0.46
安徽省	0.00	0.01	0.02	0.00	0.03	0.03
江西省	0.00	0.00	0.01	0.00	0.00	0.00
福建省	0.00	0.02	0.02	0.00	0.01	0.02
浙江省	0.02	0.12	0.15	0.01	0.16	0.25
湖北省	0.00	0.12	0.10	0.00	0.16	0.12
湖南省	0.00	0.00	0.01	0.00	0.02	0.01
陕西省	0.00	0.00	0.00	0.00	0.00	0.00
甘肃省	0.00	0.00	0.00	0.00	0.00	0.00
四川省	0.00	0.00	0.00	0.00	0.00	0.00
广东省	0.00	0.03	0.03	0.00	0.04	0.04
广西省	0.00	0.00	0.00	0.00	0.00	0.00
云南省	0.00	0.00	0.00	0.00	0.00	0.00
贵州省	0.00	0.00	0.00	0.00	0.00	0.00
新疆省	0.00	0.00	0.00	0.00	0.00	0.00
蒙古	0.00	0.00	0.00	0.00	0.01	0.06
总数	100.00	100.00	100.00	100.00	100.00	100.00

（资料来源：根据关东长官官房调查课《昭和五年关东厅国势调查比例篇》表 51 整理计算而得。）

由表 5 - 7 - 5 可知，在关东州，1920 年奉天省籍的比例占 99.6%，而第二位的山东省籍比例只有 0.26%，第三位的河北省籍比例只有 0.07%。1925 年奉天省籍比例下降到 79.36%，山东省籍比例急剧上升到 17.46%，河北省籍比例上升到 2.74%。1930 年奉天省籍比例进一步下降到 69.39%，山东省籍比例进一步上升到 27.02%，河北省籍比例进一步上升到 3.05%。在满铁附属地，1920 年奉天省籍的比例占 98.41%，而第二位的河北省籍比例只有

0.67%，第三位的山东省籍比例只有 0.66%。1925 年奉天省籍比例急剧下降到 32.72%，山东省籍比例急剧上升到 35.12%，河北省籍比例急剧上升到 29.23%。1930 年奉天省籍比例进一步下降到 27.82%，山东省籍比例进一步上升到 40.23%，河北省籍比例略有下降，达 28.82%。由此可知，1920 年时在关东州和满铁附属地的中国人几乎都是奉天省籍（98% 以上），在 1920 - 1925 年的五年间，山东河北移民大量涌入，奉天省籍比例急剧下降，在关东州占三分之二以上，在满铁附属地则只占三分之一。在 1925 - 1930 年五年间，奉天省籍比例进一步缩小，山东省籍比例进一步扩大，而河北省籍比例则保持稳定，但后五年的变化幅度远不如前五年剧烈。

第八节　日本人的移居过程

表 5 - 8 - 1　1930 年关东州和满铁附属地各地日本人移居时期分布（百分比）

地别		1905 年前	1906 - 1910	1911 - 1915	1916 - 1920	1921 - 1925	1926 - 1930	历年合计
关东州	旅顺市	1.7	7.0	6.9	14.2	17.1	53.1	100.0
	旅顺村落	2.6	7.1	7.3	17.1	21.5	44.4	100.0
	大连市	2.0	8.5	8.4	19.4	19.8	41.9	100.0
	大连村落	2.7	7.1	7.5	16.8	21.4	44.4	100.0
	金州	1.7	6.2	6.9	17.0	24.4	43.9	100.0
	普兰店	1.6	5.4	12.4	17.0	24.2	39.5	100.0
	貔子窝	1.3	4.8	4.7	15.0	24.3	49.9	100.0
	关东州总	2.0	8.2	8.1	18.6	19.7	43.4	100.0
满铁附属地	瓦房店	2.0	6.8	8.3	20.3	20.1	42.5	100.0
	大石桥	1.9	6.1	6.8	12.9	15.0	57.4	100.0
	营口	4.2	9.0	8.4	20.3	21.6	36.5	100.0
	鞍山	1.6	5.0	5.7	28.1	19.6	39.9	100.0
	辽阳	2.7	6.5	5.1	12.2	14.9	58.7	100.0
	奉天	1.7	6.0	7.1	18.8	19.2	47.2	100.0
	本溪湖	2.7	8.4	7.1	15.8	13.9	52.0	100.0
	抚顺	1.8	5.0	5.5	14.8	19.8	53.1	100.0
	安东	1.0	5.8	8.5	24.0	19.3	41.4	100.0
	铁岭	2.2	8.0	8.9	17.3	21.0	42.7	100.0

续表

	地别	1905 年前	1906－1910	1911－1915	1916－1920	1921－1925	1926－1930	历年合计
满铁附属地	开原	1.8	6.5	8.6	20.0	19.7	43.3	100.0
	四平街	1.7	7.0	7.8	18.0	19.7	45.8	100.0
	公主岭	0.8	5.6	5.8	14.2	14.9	58.7	100.0
	长春	1.6	6.3	7.5	18.3	18.8	47.4	100.0
	满铁地总	1.7	6.0	7.0	18.6	18.8	47.8	100.0
总数		1.9	7.1	7.6	18.6	19.3	45.6	100.0

（资料来源：根据关东长官官房调查课《昭和五年关东厅国势调查比例篇》表58 "来住ノ年及男女别日本人"整理计算而得。）

由表 5－8－1 可知，在关东州，1905 年前移居者占 2%，1906－1910 年间移居者占 8.2%，1911－1915 年间移居者占 8.1%，1916－1920 年间移居者占 18.6%，1921－1925 年间移居者占 19.7%，1926－1930 年间移居者占 43.4%。在满铁附属地，1905 年前移居者占 1.7%，1906－1910 年间移居者占 6%，1911－1915 年间移居者占 7%，1916－1920 年间移居者占 18.6%，1921－1925 年间移居者占 18.8%，1926－1930 年间移居者占 47.8%。由此可知，日本人移居关东州和满铁附属地，是一个逐步加速的过程，1905 年前的移居者在 2% 以下，1906－1915 年间有所增长，年均移居者约占整体 1.3－1.6%，1916－1925 年间进一步增长，年均移居者约占整体 3.7－3.8%，1926－1930 年间急剧增长，年均移居者约占整体 8－9% 以上。也就是说，1930 年关东州和满铁附属地日本人中将近一半是在最近五年到达的。

表 5－8－2　1930 年日本人各年龄段人口移居时期分布（百分比）

	年龄段	1905 年前	1906－1910	1911－1915	1916－1920	1921－1925	1926－1930	历年合计
关东州	4 以下	0.0	0.0	0.0	0.0	0.2	99.8	100.0
	5—9	0.0	0.0	0.0	0.3	36.0	63.7	100.0
	10—14	0.0	0.0	0.1	27.1	26.8	46.0	100.0
	15—19	0.0	0.0	5.5	14.2	13.5	66.8	100.0
	20—24	0.0	2.7	4.1	6.4	14.4	72.4	100.0
	25—29	0.2	4.9	3.9	13.7	29.0	48.4	100.0
	30—34	0.1	3.4	7.0	30.1	28.9	30.5	100.0
	35—39	0.2	6.0	14.2	36.1	20.6	22.9	100.0
	40—44	1.4	16.5	20.7	29.1	15.5	16.9	100.0

	年龄段	1905 年前	1906 - 1910	1911 - 1915	1916 - 1920	1921 - 1925	1926 - 1930	历年合计
关东州	45—49	8.0	29.0	16.2	20.9	11.2	14.6	100.0
	50—59	13.9	31.2	13.2	14.2	10.4	17.2	100.0
	60—69	10.9	21.8	9.2	12.1	14.5	31.6	100.0
	70 以上	3.5	8.7	10.9	16.2	20.3	40.5	100.0
	总数	2.0	8.2	8.1	18.6	19.8	43.4	100.0
满铁附属地	4 以下	0.0	0.0	0.0	0.0	0.4	99.6	100.0
	5—9	0.0	0.0	0.0	0.2	33.5	66.3	100.0
	10—14	0.0	0.0	0.1	26.2	26.2	47.5	100.0
	15—19	0.0	0.0	4.5	15.1	13.5	66.8	100.0
	20—24	0.0	1.3	2.2	4.1	10.6	81.8	100.0
	25—29	0.1	3.1	3.4	15.2	32.3	46.0	100.0
	30—34	0.1	2.1	6.3	33.8	28.4	29.4	100.0
	35—39	0.2	4.6	16.4	38.9	18.5	21.5	100.0
	40—44	2.4	15.2	20.4	30.7	14.0	17.4	100.0
	45—49	8.7	28.3	15.1	22.0	10.1	15.9	100.0
	50—59	14.2	27.1	11.1	15.5	10.4	21.8	100.0
	60—69	11.2	14.1	7.7	13.4	17.1	36.4	100.0
	70 以上	1.8	6.8	11.7	20.4	20.1	39.3	100.0
	总数	1.7	6.0	7.0	18.6	18.8	47.8	100.0

（资料来源：根据关东长官官房调查课《昭和五年关东厅国势调查比例篇》表59"来住ノ年、年龄及男女别日本人"整理计算而得。）

前面提到，日本人移居关东州和满铁附属地是一个加速的过程，1930 年时将近一半人是在最近五年到达的。现在来分析各年龄段日本人主要是在什么时候移居关东州和满铁附属地的。4 岁以下人口肯定是在 1926 - 1930 年间到达的，无论是移居还是在本地出生。由表 5 - 8 - 2 可知，在关东州，5 - 9 岁年龄段人口主要是在 1926 - 1930 年间移居（63.7%），其次是在 1921 - 1925 年间移居（36%），本地出生的最多不超过 36%。10 - 14 岁年龄段人口主要是在 1926 - 1930 年间移居（46%），其次是在 1921 - 1925 年间移居（26.8%）和 1916 - 1920 年间移居（27.1%），本地出生的最多不超过 27.1%。15 - 19 岁年龄段人口主要是在 1926 - 1930 年间移居（66.8%），其次是在 1921 - 1925 年间移居（13.5%）和 1916 - 1920 年间移居（14.2%），本地出生的最多不超过 5.5%。20 – 24 岁年龄段人口主要是在 1926 – 1930 年间移居（72.4%），其次是在 1921 – 1925 年间移居（14.4%），本地出生的最多不超过 2.7%。25 – 29 岁年龄段人口主要是在 1926 – 1930 年间移居（48.4%），其次是在 1921 – 1925 年间移居（29%），本地出生的最多不超过 0.2%。30 岁以上年龄段人口基本没有本地出生的。30 – 34 岁年龄段人口主要是在 1926 – 1930 年间移居（30.5%），其次是在 1921 – 1925 年间移居（28.9%）和 1916 – 1920 年间移居（30.1%）。35 – 39 岁年龄段人口主要是在 1916 – 1920 年间移居（36.1%），其次是在 1926 – 1930 年间移居（22.9%）和 1921 – 1925 年间移居（20.6%）。40 – 44 岁年龄段人口主要是在 1916 – 1920 年间移居（29.1%），其次是在 1911 – 1915 年间移居（20.7%）。45 – 49 岁年龄段人口主要是在 1906 – 1910 年间移居（29%），其次是在 1916 – 1920 年间移居（20.9%）。50 – 59 岁年龄段人口主要是在 1906 – 1910 年间移居（31.2%），其次是在 1926 – 1930 年间移居（17.2%）。60 – 69 岁年龄段人口主要是在 1926 – 1930 年间移居（31.6%），其次是在 1906 – 1910 年间移居（21.8%）。70 岁以上年龄段人口主要是在 1926 – 1930 年间移居（40.5%），其次是在 1921 – 1925 年间移居（20.3%）。在满铁附属地，5 – 9 岁年龄段人口主要是在 1926 – 1930 年间移居（66.3%），其次是在 1921 – 1925 年间移居（33.5%），本地出生的最多不超过 33.5%。10 – 14 岁年龄段人口主要是在 1926 – 1930 年间移居（47.5%），其次是在 1921 – 1925 年间移居（26.2%）和 1916 – 1920 年间移居（26.2%），本地出生的最多不超过 26.2%。15 – 19 岁年龄段人口主要是在 1926 – 1930 年间移居（66.8%），其次是在 1921 – 1925 年间移居（13.5%）和 1916 – 1920 年间移居（15.1%），本地出生的最多不超过 4.5%。20 – 24 岁年龄段人口主要是在 1926 – 1930 年间移居（81.8%），其次是在 1921 – 1925 年间移居（10.6%），本地出生的最多不超过 1.3%。25 – 29 岁年龄段人口主要是在 1926 – 1930 年间移居（46%），其次是在 1921 – 1925 年间移居（32.3%），本地出生的最多不超过 0.1%。30 岁以上年龄段人口基本没有本地出生的。30 – 34 岁年龄段人口主要是在 1916 – 1920 年间移居（33.8%），其次是在 1926 – 19230 年间移居（29.4%）和 1921 – 1925 年间移居（28.4%）。35 – 39 岁年龄段人口主要是在 1916 – 1920 年间移居（38.9%），其次是在 1926 – 1930 年间移居（21.5%）。40 – 44 岁年龄段人口主要是在 1916 – 1920 年间移居（30.7%），其次是在 1911 – 1915 年间移居（20.4%）。45 – 49 岁年龄段人口主要是在 1906 – 1910 年间移居

（28.3%），其次是在 1916－1920 年间移居（22%）。50－59 岁年龄段人口主
要是在 1906－1910 年间移居（27.1%），其次是在 1926－1930 年间移居
（21.8%）。60－69 岁年龄段人口主要是在 1926－1930 年间移居（36.4%），
其次是在 1921－1925 年间移居（17.1%）。70 岁以上年龄段人口主要是在
1926－1930 年间移居（39.3%），其次是在 1921－1925 年间移居（20.1%）
和 1916－1920 年间移居（20.4%）。由此可知，在关东州和满铁附属地，30
岁以下年龄段人口主要是在 1926－1930 年间移居，尤其是 15－24 岁年龄段和
5－9 岁年龄段最为突出。30－34 岁年龄段人口移居时间比较分散，主要在
1916－1930 年间。35－44 岁年龄段人口主要是在 1916－1920 年间移居的，45
－59 岁年龄段人口主要是在 1906－1910 年间移居的。值得注意的是，60 岁以
上年龄段主要是在 1926－1930 年间移居的。在本地出生的人口，在 5－9 岁年
龄段中不超过 36%，在 10－14 岁年龄段中不超过 27.1%，在 15－19 岁年龄
段中不超过 5.5%，在 20－24 岁年龄段中不超过 2.7%，在 25－29 岁年龄段
中不超过 0.2%，在 30 岁以上年龄段中基本没有在本地出生的。这也从另一
个侧面反映了移民一开始时规模小，后来加速增长急剧扩大的事实。

表 5－8－3 1905－1930 年各时间段日本移居者去向（百分比）

地别		1905 年前	1906－1910	1911－1915	1916－1920	1921－1925	1926－1930	历年合计
关东州	旅顺市	5.1	5.7	5.2	4.4	5.1	6.6	5.7
	旅顺村落	0.3	0.2	0.2	0.2	0.2	0.2	0.2
	大连市	43.0	47.9	44.0	41.5	41.0	36.6	39.8
	大连村落	2.1	1.5	1.4	1.3	1.6	1.4	1.4
	金州	0.6	0.6	0.7	0.7	0.9	0.7	0.7
	普兰店	0.5	0.4	1.0	0.5	0.7	0.5	0.6
	貔子窝	0.4	0.4	0.4	0.5	0.7	0.6	0.6
	关东州总	52.1	56.7	52.9	49.1	50.3	46.7	49.1
满铁附属地	瓦房店	1.6	1.4	1.6	1.6	1.5	1.4	1.5
	大石桥	1.9	1.6	1.7	1.3	1.5	2.4	1.9
	营口	2.5	1.4	1.2	1.2	1.2	0.9	1.1
	鞍山	2.5	2.0	2.2	4.4	3.0	2.5	2.9
	辽阳	4.0	2.5	1.8	1.8	2.1	3.5	2.7
	奉天	9.4	8.9	9.9	10.6	10.5	10.9	10.5
	本溪湖	2.2	1.8	1.4	1.3	1.1	1.7	1.5

续表

地别		1905 年前	1906－1910	1911－1915	1916－1920	1921－1925	1926－1930	历年合计
满铁附属地	抚顺	9.5	6.7	6.9	7.6	9.9	11.2	9.6
	安东	4.4	6.4	8.9	10.2	7.9	7.2	7.9
	铁岭	1.5	1.5	1.5	1.2	1.4	1.2	1.3
	开原	1.4	1.3	1.6	1.5	1.5	1.4	1.4
	四平街	1.8	1.9	2.0	1.9	2.0	1.9	1.9
	公主岭	0.6	1.1	1.0	1.0	1.0	1.7	1.4
	长春	4.6	4.7	5.3	5.2	5.2	5.5	5.3
	满铁地总	47.9	43.3	47.1	50.9	49.7	53.3	50.9
总数		100.0	100.0	100.0	100.0	100.0	100.0	100.0

（资料来源：根据关东长官官房调查课《昭和五年关东厅国势调查比例篇》表58"来住ノ年及男女别日本人"整理计算而得。）

由表5－8－3可知，总体而言日本移民去往关东州的（49.1%）和去往满铁附属地（50.9%）的比例相当，但有一个历时变化的过程。1905年前52.1%去往关东州，47.9%去往满铁附属地，1906－1910年间56.7%去往关东州，43.3%去往满铁附属地，1911－1915年间52.9%去往关东州，47.1%去往满铁附属地，1916－1920年间49.1%去往关东州，50.9%去往满铁附属地，1921－1925年间50.3%去往关东州，49.7%去往满铁附属地，1926－1930年间46.7%去往关东州，53.3%去往满铁附属地。由此可知，1915年以前，去往关东州的人数多于去往满铁附属地的，1916年以后，基本就是去往满铁附属地的居多了。特别是1910年以后，去往关东州的比例基本呈减少趋势（特别是去往大连市的比例），而去往满铁附属地的比例在逐步增加。但总体而言，日本移民第一位的目的地还是大连市（39.8%），其次是奉天（10.5%）和抚顺（9.6%）。

表5－8－4　1930年关东州和满铁附属地历年移居日本人年龄结构（百分比）a

年龄段		1905 年前	1906－1910	1911－1915	1916－1920	1921－1925	1926－1930	历年累计
关东州	4 以下	－	－	－	－	0.0	6.2	2.7
	5－9	－	－	－	0.1	7.9	6.4	4.3
	10－14	－	－	0.0	8.3	7.7	6.0	5.7
	15－19	－	0.1	7.1	8.0	7.1	16.1	10.5
	20－24	－	4.8	7.4	5.1	10.7	24.5	14.7

年龄段		1905 年前	1906－1910	1911－1915	1916－1920	1921－1925	1926－1930	历年累计
关东州	25—29	1.4	8.4	6.8	10.5	20.9	15.9	14.3
	30—34	0.5	5.3	11.0	20.5	18.5	8.9	12.7
	35—39	1.1	7.4	17.8	19.6	10.6	5.4	10.1
	40—44	5.8	16.6	21.1	12.9	6.5	3.2	8.2
	45—49	27.3	23.7	13.5	7.5	3.8	2.3	6.7
	50—59	48.9	26.4	11.3	5.3	3.7	2.7	6.9
	60—69	13.6	6.5	2.8	1.6	1.8	1.8	2.4
	70 以上	1.4	0.8	1.1	0.7	0.8	0.7	0.8
	总数	100.0	100.0	100.0	100.0	100.0	100.0	100.0
满铁附属地	4 以下	–	–	–	–	0.1	6.0	2.9
	5—9	–	–	0.0	8.1	6.3	4.5
	10—14	–	–	0.0	7.5	7.5	5.3	5.4
	15—19	–	0.1	6.0	7.5	6.6	12.9	9.2
	20—24	–	4.3	6.3	4.6	11.5	35.0	20.4
	25—29	0.7	7.2	6.6	11.2	23.6	13.2	13.8
	30—34	0.5	4.3	11.2	22.4	18.6	7.6	12.3
	35—39	1.0	7.4	22.9	20.5	9.6	4.4	9.8
	40—44	10.4	19.2	22.2	12.6	5.7	2.8	7.6
	45—49	29.4	27.6	12.7	6.9	3.2	2.0	5.9
	50—59	45.0	24.8	8.7	4.6	3.1	2.5	5.5
	60—69	12.3	4.5	2.1	1.4	1.7	1.5	1.9
	70 以上	0.7	0.8	1.1	0.8	0.7	0.6	0.7
	总数	100.0	100.0	100.0	100.0	100.0	100.0	100.0

（资料来源：根据关东长官官房调查课《昭和五年关东厅国势调查比例篇》表59"来住ノ年、年龄及男女别日本人"整理计算而得。）

表5－8－4显示了1930年时在关东州和满铁附属地历年移居者的年龄结构，现将其作一处理，得到历年移居者移居当年的年龄结构，如表5－8－5所示。具体方法就是：1921－1925年移居者分年龄百分比向上平移一行，1916－1920年移居者分年龄百分比向上平移两行，1916－1920年移居者分年龄百分比向上平移两行，1911－1915年移居者分年龄百分比向上平移三行，1906－1910年移居者分年龄百分比向上平移四行，1905年移居者分年龄百分比向

上平移五行。

表 5 - 8 - 5　1930 年关东州和满铁附属地历年移居日本人年龄结构（百分比）b

年龄段		1905 年前	1906—1910	1911—1915	1916—1920	1921—1925	1926—1930	历年累计
关东州	4 以下	1.4	4.8	7.1	8.3	7.9	6.2	2.7
	5—9	0.5	8.4	7.4	8.0	7.7	6.4	4.3
	10—14	1.1	5.3	6.8	5.1	7.1	6.0	5.7
	15—19	5.8	7.4	11.0	10.5	10.7	16.1	10.5
	20—24	27.3	16.6	17.8	20.5	20.9	24.5	14.7
	25—29	48.9	23.7	21.1	19.6	18.5	15.9	14.3
	30—34	13.6	26.4	13.5	12.9	10.6	8.9	12.7
	35—39	1.4	6.5	11.3	7.5	6.5	5.4	10.1
	40—44	–	0.8	2.8	5.3	3.8	3.2	8.2
	45—49	–	–	1.1	1.6	3.7	2.3	6.7
	50—59	–	–	–	0.7	1.8	2.7	6.9
	60—69	–	–	–	–	0.8	1.8	2.4
	70 以上	–	–	–	–	–	0.7	0.8
	总数	100.0	100.0	100.0	100.0	100.0	100.0	100.0
满铁附属地	4 以下	0.7	4.3	6.0	7.5	8.1	6.0	2.9
	5—9	0.5	7.2	6.3	7.5	7.5	6.3	4.5
	10—14	1.0	4.3	6.6	4.6	6.6	5.3	5.4
	15—19	10.4	7.4	11.2	11.2	11.5	12.9	9.2
	20—24	29.4	19.2	22.9	22.4	23.6	35.0	20.4
	25—29	45.0	27.6	22.2	20.5	18.6	13.2	13.8
	30—34	12.3	24.8	12.7	12.6	9.6	7.6	12.3
	35—39	0.7	4.5	8.7	6.9	5.7	4.4	9.8
	40—44	–	0.8	2.1	4.6	3.2	2.8	7.6
	45—49	–	–	1.1	1.4	3.1	2.0	5.9
	50—59	–	–	–	0.8	1.7	2.0	5.5
	60—69	–	–	–	–	0.7	1.5	1.9
	70 以上	–	–	–	–	–	0.6	0.7
	总数	100.0	100.0	100.0	100.0	100.0	100.0	100.0

（资料来源：根据表 5 - 8 - 4 处理而得。）

由表 5 - 8 - 5 可知，在关东州，1905 年前移居者人数最多的三个年龄段依次是 25 - 29 岁年龄段（48.9%），20 - 24 岁年龄段（27.3%），30 - 34 岁年龄段（13.6%）。1906 - 1910 年间移居者人数最多的三个年龄段依次是 30 - 34 岁年龄段（26.4%），25 - 29 岁年龄段（23.7%），20 - 24 岁年龄段（16.6%）。1911 - 1915 年间移居者人数最多的三个年龄段依次是 25 - 29 岁年龄段（21.1%），20 - 24 岁年龄段（17.8%），30 - 34 岁年龄段（13.5%）。1916 - 1920 年间移居者人数最多的三个年龄段依次是 20 - 24 岁年龄段（20.5%），25 - 29 岁年龄段（19.6%），30 - 34 岁年龄段（12.9%）。1921 - 1925 年间移居者人数最多的三个年龄段依次是 20 - 24 岁年龄段（20.9%），25 - 29 岁年龄段（18.5%），15 - 19 岁年龄段（10.7%）。1926 - 1930 年间移居者人数最多的三个年龄段依次是 20 - 24 岁年龄段（24.5%），15 - 19 岁年龄段（16.1%），25 - 29 岁年龄段（15.9%）。在满铁附属地，1905 年前移居者人数最多的三个年龄段依次是 25 - 29 岁年龄段（45%），20 - 24 岁年龄段（29.4%），30 - 34 岁年龄段（12.3%）。1906 - 1910 年间移居者人数最多的三个年龄段依次是 25 - 29 岁年龄段（27.6%），30 - 34 岁年龄段（24.8%），20 - 24 岁年龄段（19.2%）。1911 - 1915 年间移居者人数最多的三个年龄段依次是 20 - 24 岁年龄段（22.9%），25 - 29 岁年龄段（22.2%），30 - 34 岁年龄段（12.7%）。1916 - 1920 年间移居者人数最多的三个年龄段依次是 20 - 24 岁年龄段（22.4%），25 - 29 岁年龄段（20.5%），30 - 34 岁年龄段（12.6%）。1921 - 1925 年间移居者人数最多的三个年龄段依次是 20 - 24 岁年龄段（23.6%），25 - 29 岁年龄段（18.6%），15 - 19 岁年龄段（11.5%）。1926 - 1930 年间移居者人数最多的三个年龄段依次是 20 - 24 岁年龄段（35%），25 - 29 岁年龄段（13.2%），15 - 19 岁年龄段（12.9%）。由此可知，1910 年前的移居者，以 20 - 34 岁年龄段为主，其中最多的是 25 - 29 岁年龄段。1911 - 1920 年间的移居者，仍以 20 - 34 岁年龄段为主，其中最多的是 20 - 24 岁年龄段。1921 - 1930 年间的移居者，以 15 - 29 岁年龄段为主，其中最多的是 20 - 24 岁年龄段。随着时间的推移，移居关东州和满铁附属地的日本人整体年龄结构有逐步年轻化的趋势，从前期的以 20 - 34 岁年龄段为主过渡到后期的以 15 - 29 岁年龄段为主。

表 5 - 8 - 6　1930 年关东州和满铁附属地历年移居日本人分年龄性别比 a

年龄段		1905 年前	1906 - 1910	1911 - 1915	1916 - 1920	1921 - 1925	1926 - 1930	历年合计
关东州	4 以下	–	–	–	–	33.3	111.3	111.1
	5—9	–	–	–	266.7	109.8	100.5	104.0
	10—14	–	–	50.0	106.6	110.6	114.1	111.0
	15—19	–	33.3	104.5	119.4	117.5	91.1	98.7
	20—24	–	91.5	91.8	109.3	79.1	126.0	114.2
	25—29	71.4	114.0	121.9	101.8	64.2	121.8	98.5
	30—34	28.6	114.4	88.0	82.0	103.0	139.7	104.6
	35—39	100.0	78.5	66.9	138.6	130.5	146.9	120.7
	40—44	182.9	79.5	122.1	165.4	131.6	155.0	131.2
	45—49	561.4	113.9	132.1	163.0	137.7	126.5	144.5
	50—59	496.4	137.7	137.0	133.6	98.7	71.6	136.3
	60—69	641.9	146.0	78.0	50.0	40.4	45.2	79.8
	70 以上	700.0	76.5	21.0	33.3	30.8	37.9	40.2
	总数	450.6	109.9	101.9	115.8	95.0	113.6	111.3
满铁附属地	4 以下	–	–	–	–	57.1	104.6	104.3
	5—9	–	–	–	250.0	98.8	107.7	104.8
	10—14	–	–	50.0	119.2	102.9	108.8	109.8
	15—19	–	50.0	100.5	102.8	108.1	105.0	104.8
	20—24	–	100.0	92.2	93.6	75.8	272.5	213.6
	25—29	175.0	122.4	109.6	112.1	68.7	129.4	102.5
	30—34	60.0	106.3	90.0	96.0	118.5	142.5	114.0
	35—39	100.0	58.5	96.6	151.4	131.8	143.6	129.5
	40—44	276.7	85.7	169.4	175.5	147.5	132.2	146.0
	45—49	583.6	171.6	162.0	178.3	129.9	121.5	171.1
	50—59	531.5	145.1	152.1	130.4	80.4	72.2	133.5
	60—69	500.0	149.5	80.8	56.5	58.4	53.5	82.2
	70 以上	450.0	40.0	41.2	46.5	47.6	59.9	52.6
	总数	473.2	121.7	119.5	123.1	95.4	151.6	131.6

（资料来源：根据关东长官官房调查课《昭和五年关东厅国势调查比例篇》表 59 "来住ノ年、年龄及男女别日本人"整理计算而得。）

表 5 - 8 - 6 显示了 1930 年时在关东州和满铁附属地历年移居者的分年龄

性别比，总体而言，1905 年前移居者性别比最高，在 450 以上，在 1906 -
1915 年间显著下降，在 1916 - 1920 年间再次上升，在 1921 - 1925 年间跌到谷
底，在 95 左右，在 1926 - 1930 年间再次上升。其中只有 1921 - 1925 年间日
本移居者中女性人数超过了男性人数。现将其作一处理，得到历年移居者移居
当年的分年龄性别比，如有表 5 - 8 - 7 所示。具体方法就是：1921 - 1925 年
移居者分年龄性别比向上平移一行，1916 - 1920 年移居者分年龄性别比向上
平移两行，1916 - 1920 年移居者分年龄性别比向上平移两行，1911 - 1915 年
移居者分年龄性别比向上平移三行，1906 - 1910 年移居者分年龄性别比向上
平移四行，1905 年移居者分年龄性别比向上平移五行。

表 5 - 8 - 7　1930 年关东州和满铁附属地历年移居日本人分年龄性别比 b

	年龄段	1905 年前	1906—1910	1911—1915	1916—1920	1921—1925	1926—1930	历年合计
关东州	4 以下	71.4	91.5	104.5	106.6	109.8	111.3	111.1
	5—9	28.6	114.0	91.8	119.4	110.6	100.5	104.0
	10—14	100.0	114.4	121.9	109.3	117.5	114.1	111.0
	15—19	182.9	78.5	88.0	101.8	79.1	91.1	98.7
	20—24	561.4	79.5	66.9	82.0	64.2	126.0	114.2
	25—29	496.4	113.9	122.1	138.6	103.0	121.8	98.5
	30—34	641.9	137.7	132.1	165.4	130.5	139.7	104.6
	35—39	700.0	146.0	137.0	163.0	131.6	146.9	120.7
	40—44	–	76.5	78.0	133.6	137.7	155.0	131.2
	45—49	–	–	21.0	50.0	98.7	126.5	144.5
	50—59	–	–	–	33.3	40.4	71.6	136.3
	60—69	–	–	–	–	30.8	45.2	79.8
	70 以上	–	–	–	–	–	37.9	40.2
	总数	450.6	109.9	101.9	115.8	95.0	113.6	111.3
满铁附属地	4 以下	175.0	100.0	100.5	119.2	98.8	104.6	104.3
	5—9	60.0	122.4	92.2	102.8	102.50	107.7	104.8
	10—14	100.0	106.3	109.6	93.6	108.2	108.8	109.8
	15—19	276.7	58.5	90.0	112.1	75.0	105.0	104.8
	20—24	583.6	85.7	96.6	96.0	68.7	272.5	213.6
	25—29	531.5	171.6	169.4	151.4	118.5	129.4	102.5
	30—34	500.0	145.1	162.0	175.5	131.8	142.5	114.0

年龄段		1905 年前	1906 – 1910	1911 – 1915	1916 – 1920	1921 – 1925	1926 – 1930	历年合计
满铁附属地	35—39	450.0	149.5	152.1	178.8	147.5	143.6	129.5
	40—44	–	40.0	80.8	130.4	129.9	132.2	146.0
	45—49	–	–	41.2	56.5	80.4	121.6	171.1
	50—59	–	–	–	46.5	58.4	72.2	133.5
	60—69	–	–	–	–	47.6	53.6	82.2
	70 以上	–	–	–	–	–	59.9	52.6
	总数	473.2	121.7	119.5	123.1	95.4	151.6	131.6

（资料来源：根据表 5 - 8 - 6 处理而得。）

由表 5 - 8 - 7 可知，在关东州，1905 年前移居者性别比明显较高的五个年龄段依次是 35 - 39 岁年龄段（700），30 - 34 岁年龄段（641.9），20 - 24 岁年龄段（561.4），25 - 29 岁年龄段（496.4），15 - 19 岁年龄段（182.9）。1906 - 1910 年间移居者性别比明显较高的三个年龄段依次是 35 - 39 岁年龄段（146），30 - 34 岁年龄段（137.7），25 - 29 岁年龄段（113.9）。1911 - 1915 年间移居者性别比明显较高的三个年龄段依次是 35 - 39 岁年龄段（137），30 - 34 岁年龄段（132.1），25 - 29 岁年龄段（122.1）。1916 - 1920 年间移居者性别比明显较高的四个年龄段依次是 30 - 34 岁年龄段（165.4），35 - 39 岁年龄段（163），25 - 29 岁年龄段（138.6），40 - 44 岁年龄段（133.6）。1921 - 1925 年间移居者性别比明显较高的三个年龄段依次是 40 - 44 岁年龄段（137.7），35 - 39 岁年龄段（131.6），30 - 34 岁年龄段（130.5）。1926 - 1930 年间移居者性别比明显较高的六个年龄段依次是 40 - 44 岁年龄段（155），35 - 39 岁年龄段（146.9），30 - 34 岁年龄段（139.7），45 - 49 岁年龄段（126.5），20 - 24 岁年龄段（126），25 - 29 岁年龄段（121.8）。在满铁附属地，1905 年前移居者性别比明显较高的五个年龄段依次是 20 - 24 岁年龄段（583.6），25 - 29 岁年龄段（531.5），30 - 34 岁年龄段（500），35 - 39 岁年龄段（450），15 - 19 岁年龄段（276.7）。1906 - 1910 年间移居者性别比明显较高的三个年龄段依次是 25 - 29 岁年龄段（171.6），35 - 39 岁年龄段（149.5），30 - 34 岁年龄段（145.1）。1911 - 1915 年间移居者性别比明显较高的三个年龄段依次是 25 - 29 岁年龄段（169.4），30 - 34 岁年龄段（162），35 - 39 岁年龄段（152.1）。1916 - 1920 年间移居者性别比明显较高的四个年龄段依次是 35 - 39 岁年龄段（178.8），30 - 34 岁年龄段（175.5），25 - 29 岁年龄段（151.4），40 - 44 岁年龄段（130.4）。1921 - 1925

年间移居者性别比明显较高的三个年龄段依次是 35 - 39 岁年龄段（147.5），30 - 34 岁年龄段（131.8），40 - 44 岁年龄段（129.9）。1926 - 1930 年间移居者性别比明显较高的六个年龄段依次是 20 - 24 岁年龄段（272.5），35 - 39 岁年龄段（143.6），30 - 34 岁年龄段（142.5），40 - 44 岁年龄段（132.2），25 - 29 岁年龄段（129.4），45 - 49 岁年龄段（121.6）。由此可知，1905 年前移居者整体性别比高，性别比明显较高的年龄段也多，从 15 岁一直到 39 岁。1911 - 1925 年间移居者整体性别比不太高，性别比明显较高的年龄段不多，集中在 25 - 39 岁这一年龄段上①。1926 - 1930 年间移居者整体性别比较高，性别比明显较高的年龄段最多，从 20 岁一直到 49 岁。性别比分布呈现出这样一个特征：1905 年前移居者，15 岁以上年龄段都是严重的男多女少，男性人口数是女性人口数的好几倍。1910 - 1925 年间移居者，25 - 39 岁年龄段存在明显的男多女少，但 15 - 24 岁年龄段则普遍是女多男少。1926 - 1930 年间移居者，20 - 49 岁年龄段都存在明显的男多女少。1921 - 1925 年间移居者整体女多男少，而且存在男多女少的年龄段比其他年份更为偏高，这表明这一时间段有大量青年女性进入。

表 5 - 8 - 8　1930 年关东州和满铁附属地历年移居日本人职业分布（百分比）

职业		农业	水产业	矿业	工业	商业	交通业	公务、自由业	家事使用人	其他有业者	无业	合计
关东州	1905 年前	2.2	0.6	0.4	27.4	29.1	8.0	12.2	0.0	2.9	17.1	100.0
	1906 - 1910	1.2	0.2	0.1	17.5	20.2	5.6	14.5	0.5	1.4	38.9	100.0
	1911 - 1915	0.9	0.2	0.1	15.2	17.1	6.8	16.9	0.4	1.7	40.7	100.0
	1916 - 1920	0.6	0.3	0.1	14.0	12.2	7.6	17.7	0.4	1.8	45.3	100.0
	1921 - 1925	0.7	0.2	0.1	8.9	12.5	6.6	16.6	0.5	1.1	52.8	100.0
	1926 - 1930	0.8	0.2	0.8	8.6	16.2	5.8	16.9	2.9	1.0	46.9	100.0
	历年总数	0.8	0.5	0.1	11.3	15.4	6.4	16.7	1.5	1.3	46.0	100.0
满铁附属地	1905 年前	3.1	0.1	0.6	23.7	35.6	12.4	5.5	0.2	2.4	16.4	100.0
	1906 - 1910	1.6	0.0	1.7	18.1	25.1	9.7	7.7	0.0	1.1	34.7	100.0
	1911 - 1915	2.6	0.0	1.9	14.7	17.7	13.0	10.9	0.1	1.3	37.8	100.0
	1916 - 1920	2.1	0.0	1.1	13.6	12.5	13.8	10.8	0.1	1.4	43.5	100.0
	1921 - 1925	1.0	0.0	1.1	9.8	11.6	8.9	12.2	0.5	1.2	53.8	100.0
	1926 - 1930	1.1	0.1	0.7	8.1	11.9	6.0	26.3	1.5	1.1	43.3	100.0
	历年总数	1.4	0.0	1.1	10.8	13.6	8.8	18.2	0.9	1.2	43.9	100.0

（资料来源：根据关东长官官房调查课《昭和五年关东厅国势调查比例篇》表 51 "来

---

① 只有 1916 - 1920 年间移居者，性别比明显较高的年龄段多一组，下延到 40 - 44 岁年龄段。

住ノ年及职业别日本人"整理计算而得。)

　　由表 5-8-8 可知，在关东州，1905 年前无业率为 17.1%，移居者主要从事是商业（29.1%）和工业（27.4%），其次是公务与自由职业（12.2%）。1906-1910 年间无业率为 38.9%·，移居者主要从事商业（20.2%）和工业（17.5%），其次是公务与自由职业（14.5%）。1911-1915 年间无业率为 40.7%，移居者主要从事商业（17.1%），其次是公务与自由职业（16.9%）和工业（15.2%）。1916-1920 年间无业率为 45.3%，移居者主要从事公务与自由职业（17.7%），其次是工业（14%）和商业（12.2%）。1921-1925 年间无业率为 52.8%，移居者主要从事公务与自由职业（16.6%）和商业（12.5%），其次是工业（8.9%）。1926-1930 年间无业率为 46.9%，移居者主要从事公务与自由职业（16.9%）和商业（16.2%），其次是工业（8.6%）。在满铁附属地，1905 年前无业率为 16.4%，移居者主要从事是商业（35.6%）和工业（23.7%），其次是交通业（12.4%）。1906-1910 年间无业率为 34.7%，移居者主要从事商业（25.1%）和工业（18.1%），其次是交通业（9.7%）。1911-1915 年间无业率为 37.8%，移居者主要从事商业（17.7%），其次是工业（14.7%）、交通业（13%）和公务与自由职业（10.9%）。1916-1920 年间无业率为 43.5%，移居者主要从事交通业（13.8%）和工业（13.6%），其次是商业（12.8%）和公务与自由职业（10.8%）。1921-1925 年间无业率为 53.8%，移居者主要从事公务与自由职业（12.2%）和商业（11.6%），其次是工业（9.8%）和交通业（8.9%）。1926-1930 年间无业率为 43.3%，移居者主要从事公务与自由职业（26.3%），其次是商业（11.9%）和工业（8.1%）。关东州整体无业率为 46%，高于满铁附属地 43.9% 的水平，两者的共同点是：1905 年前移居者无业率最低，而 1921-1925 年间移居者无业率最高。1905 年前的移居者无业率最低，是由于没有未成年人的缘故，而 1921-1925 年间移居者无业率最高，则是由于这一时期移居者中女性比例大幅增加的缘故。可见无业率与年龄和性别结构有密切关系。总的来说，关东州与满铁附属地的职业结构也非常相似，第一位的职业是公务与自由职业，其次是商业和工业，只是交通业在满铁附属地比在关东州更为重要。但历史上的情况并非一直如此。在 1915 年前，商业是第一位的职业，工业是第二位的职业。直到 1915 年后，公务与自由职业才成为第一位的职业，商业居第二位，工业居第三位。在满铁附属地，交通业在 1920 年前是第三位的职业，占有特殊重要的地位。

小　结

1. 人口的数量及增长

从 1920 年到 1930 年，10 年间关东州和满铁附属地人口增长 44.2%，年均增长率 37.4‰，这一速度跟 1933—1940 年间伪满洲国人口年均增长率（37.6‰）非常接近。其中朝鲜人增长速度最快，日本人和中国人差不多。对于日本人和朝鲜人来说，关东州人口增长速度超过满铁附属地，其中关东州的人口增长又主要集中在关东州东北部。对于中国人来说，城市化水平更高的满铁附属地人口增长速度超过关东州，其中在关东州增长最快的是大连市和旅顺市，在满铁附属地增长最快的是以奉天为中心的一圈城市（本溪湖、辽阳、奉天、鞍山、铁岭）。作为人口主体部分的中国人，人口增长模式有强烈的向中心城市集中的倾向。

2. 人口的年龄—性别结构

将各民族人口年龄—性别结构结合起来分析，有如下发现：

各民族性别比以中国人为最高，性别比的地区差异也是中国人最大，满铁附属地远远高于关东州，在关东州内部大连市和旅顺市明显高于周边农村地区，这也是典型的城乡差异。而城市和农村人口年龄结构的差异，主要是大量 15—29 岁青年流动造成的。

从 1920 年到 1930 年，各民族 20—29 岁年龄段人口所占比例呈下降趋势，整体性别比也在下降，且主要的变化发生在前五年。由于移居初期总是以男性青壮年移民为主，故这一变化标志着一个地区移居色彩的减弱和本地化程度的增强。

日本人定居关东州和满铁附属地的历史较久，1930 年前几年又有不少移民进入。朝鲜人移居满铁附属地的历史较久，但大量移居关东州的历史很短，1930 年前几年有不少移民进入关东州。中国人在关东州居住历史悠久，但 1930 年前几年大量移居的目标是满铁附属地。

从 1920 年到 1930 年，日本人移入者中基本是 20—29 岁年龄段人口。朝鲜人移入者中最多的是 10—19 岁年龄段人口，其次有不少 20—29 岁年龄段人口。中国人移入者中最多的是 20—29 岁年龄段人口，其次有不少 10—19 岁年龄段人口。

3. 户的规模

对各地户的规模的比较表明，在城市化程度高的地区，户的规模相对较小。在定居历史较短而最近有相对大量移民涌入的地区，户的规模相对较小。这也反映了移民与城市的某种联系。

从1920年到1930年，日本人一直都是以2－4人户居多，但平均户的规模在持续上升。中国人一直以3－5人户居多，平均户的规模在持续下降。朝鲜人的情况与中国人大体相似。

4. 人口的婚姻状况

总体来看，日本人较之中国人，未婚率高、有偶率低。城市人口较之农村人口，未婚率低、有偶率高。但这一结果在很大程度上受到人口年龄结构的影响，一个群体如果年龄结构较年轻，通常未婚率会高些，有偶率会低些。故需要考察分年龄段的婚姻情况，在这方面中国人和日本人呈现出显著的差别。

中国人男性结婚较早，20岁时已有10%以上进入婚姻状态，但成年男性有偶率低，分年龄段有偶率最高也只有70%左右，反之未婚率较高，直到60岁时仍有10%左右是未婚。随着年龄的增长，男性未婚率的下降是一个连续缓慢的过程，从10岁到60岁一直有人不断进入婚姻状态，但在60岁时仍有将近10%的人是未婚状态。女性结婚更早，20岁时已有30%以上进入婚姻状态，30岁时90%以上已经进入婚姻状态，女性未婚率的下降主要集中在15－25岁这一年龄段。与成年男性相比，成年女性有偶率很高，这表明中国人女性普遍结婚，而男性则不是。

日本人男性在20－24岁年龄段有偶率很低，在10%以下，在25－29岁年龄段开始大量进入婚姻状态，到35岁时，已有将近90%的人进入婚姻状态。也就是说，日本成年男性有偶率高，且主要是在25－34岁这一年龄段结婚的。日本人女性在15－19岁年龄段有偶率很低，在10%左右，在20－24岁年龄段开始大量进入婚姻状态，到30岁时，已有将近90%的人进入婚姻状态。日本成年女性有偶率跟男性一样高，主要是在20－30岁这一年龄段结婚的。与中国人相比，日本男女结婚都较晚，但随着年龄的增长，未婚率的下降是一个急剧的过程，男性是在25－34岁这一年龄段，女性是在20－30岁这一年龄段，男性比女性差不多晚了五年。而朝鲜人男性和女性的分年龄婚姻模式也存在重大差别：朝鲜男性总体与日本相似，只是更为倾向早婚些；而朝鲜女性在关东州和满铁附属地的特征截然相反，在关东州是最为晚婚的一个群体，在满铁附属地是最为早婚的一个群体。

从1920年到1930年，中国人整体未婚率持续下降，而整体有偶率持续上升。但20岁以下年龄段人口有偶率在不断下降，这表明早婚的倾向在不断减弱。整体丧偶率持续下降，在所有年龄段都是如此，这可能是由于再婚率和人均寿命的增长。日本人整体未婚率持续上升，但对于25－44岁年龄段，未婚率实际在下降。整体有偶率持续下降，但对于25－59岁年龄段，有偶率实际在上升。整体丧偶率持续上升，但在各个年龄段丧偶率都在下降，所以这种情况只能是人口年龄结构老化导致的结果。由此可知，日本人未婚率上升有偶率下降只能是青年婚龄推迟的结果。朝鲜人与日本人相比更倾向早婚些，但婚龄同样也在推迟。随着时间的推移，中国人、日本人、朝鲜人婚龄都在推迟，而这正是基本人口变化的早期征兆。

5. 人口的职业状况

关东州的男性无业比例高达32.4%，满铁附属地的这一数字也有20.1%，在关东州内部，男性无业率最低的是大连市和旅顺市。这是因为职业统计的对象是全体人口，包括未成年人在内，城市里未成年人比例较低，无业率也相对低一些。关东州男性最主要的职业是农业，其次是工业和商业。满铁附属地男性最主要的职业是商业和工业，其次是交通业和矿业。女性总体上以无业（或从事家事）为主，不过满铁附属地和关东州的旅顺大连市区等城市化水平较高的地区，女性无业率要低一些，这些地区的女性最重要的职业是商业，而在关东州的农村地区，女性最重要的职业是农业。

对各行业从业人员的阶级构成（雇人、自雇、被雇）的分析表明，自雇比例高个体经营多的行业，平均每个雇主雇佣的雇工少，而个体经营少的行业，平均每个雇主雇佣的雇工多，两个指标从不同角度反映了某一行业经营的集中程度。此外，如果雇主大量集中在某一行业，说明这一行业经营规模小，如果自雇者大量集中在某一行业，说明这一行业雇佣关系不发达。农业和商业就是这种情况，这些行业往往经营规模小，同时雇佣关系也不发达。

对分年龄职业结构的研究表明，在30岁以后，随着年龄的增长，越来越多的人从其他行业（尤其是矿业、工业和交通业）中撤出，转向农业和商业。而对于30岁以内的青年男性来说，矿业和交通业是年龄结构偏高的行业，而家事使用人是年龄结构偏低的行业，其他行业介于两者之间。

对各行业婚姻状况的研究表明，从事商业者在离婚者中所占比例远超过其在总人口中的比例，说明经商者的离婚率远高于正常水平。女性的情况有所不同，可能是离婚后生计无着才被迫从事商业，离婚女性的无业率远低于未婚、有偶和丧偶者的水平，也说明了这一点。除家事使用人外，各行业在男性有偶者中的比例，都高于其在总人口中的比例，而男性有偶者中无业者的比例，则远远低于总人口中无业者的比例，即使存在无业者中未成年人较多的情况，也充分说明了男性就业对于其婚姻的重要性。关东州男性丧偶者中从事农业的比例，远超过总人口中务农的比例，说明了农业劳动者年龄结构偏老，以及再婚率较低的事实。对于男性来说，家事使用人的未婚率最高，这与其比较年幼有关。从事矿业者的未婚率也很高，而这与年龄无关，说明矿工是一个结婚较难的群体。从事农业、商业等传统职业的男性，有偶率最高。对于女性来说，除了农业和水产业外，其他职业都保持相当高的未婚率和较低的有偶率。家事使用人、其他行业、工业、公务与自由职业的女性丧偶率最高，说明女性丧偶后为维持生计，多从事此类职业。值得注意的是，除农业和水产业外其他职业的女性，离婚率都远高于男性。

6. 人口的教育状况

日本人男性文盲率在1%左右，女性文盲率在7%左右，其受教育程度远远高于朝鲜人和中国人。朝鲜人的男性文盲率只有35%左右，女性文盲率在80%以上，受教育程度远低于日本人，但却高出中国人不少。中国人男性文盲率在60%左右，女性文盲率在95%左右，平均受教育程度最低，而且其中相接受旧式私塾教育的比例超过接受新式普通教育的比例。对于中国人来说，满铁附属地人口文盲率低于关东州，而关东州内部又以旅顺市和大连市为最低。在关东州内部，旧式私塾教育的分布存在明显的城乡差别，而新式普通教育则没有这种差别。

7. 人口的籍贯分布

关东州和满铁附属地日本人籍贯比例从西南到东北递减：最多的是九州地区和中国四国地区，其次是近畿地区和中部地区，再次是关东地区和东北地区，北海道最少。朝鲜人在满铁附属地占有相当大的比例，而在关东州则微不足道，这是两者在移民籍贯方面的重大差别。朝鲜人主要去往满铁附属地，去往关东州的极少。北海道、关东地区、九州地区和中国四国地区的日本人去往关东州的居多。东北地区的日本人去往满铁附属地的居多。中部地区和近畿地区的情况比较特殊：男性去往满铁附属地的居多，女性去往关东州的居多。日本人整体而言，也是男性去往满铁附属地的居多，女性去往关东州的居多。在1920–1930年间关东州和满铁附属地的日本人中，只有来自九州地区的比例在不断上升，其他地区的比例都在下降，且前五年变化更大。朝鲜人的比例也在持续上升，在满铁附属地的上升最为引人瞩目。

关东州的中国人以奉天省籍为主，约占三分之二以上，特别是女性更多。

其次是山东省籍，河北省籍只占很小一部分。满铁附属地的中国人以山东省籍为最多，其次是河北省籍和奉天省籍，三者比例大致相当，各占三分之一左右。可见城市化程度越高的地方，移民来源地越远。值得注意的是，无论在关东州还是满铁附属地，女性的奉天省籍比都高于男性，也就是说女性的本地色彩更浓，这也从另一个侧面反映了移民中男性多于女性这样一个事实。1920年时在关东州和满铁附属地的中国人几乎都是奉天省籍（98%以上），在1920－1925年的五年间，山东河北移民大量涌入，奉天省籍比例急剧下降，在关东州占三分之二以上，在满铁附属地则只占三分之一。在1925－1930年五年间，奉天省籍比例进一步缩小，山东省籍比例进一步扩大，而河北省籍比例则保持稳定，但后五年的变化幅度远不如前五年剧烈。

8. 日本人移民过程

日本人移居关东州和满铁附属地，是一个逐步加速的过程，1905年前的移居者在2%以下，1906－1915年间有所增长，年均移居者约占整体1.3－1.6%，1916－1925年间进一步增长，年均移居者约占整体3.7－3.8%，1926－1930年间急剧增长，年均移居者约占整体8－9%以上。也就是说，1930年关东州和满铁附属地日本人中将近一半是在最近五年到达的。在本地出生的人口，在5－9岁年龄段中不超过36%，在10－14岁年龄段中不超过27.1%，在15－19岁年龄段中不超过5.5%，在20－24岁年龄段中不超过2.7%，在25－29岁年龄段中不超过0.2%，在30岁以上年龄段中基本没有在本地出生的。这也从另一个侧面反映了移民一开始时规模小，后来加速增长急剧扩大的事实。

1915年以前，去往关东州的人数多于去往满铁附属地的，1916年以后，基本就是去往满铁附属地的居多了。特别是1910年以后，去往关东州的比例基本呈减少趋势（特别是去往大连市的比例），而去往满铁附属地的比例在逐步增加。但总体而言，日本移民第一位的目的地还是大连市（39.8%），其次是奉天（10.5%）和抚顺（9.6%）。

1910年前的移居者，以20－34岁年龄段为主，其中最多的是25－29岁年龄段。1911－1920年间的移居者，仍以20－34岁年龄段为主，其中最多的是20－24岁年龄段。1921－1930年间的移居者，以15－29岁年龄段为主，其中最多的是20－24岁年龄段。随着时间的推移，移居关东州和满铁附属地的日本人整体年龄结构有逐步年轻化的趋势，从前期的以20－34岁年龄段为主过渡到后期的以15－29岁年龄段为主。

总体来看，1905 年前移居者性别比最高，在 450 以上，在 1906 – 1915 年间显著下降，在 1916 – 1920 年间再次上升，在 1921 – 1925 年间跌到谷底，在 95 左右，在 1926 – 1930 年间再次上升。其中只有 1921 – 1925 年间日本移居者中女性人数超过了男性人数。分年龄段来看，1905 年前移居者，15 岁以上年龄段都是严重的男多女少，男性人口数是女性人口数的好几倍。1910 – 1925 年间移居者，25 – 39 岁年龄段存在明显的男多女少，但 15 – 24 岁年龄段则普遍是女多男少。1926 – 1930 年间移居者，20 – 49 岁年龄段都存在明显的男多女少。1921 – 1925 年间移居者整体女多男少，而且存在男多女少的年龄段比其他年份更为偏高，这表明这一时间段有大量青年女性进入。

1905 年前移居者无业率最低，而 1921 – 1925 年间移居者无业率最高。1905 年前的移居者无业率最低，是由于没有未成年人的缘故，而 1921 – 1925 年间移居者无业率最高，则是由于这一时期移居者中女性比例大幅增加的缘故。可见无业率与年龄和性别结构有密切关系。总的来说，关东州与满铁附属地的职业结构也非常相似，第一位的职业是公务与自由职业，其次是商业和工业，只是交通业在满铁附属地比在关东州更为重要。但历史上的情况并非一直如此。在 1915 年前，商业是第一位的职业，其次是工业。直到 1915 年后，公务与自由职业才成为第一位的职业，商业居第二位，工业居第三位。

9. 城乡差别

对于中国人来说，满铁附属地与关东州，以及大连市、旅顺市与关东州其他地区的差别，就是典型的城乡差别。城市是移民的中心，而移民主要是青壮年男性，这一事实影响到人口特征的许多方面。

人口增长率。满铁附属地人口增长率超过了关东州，大连市和旅顺市人口增长率超过了关东州其他地区。

人口年龄结构。满铁附属地和大连市、旅顺市以 15 – 29 岁年龄段人口比例最高，关东州其他地区以 14 岁以下年龄段人口比例最高。

人口性别结构。满铁附属地性别比远远高于关东州，关东州内部大连市、旅顺市性别比明显高于其他地区。

户的规模。满铁附属地和大连市、旅顺市以 2 – 4 人户居多，而关东州其他地区以 3 – 5 人户甚至 4 – 6 人户居多。而且大连市平均户的规模还在不断下降中。

婚姻状况。城市人口较之农村人口，未婚率低、有偶率高、丧偶率低、离婚率高。这主要是由人口的年龄结构决定的，城市人口中未成年人和老年人比例小于农村人口，故未婚率低、有偶率高、丧偶率低、离婚率高。但分年龄段男性人口有偶率，各个年龄段都是农村高于城市，且农村在更早的年龄段就达到峰值。这说明农村男性人口更为早婚，且比城市男性人口结婚更为容易。但早婚的倾向也在不断减弱。女性人口婚姻状况的城乡差别不太明显。

职业状况。关东州无业率远大于满铁附属地，这也主要是人口年龄结构决定的，关东州未成年人比例更高。关东州人口从事农业的比例远大于满铁附属地，而从事商业、工业和矿业的比例则远小于满铁附属地。满铁附属地较之关东州，个体经营更少，雇佣经营更多，雇佣关系更为发达，同时每个雇主的雇工人数也更多，经营规模更大。

教育状况。满铁附属地人口文盲率低于关东州，而关东州内部又以旅顺市和大连市为最低。在关东州内部，旧式私塾教育的分布存在明显的城乡差别，而新式普通教育则没有这种差别。

籍贯分布。关东州的中国人以奉天省籍为主，约占三分之二以上，特别是女性更多。其次是山东省籍，河北省籍只占很小一部分。满铁附属地的中国人以山东省籍为最多，其次是河北省籍和奉天省籍，三者比例大致相当，各占三分之一左右。可见满铁附属地较之关东州，移民来源地更远。

10. 中日差别

除了城乡差别外，人口特征另一个比较显著的差别就是中国人和日本人两个群体之间的差别。前述城乡差别主要是流向城市的移民及其性别和年龄方面的选择性导致的，而中日差别正如艾琳·托伊柏所说，是两个东亚世界的差别。

户的规模。在关东州，日本人以2－4人户居多，中国人以3－5人户居多。在满铁附属地，日本人和中国人相似，以2－4人户居多。单身户的比例，日本人明显高于中国人。

婚姻状况。中国人男性结婚较早，但成年男性未能普遍结婚。随着年龄的增长，男性未婚率的下降是一个连续缓慢的过程，从10岁到60岁一直有人不断进入婚姻状态，但在60岁时仍有将近10%的人是未婚状态。日本人男性结婚较晚，但成年男性普遍结婚。随着年龄的增长，男性未婚率的下降是一个相对迅速的过程，主要集中在25－34岁这一年龄段。中国人女性未婚率的下降主要集中在15－25岁这一年龄段，日本人女性未婚率的下降主要集中在20－30岁这一年龄段。中日女性都普遍结婚，但中国人女性更为早婚。总之，无论男女，中国人普遍比日本人更早婚。中国人男女婚姻状态存在重大差别，女性普遍结婚而男性不能普遍结婚。日本人男女婚姻状态比较一致，通常男比女晚结婚五年左右。

职业状况。关东州中国人从事农业的比例最高，而日本人从事农业的极少。此外最大的差别就是日本人中从事公务与自由职业的比例很高，这也反映了关东州和满铁附属地的殖民地性质。

教育状况。日本人男性文盲率在1%左右，女性文盲率在7%左右，而中国人男性文盲率在60%左右，女性文盲率在95%左右，两者相差悬殊。

地区差异。中国人存在广泛的地区差别和城乡差别，而日本人则不存在这种情况。日本人在关东州和满铁附属地各地基本上都是移民而非土著，这些移民在很大程度上是同质的。

结　语

本书的学术意义主要有两点，一是深化了对近代特别是 1930 年代东北移民的认识，二是丰富了区域断代人口研究的内容。

第一节　对于近代东北移民史的意义

一、几个指标的含义

如前所述，有关伪满时期移民的直接史料多集中在日伪对关内劳动力的掠夺和日本对中国的移民侵略等方面，有关人口流动的全面、权威的统计资料比较缺乏，而零散的史料往往无法勾勒人口流动的整体面貌，特别是东北内部的人口流动。要想了解人口流动的整体面貌，只能通过对人口数据的分析来作间接估计。

此外，东北各地的移民开发程度也需要量化研究方可进一步深入。因此需要构建几个指标，来作为衡量的标准。

1. 男女性别比。将男性人口数除以女性人口数，再乘以 100，即为性别比，也叫女百值男数，这一指标反映了男女均衡程度。由于移民的性别选择性，性别比反映了移民的流向，但不能作为量化的标准，因为各地的人口基数相差太大。事实上，在一个移民源源不断流入的地区里，性别比是体现一地定居开发程度的最好标准，定居历史悠久、开发程度高的地区男女性别比一般是平衡的，而定居历史短暂、新开发地区的移民社会通常男多女少，男女严重失调。因为率先到达一个地区的第一批移民，往往是青壮年男子居多，其性别比也是最高的，随着地区开发的进行，移民的第二代出生，以及后来的移民携家带口陆续迁入，性别比才会逐渐降下来。1940 年伪满洲国分县性别比的空间分布证明了这一点。

2. 人口增长率。由于出生率和死亡率并无显著的空间差异，各地人口增长率的差异主要是伪满洲国内部人口流动的结果，故可将各地人口增长率作为内部移民的判断标准。通过计算 1933–1940 年的分县人口增长率，再与同一时期排除外来移民后的全满平均人口增长率比较，高于平均水平的县份就可以判定为人口移入区，低于平均水平的县份就可以判定为人口移出区。这样就可大致了解人口的长期流动态势。

3. 人口增长率的波动程度（以下简称波动度）。具体算法为 1933–1935、1935–1938、1938–1940 三个时间段前后人口增长率之差的绝对值之和，这一指标反映了人口增长率的稳定程度。如前所述，波动度与性别比呈强正相关，性别比高的地方人口增长率不稳定，性别比低的地方人口增长率较为稳定。

4. 单身男性移民数与人口增长率的相关程度（以下简称相关度）。正常情况下的人口增长，某一段时间内新增男女人口数应该是相当接近的，否则就是有外来移民进入，移民影响到新增人口性别比。考虑到 1930 年代伪满洲国女性人口大多数都是无业或者从事家庭服务业，不太可能单独长距离大规模迁徙，故人口迁徙一般只有两种可能：男性携家迁徙和男性单独迁徙。将某地新增男性人口数减去新增女性人口数，多出来的男性人口，就是单身男性移民。将一省内部各县的单身男性移民数与各县 1933–1940 年间人口增长率作一相关分析，所得相关系数即为该省的相关度，这一指标反映了该省单身男性移民对其人口增长的贡献程度。

5. 城镇人口比重。将某地居住在"市"和"街"里的人口数除以该地总人口数，即为城镇人口比重，这一指标反映了城市化程度和人口居住的集中程度。一般城镇人口比重高的地区，城市化程度也高，人口居住也更为集中。从各地初等学校的规模也可以看出其人口居住的集中程度。因为一所学校的服务半径是有限的，人口居住集中的地区学校规模相应会大些，人口居住分散的地区学校规模就会小一些。

6. 普查登记比。人口普查的对象是现在人口，而人口登记的对象是户籍人口。将某地的人口普查数除以人口登记数，即为普查登记比，这一指标反映了人口的短期流动趋势。普查登记比大于 1 的地区现在人口数多于户籍人口数，是短期人口流入区，小于 1 的地区现在人口数少于户籍人口数，是短期人口流出区。

二、运用这几个指标所作的研究

下面就根据以上几个指标，来研究伪满内部移民的流向、移民的类型等方面。

1. 根据1933－1940年间各地人口增长率来判断人口的长期流向

在全满范围内来看，人口从中南部核心省份流向西部、北部、东北部边疆省份。各省按其内部人口流动模式，大致可分为以下几种类型：第一类，边疆省份，人口普遍流入内部各县，如黑河省、兴安东省、兴安南省、兴安西省、间岛省。第二类，次边疆省份，人口主要流向这些省份靠近边疆的一侧，如北安省、龙江省、热河省。第三类，城市发达省份，人口向城市中心或矿业中心集中，如安东省、奉天省、锦州省、东安省、牡丹江省、三江省、兴安北省。介于第二类和第三类之间的省份，人口同时向各省的城市中心和边缘地区流动，如吉林省、滨江省，这是人口增长率空间分布梯度延伸的体现。总之，这一时期的移民有两种类型，第一种从内地流向边疆，第二种从乡村流向城市。靠近边疆的省份，第一种类型居多，城市发达的省份，第二种类型居多。人口向中心城市的大量集中和中心城市的显著发展是1930年代东北人口增长空间模式的重要特点。

2. 根据普查登记比的空间分布来判断人口的短期流向

总体来看，全满范围内人口短期流动的大体趋势就是从中南部核心省份流向东部、北部、西部的边疆省份。各省按其内部人口流动模式，大致可分为以下几种类型：第一类，边疆省份，全省大多数县份都是人口流入区，如通化省、间岛省、牡丹江省、东安省、三江省、黑河省、兴安东省、兴安西省、兴安南省、热河省。第二类，次边疆省份，人口主要流向这些省份靠近边疆的一侧，如北安省、龙江省。第三类，人口向城市中心集中，如奉天省、安东省、锦州省。介于第二类和第三类之间的省份，人口同时向各省的城市中心和边缘地区流动，如吉林省、滨江省。东北部省份（三江省、东安省、牡丹江省）短期来看普遍流入，长期来看人口向中心城市集中。除此之外，1940年各省内部人口短期流动的空间模式与1933－1940年间各省内部人口流动的空间模式非常相似，这反映了人口的短期流动和长期迁徙在去向上有高度一致性。

3. 根据各民族性别－年龄结构的空间分布来判断16－25岁年龄段人口的流向

如果某地人口16－30岁年龄段同时存在性别比高、权重大两大特点，就可以证明这些地区新近接受了大量移民，而且移民数量相对于原有人口数量，大到足以影响当地原有人口结构的程度。据此可以判断：汉人 16 – 25 岁年龄段人口流出吉林、龙江、北安、安东、四平、锦州、热河、兴安西、兴安南省，流入新京、黑河、三江、东安、牡丹江、间岛、通化、兴安北、兴安东省。朝鲜人 16 – 25 岁年龄段人口流入兴安北、新京、黑河、热河、兴安东、奉天、三江、牡丹江、北安、龙江、东安、滨江、吉林省。考虑到实际人口数，该年龄段人口流入吉林、奉天、牡丹江、滨江四省最多。朝鲜人并没有从哪个省份大量流出，反而向上述这些省份不断流入。日本人 16 – 20 岁年龄段人口向几乎所有的省流入，21 – 25 岁年龄段人口则由于被征服役而在几乎所有的省都大量流出。

4. 通过各民族性别—年龄结构的比较来考察各民族移民的历史过程

各民族年龄结构和分年龄性别比的比较研究显示，汉人的移民有一个显著的高峰阶段和一个突然的低潮。旗人和蒙古人的年龄结构和分年龄性别比与汉人高度相似，只是总体性别比更低，定居历史更久，移民色彩更淡。朝鲜人的移民是一个渐进的、源源不断的过程，而没有一个显著的高峰阶段。而日本人的移民有两个显著的高峰阶段。各民族年龄结构和分年龄性别比的相关性研究显示，汉人与旗人相关系数最高，其次是蒙古人，再次是朝鲜人，而与日本人相距最远。汉人、旗人、蒙古人的年龄结构和分年龄性别比彼此之间非常相似，说明这三个民族归入一种移民类型，即本土的、自发的、有悠久迁移历史的类型。以上三个民族呈现出的相似不是偶然的，因为都是中国的本土民族。朝鲜人在前期是自发移民，也有较久的迁移历史，在后期被纳入日伪当局的移民计划，因而是一种过渡类型。至于日本人，完全是在日伪当局计划和组织下的、人为的移民，且迁移历史短暂，属于第三种类型。

5. 根据性别比与人口密度相关性来判断各省移民类型

间岛、安东、吉林、牡丹江、热河、锦州、滨江、北安等省性别比与人口密度呈现出强烈的负相关，即人口密度越高，性别比越低，人口密度越低，性别比越高，也就是说在以上诸省内部，移民总是向人口密度低的地方流动。奉天省性别比与人口密度呈现出强烈的正相关，即人口密度越高，性别比越高，也就是说在奉天省内，移民向人口密度高的地方流动。黑河、兴安南、兴安东、兴安北几个省相关系数接近于零，说明这几个省的人口流动与人口密度基本没有什么相关性。三江、东安、龙江省相关系数介于第一类和第三类之间。第一类省份往往是有多余土地可供开发的省份，移民主要从事农业开发，人口流动自然是移密就疏的趋势。第二类省份是工商业发达、城市化程度较高的省份，移民通常往工商业集中的地方流动，使人口出现积聚效应。第三类省份靠近"满"苏、"满"蒙边境，其人口流动主要是军事需要，与工农业发展基本没有关系。第四类省份也是地广人稀适宜农业开发的省份，从事农业开发的移民向人口稀少的地方流动，所以呈现出负相关。但这些省份同时处于边境地区，由军事需要导致的人口流动与人口密度无关，冲淡了其农业开发型移民的色彩，使相关系数没有第一类省份那么高。

6. 根据城镇人口比重来判断各省城市化水平和城市空间模式

除了传统的城镇发达省份如奉天省和滨江省外，牡丹江省、三江省、东安省、兴安北省这些边疆省份的城镇人口比例惊人，反映了1930年代这些地区城镇的显著发展，此外跟这些地区人口多从事非农产业也有关系。排除缺乏城市的边疆省份和奉天省、滨江省这些传统的城镇发达省份，再结合近代东北铁路网图来观察其他省份中心城市的分布，可以看出各省城镇人口比例最突出的县份或者位于铁路的节点上，如北安、齐齐哈尔、白城（洮安）、通辽、阜新、锦州、海龙、四平，或者有铁路经过，如海拉尔、满洲里、嫩江、王爷庙、承德、赤峰、安东、延吉。铁路最晚延伸到热河省，其整体城镇化水平也较低。这也从一个侧面反映了铁路对城镇发展的重要意义。

7. 根据性别比空间分布来判断各地开发程度

分县性别比的空间分布证明，移民是一个积淀的过程，地区开发往往按梯度进行。移民首先选择的是容易到达和容易开发的地区，这些地区的开发达到一定程度后，就开始溢出，流向周围的邻近地区。铁路和水路对移民分布，进而对地区开发程度有显著的影响。

8. 根据人口增长率波动程度来判断各地定居程度

人口增长率波动最大的是北部沿边省份（兴安东省、黑河省、三江省、东安省），其次是西部沿边省份（热河省、兴安南省、兴安西省），再次是东部沿边省份（安东省、牡丹江省、间岛省、通化省），其余的内地省份人口增长率波动最小。波动度反映了某地人口增长的稳定程度，波动度高的省份，通常林业、矿业、牧业等非农产业突出，且无较为发展的城市中心。而波动度低的省份或者是定居历史悠久的传统农业社会，或者有有序发展的新兴城市，或者两者兼而有之。因为农村和城市这些永久定居的社会，其成长速度往往相对稳定，抗外来冲击能力也更强，人口规模一般不会大起大落，而矿山、林场之类的聚落则正好相反。波动度与性别比呈强正相关，而性别比反映了一个地方的定居开发程度。性别比低的地方定居历史悠久，开发程度较高，相应地人口增长率波动程度也低，而性别比高的地方定居历史短暂，开发程度较低，相应地人口增长率波动程度也高。

9. 根据各省单身男性移民数与人口增长率相关性来判断其单身男性移民对人口增长的贡献程度

根据各省单身男性移民与人口增长率之相关性可知，人口增长受单身男性流动影响最强烈的省份是一般是边疆省份（如黑河省、三江省、东安省、牡丹江省、间岛省、热河省、兴安西省、兴安北省）和次边疆省份（如北安省、龙江省），非边疆省份中只有吉林省和锦州省（矿业省份）比较强烈。人口增长受单身男性流动影响最弱的省份一般都是内地省份（如奉天省、安东省、四平省、滨江省）。相关度高的省份，通常林业、矿业等非农产业，或新兴城市较为发展，能大量吸引单身男性移民前往，而相关度低的省份则农业社会色彩更浓些，因为一来这些地区对移民的吸引力不够，二来移民如果从事农业，往往会携家前往。奉天省、滨江省也有较为发展的城市，但相关度并不高，主要是因为这些城市历史较久，并非新兴城市，当前并没有能吸引大量单身男性移民前往。

四、其他移民研究

1. 1941 年春季入满移民的考察

与 1920 年代相比，1941 年入满移民的情况在很多方面都发生了巨大的变化。1920 年代移民取道海路的居多，而 1941 年移民取道陆路的居多，陆路移民比例的增长，是以两个较小的港口营口和安东为代价的。1920 年代移民以相对地广人稀的北满为主要目的地，而 1941 年移民则以南满，特别是城市和工矿业较发达的奉天省和关东州为主要目的地。1920 年代移民从事农业的占相当比例，1941 年移民从事农业和杂役（其他自由业）的比例急剧下降，而从事矿业、交通业和工业（土木业、建筑业、制造业）的比例有显著上升。其中东部、北部、西部边境省份，是日伪国防的重点地带，有许多大型土木工程，去往这些地方的移民首要职业是土木业。

2. 日本人移民关东州和满铁附属地的过程

日本人移居关东州和满铁附属地，是一个逐步加速的过程。移民一开始时规模很小，后来加速增长急剧扩大。随着时间的推移，移居的日本人整体年龄结构有逐步年轻化的趋势，而性别结构也从一开始时严重的男多女少逐渐变得较为平衡。早期最重要的职业是商业，后来则变为公务与自由职业。原籍最多的是九州地区和中国四国地区，其次是近畿地区和中部地区，再次是关东地区和东北地区，北海道最少，从西南到东北递减。1920 - 1930 年间，只有来自九州地区的比例在不断上升，其他地区的比例都在下降。

第二节　对区域断代人口研究的意义

本书搜集了大量的伪满统计资料，从人口学的角度给予解释说明，从中可以了解伪满时期人口婚姻、职业、教育、宗教、卫生等方面的情况。此外，通过对关东州和满铁附属地这一"微观世界"的具体研究，可以发现 1930 年代这一地区的人口有如下特征：

二、城乡人口之间存在明显的差别

对于中国人来说，满铁附属地与关东州，以及大连市、旅顺市与关东州其他地区的差别，就是典型的城乡差别。城市是移民的中心，而移民主要是青壮年男性，这一事实影响到人口特征的许多方面，故移民是导致人口特征城乡差别的关键因素。城乡差别的具体方面有：

1. 人口增长率。满铁附属地人口增长率超过了关东州，大连市和旅顺市人口增长率超过了关东州其他地区。

2. 年龄结构。满铁附属地和大连市、旅顺市以 15 - 29 岁年龄段人口比例最高，关东州其他地区以 14 岁以下年龄段人口比例最高。

3. 性别结构。满铁附属地性别比远远高于关东州，关东州内部大连市、旅顺市性别比明显高于其他地区。

4. 户的规模。满铁附属地和大连市、旅顺市以 2 - 4 人户居多，而关东州其他地区以 3 - 5 人户甚至 4 - 6 人户居多。而且大连市平均户的规模还在不断下降中。

5. 婚姻状况。城市人口较之农村人口，未婚率低、有偶率高、丧偶率低、离婚率高。这主要是由人口的年龄结构决定的，城市人口中未成年人和老年人比例小于农村人口，故未婚率低、有偶率高、丧偶率低、离婚率高。但分年龄段男性人口有偶率，各个年龄段都是农村高于城市，且农村在更早的年龄段就达到峰值。这说明农村男性人口更为早婚，且比城市男性人口结婚更为容易。女性人口婚姻状况的城乡差别不太明显。

6. 职业状况。关东州无业率远大于满铁附属地，这也主要是人口年龄结构决定的，关东州未成年人比例更高。关东州人口从事农业的比例远大于满铁附属地，而从事商业、工业和矿业的比例则远小于满铁附属地。满铁附属地较之关东州，个体经营更少，雇佣经营更多，雇佣关系更为发达，同时每个雇主的雇工人数也更多，经营规模更大。

7. 教育状况。满铁附属地人口文盲率低于关东州，而关东州内部又以旅顺市和大连市为最低。在关东州内部，旧式私塾教育的分布存在明显的城乡差别，而新式普通教育则没有这种差别。

8. 籍贯分布。关东州的中国人以奉天省籍为主，约占三分之二以上，特别是女性更多。其次是山东省籍，河北省籍只占很小一部分。满铁附属地的中国人以山东省籍为最多，其次是河北省籍和奉天省籍，三者比例大致相当，各占三分之一左右。可见满铁附属地较之关东州，移民来源地更远。

三、中日人口之间存在明显的差别

除了城乡差别外，人口特征另一个比较显著的差别就是中国人和日本人两个群体之间的差别。前述城乡差别主要是流向城市的移民及其性别和年龄方面的选择性导致的，而中日差别正如艾琳·托伊柏所说，是分别代表传统和现代的两个东亚世界之间的差别。中日差别的具体方面有：

1. 户的规模。在关东州，日本人以 2－4 人户居多，中国人以 3－5 人户居多。在满铁附属地，日本人和中国人相似，以 2－4 人户居多。单身户的比例，日本人明显高于中国人。

2. 婚姻状况。中国人男性结婚较早，但成年男性未能普遍结婚。随着年龄的增长，男性未婚率的下降是一个连续缓慢的过程，从 10 岁到 60 岁一直有人不断进入婚姻状态，但在 60 岁时仍有将近 10% 的人是未婚状态。日本人男性结婚较晚，但成年男性普遍结婚。随着年龄的增长，男性未婚率的下降是一个相对迅速的过程，主要集中在 25－34 岁这一年龄段。中国人女性未婚率的下降主要集中在 15－25 岁这一年龄段，日本人女性未婚率的下降主要集中在 20－30 岁这一年龄段。中日女性都普遍结婚，但中国人女性更为早婚。总之，无论男女，中国人普遍比日本人更早婚。中国人男女婚姻状态存在重大差别，女性普遍结婚而男性不能普遍结婚。日本人男女婚姻状态比较一致，通常男比女晚结婚五年左右。

3. 职业状况。关东州中国人从事农业的比例最高，而日本人从事农业的极少。此外最大的差别就是日本人中从事公务与自由职业的比例很高，这也反映了关东州和满铁附属地的殖民地性质。

4. 教育状况。日本人男性文盲率在 1% 左右，女性文盲率在 7% 左右，而中国人男性文盲率在 60% 左右，女性文盲率在 95% 左右，两者相差悬殊。

5. 地区差异。中国人存在广泛的地区差别和城乡差别，而日本人则不存在这种情况。日本人在关东州和满铁附属地各地基本上都是移民而非土著，这些移民在很大程度上是同质的。

余 论

随着时间的推移，关东州和满铁附属地各地移居色彩在减弱，而本地化程度在增强。作为人口主体的中国人，婚龄在推迟，分年龄段有偶率在上升，户的规模在变小。城乡之间的互动，早婚倾向的减弱，这些是否是人口转变的早期征兆？城乡差别，很大程度上由移民引起，而中日差别则是体现了传统与现代的差别。那么移民对瓦解传统人口模式起了什么作用？是否如艾琳·托伊柏所言，"既不是足够的刺激，也不是必要的先兆"？由于缺乏生育率和死亡率方面的详细数字，这些问题只能留待将来进一步探讨。

参考文献

原始资料

东北经济委员会调查统计处编《伪满时期东北经济统计（1931－1945 年）》，1949 年版。

关东长官官房调查课《昭和五年关东厅国势调查比例篇》，1934 年 2 月。

关东长官官房调查课《昭和五年关东厅国势调查记述篇》，1934 年 3 月。

关东长官官房临时国势调查课《昭和五年国势调查世带及人口－关东厅》，1931 年

黑龙江省档案馆《东北日本移民档案》，广西师范大学出版社 2003 年版。

黑龙江省档案馆《满铁调查报告》，广西师范大学出版社 2005 年版。

吉林省图书馆伪满洲国史料编委会《伪满洲国史料》，全国图书馆文献缩微复制中心 2002 年版。

辽宁省档案馆《满铁与劳工》，广西师范大学出版社 2003 年版。

辽宁省档案馆《满铁与移民》，广西师范大学出版社 2003 年版。

辽宁省档案馆《满铁调查报告（第三辑）》，广西师范大学出版社 2008 年版。

满铁资料编辑出版委员会《中国馆藏满铁资料联合目录》，东方出版中心 2007 年版。

民国内政部人口局《民国三十七年上半年全国户口统计》，无出版处。

民国内政部人口局《全国户口统计》，1947 年 7 月。

民国内政部统计处《全国各选举区户口统计》，《内政统计季刊》创刊号，1936 年 10 月。

民国内政部统计处《各省市乡镇保甲户口统计》1946 年 12 月。

民国内政部统计司《民国十七年度户口调查统计报告》，南京京华印书馆 1931 年版。

伪满时期资料重刊编委会《伪满洲国政府公报》，辽沈书社 1990 年版。

伪满洲国国务院统计处《大同元年末现住户口统计》，1933 年。

伪满洲国国务院统计处《大同二年末现住户口统计》，1934 年。

伪满洲国国务院总务厅临时国势调查事务局《康德七年临时国势调查速报》，1940 年。

伪满洲国国务院总务厅临时国势调查事务局《康德七年临时国势调查报告》第一卷全

国编，1940 年。

伪满洲国治安部警务司《康德二年末满洲帝国现住户口统计》，1936 年。

伪满洲国治安部警务司《康德五年末满洲帝国现住户口统计》，1939 年。

伪满洲国治安部警务司《康德六年末满洲帝国现住户口统计》，1940 年。

伪满洲国治安部警务司《康德七年末满洲帝国现住户口统计》，1941 年。

伪满洲国总务厅统计处《满洲帝国统计年鉴》第一回，1940 年。

伪满洲国总务厅统计处《满洲帝国统计月报》第 1 卷第 1 号，1941 年 6 月。

伪满洲国总务厅统计处《满洲帝国统计月报》第 1 卷第 2 号，1941 年 7 月。

伪满洲国总务厅统计处《满洲帝国统计月报》第 1 卷第 3 号，1941 年 8 月。

伪满洲国总务厅统计处《满洲帝国统计月报》第 1 卷第 4 号，1941 年 9 月。

伪满洲国总务厅统计处《满洲帝国统计月报》第 2 卷第 1 号，1942 年 1 月。

伪满洲国总务厅统计处《满洲帝国统计月报》第 2 卷第 2 号，1942 年 2 月。

伪满洲国总务厅统计处《满洲帝国统计月报》第 2 卷第 3 号，1942 年 3 月。

伪满洲国总务厅统计处《满洲帝国统计月报》第 2 卷第 4 号，1942 年 4 月。

伪满洲国总务厅统计处《满洲帝国统计月报》第 2 卷第 5、6 号，1942 年 5、6 月。

伪满洲国总务厅统计处《满洲帝国统计月报》第 2 卷第 7、8、9 号，1942 年 7、8、9 月。

中国第二历史档案馆《中华民国史档案资料汇编》，江苏古籍出版社 1991 年版。

中央档案馆、中国第二历史档案馆、吉林省社会科学院合编《东北经济掠夺》，《日本帝国主义侵华档案资料选编》第 14 卷，中华书局 1991 年版。

中央档案馆、中国第二历史档案馆、吉林省社会科学院合编《伪满傀儡政权》，《日本帝国主义侵华档案资料选编》第 14 卷，中华书局 1994 年版。

论著

〔美〕卜凯《中国土地利用》，金陵大学农学院农业经济系，1941 年。

陈彩章《中国历代人口变迁之研究》，商务印书馆 1946 年版。

陈长蘅《人口》，民国实业部《中国经济年鉴》，商务印书馆 1934 年版。

陈长蘅《中国人口论》，商务印书馆 1928 年版。

曹明国《中国人口·吉林分册》，中国财政经济出版社 1988 年版。

曹树基《中国移民史（清 民国时期)》，福建人民出版社 1997 年版。

池子华《中国近代流民》，浙江人民出版社 1996 年版。

〔日〕稻叶岩吉《满洲发达史》，杨成能译，东亚印刷株式会社奉天支店 1940 年版。

〔美〕费正清《剑桥中华民国史》，章建刚等译，上海人民出版社 1991 年版。

傅林祥、郑宝恒《中国行政区划通史·中华民国卷》，复旦大学出版社 2007 年版。

葛剑雄等《简明中国移民史》，福建人民出版社 1993 年版。

国际人口科学研究联盟《多语言人口学词典》，商务印书馆 1992 年版。

国家公安部户政管理局编《清朝末期至中华民国户籍管理法规》，群众出版社 1996 年版。

何炳棣《1368－1953 年中国人口研究》，葛剑雄译，上海古籍出版社 1989 年版。

黑龙江省地方志编纂委员会《黑龙江省志·人口志》，《黑龙江省志》第五十七卷，黑龙江人民出版社 1996 年版。

侯杨方《中国人口史（1910－1953 年）》，复旦大学出版社 2001 年版。

吉林省地方志编纂委员会《吉林省志·人口志》，《吉林省志》第五卷，吉林人民出版社 1992 年版。

姜念东等《伪满洲国史》，吉林人民出版社 1980 年版。

姜涛《中国近代人口史》，浙江人民出版社 1993 年版。

姜涛《历史与人——中国传统人口结构研究》，人民出版社 1998 年版。

江文汉《满洲移民》，载于中国社会学社《中国人口问题》，世界书局 1932 年版。

柯象峰《现代人口问题》，正中书局 1934 年版。

孔经纬《东北经济史》，四川人民出版社 1986 年版。

李德滨、石方《黑龙江移民概要》，黑龙江人民出版社 1987 年版。

路遇《清代和民国山东移民东北史略》，上海社会科学院出版社 1987 年版。

路遇、滕泽之《中国人口通史》，山东人民出版社 2000 年版。

〔美〕珀金斯《中国农业的发展（1368－1968 年）》，宋海文等译，上海译文出版社 1984 年版。

石方《中国人口迁移史稿》，黑龙江人民出版社 1990 年版。

宋家泰《东北九省》，中华书局 1948 年版。

宋迺工《中国人口·内蒙古分册》，中国财政经济出版社 1987 年版。

宋则行《中国人口·辽宁分册》，中国财政经济出版社 1987 年版。

谭其骧《长水集》（上），人民出版社 1987 年版。

田方、陈一筠《中国移民史略》，知识出版社 1986 年版。

王海波《东北移民问题》，中华书局 1932 年版。

王慕宁《东三省之实况》，中华书局 1929 年版。

王胜今《伪满时期中国东北地区移民研究——兼论日本帝国主义实施的移民侵略》，中国社会科学出版社 2005 年版。

解学诗《隔世遗思——评满铁调查部》，人民出版社 2003 年版。

行龙《人口问题与近代社会》，人民出版社 1992 年版。

熊映梧《中国人口·黑龙江分册》，中国财政经济出版社 1989 年版。

许仕廉《中国人口问题》，商务印书馆 1930 年版。

言心哲《中国乡村人口问题之分析》，商务印书馆 1935 年版。

杨子慧主编《中国历代人口统计资料研究》，改革出版社 1996 年版。

袁永熙《中国人口·总论》，中国财政经济出版社 1991 年版。

张在普《中国近现代政区沿革表》，福建地图出版社 1987 年版。

赵文林、谢淑君《中国人口史》，人民出版社 1988 年版。

赵中孚《近世东三省研究论文集》，台北成文出版社有限公司 1999 年版。

郑宝恒《民国时期政区沿革》，湖北教育出版社 2000 年版。

钟悌之《东北移民问题》，日本研究社 1931 年版。

学位论文

范立君《近代东北移民与社会变迁（1860－1931）》，浙江大学博士论文，2005 年。

马平安《近代东北移民问题研究》，北京师范大学博士论文，1997 年。

张士尊《清代东北移民与社会变迁：1644－1911》，东北师范大学博士论文，2003 年。

赵英兰《清代东北人口与群体社会研究》，吉林大学博士论文，2006 年。

珠飒《清代内蒙古东三盟移民研究》，内蒙古大学博士论文，2005 年。

期刊论文

楚双志、马平安《关于近代东北移民问题的几点看法》，《辽宁教育学院学报》1996 年第 2 期。

习书仁《论清代东北流民的流向及对东北的开发》，《清史研究》1995 年第 3 期。

高乐才《近代中国东北移民历史动因探源》，《东北师大学报》2005 年第 2 期。

何廉《东三省之内地移民研究》，《经济统计季刊》第 1 卷第 2 期，1932 年。

居之芬《日本强掳华北劳工人数考》，《抗日战争研究》1995 年第 4 期。

刘含若《东北人口史初探》，《学习与探索》1983 年第 6 期。

刘含若《十六世纪以后黑龙江人口史探索》，《学习与探索》1986 年第 4 期。

刘举、李营《浅析 20 世纪初至 30 年代关内移民与东北经济发展的关系》，《黑龙江社会科学》2005 年第 1 期。

刘选民《清代东三省移民与开垦》，《史学年报》第 2 卷第 5 期，1938 年 12 月。

路遇《民国年间山东移民东北三省初探》，《人口研究》1985 年第 6 期。

马平安《近代朝鲜族移民我国东北线索梳理》，《辽宁教育学院学报》1997 年第 1 期。

王成敬《东北移民问题》，《东方杂志》第 43 卷 14 期，1947 年。

王杉《民初东北移民社会心态管窥》，《社会科学辑刊》1998 年第 5 期。

王杉《二十年代移民开发东北农业略论》，《史学月刊》1999 年第 6 期。

王杉《民初东北乡村移民探析》，《社会科学辑刊》2001 年第 3 期

王杉《简析近代东北城市的兴起》，《辽宁大学学报》2001 年第 4 期。

王士达《民政部户口调查及各家估计》，《社会科学杂志》第 3 卷第 3 期、第 4 卷第 1 期，1932 年、1933 年。

吴希庸《近代东北移民史略》，《东北集刊》第 2 期，1941 年。

羲农《从数字上看内居民向地满洲移动之趋势》，《工商半月刊》1 卷 11 期，1929 年。

萧一山《清代东北之屯垦与移民》，《东北集刊》第 4、5 期，1942、1943 年。

徐雍舜《东三省之移民与犯罪》，燕京大学《社会学界》，第 5 期，1931 年 6 月。

张艳芳《民国前期移民政策刍议》，《文史哲》2000 年第 6 期。

赵力群《日本对中国东北移民侵略始末》，《社会科学辑刊》1992 年第 2 期。

赵宁、贾雪虹《日本关东军的对苏战略与苦难的中国劳工》，《北方文物》1995 年第 3 期。

赵英兰《东北朝鲜移民社会经济与文化考察（1840 - 1945 年)》，《东北亚论坛》2004 年第 9 期。

赵英兰《晚清东北地区人口婚姻状况探析》，《人口学刊》2007 年第 3 期。

赵中孚《1920 - 30 年代的东三省移民》，《中央研究院近代史研究所集刊》第 2 期，1971 年。

赵中孚《移民与东三省北部的农业开发》，《中央研究院近代史研究所集刊》第 3 期，1972 年。

赵中孚《近代东三省移民问题之研究》，《中央研究院近代史研究所集刊》第 4 期，1974 年。

赵中孚《清代东三省的地权关系与封禁政策》，《中央研究院近代史研究所集刊》第 10 期，1981 年。

赵中孚《清代东三省北部的开发与汉化》，《中央研究院近代史研究所集刊》第 15 期，1986 年。

郑鹏《日本满蒙开拓青年义勇队始末》，《学习与探索》1985 年第 1 期。

周春英《近代东北三省关内移民动态的分析》，《中国边疆史地研究》2004 年第 6 期。

朱偰《满洲移民的历史与现状》，《东方杂志》第 25 卷第 12 期，1928 年。

朱玉湘、刘培平《论"九·一八"事变后东北地区的关内移民》，《近代史研究》1992 年第 3 期。

日文文献

中岛宗一《民国十六年の满洲出稼者》，满铁庶务部调查课 1927 年版。

栗本丰《民国十七年の满洲出稼者》，满铁庶务部调查课 1929 年版。

栗本丰《民国十八年满洲出稼移民移动状况》，满铁庶务部调查课 1930 年版。

栗丰本《民国十九年满洲出稼移民移动状况》，满铁庶务部调查课 1931 年版。

栗本丰《满洲出稼移住汉民の数的考察》，满铁庶务部调查课 1931 年版。

满洲矿工技术员协会《满洲矿工年鉴》，东亚文化图书株式会社 1944 年版。

英文文献

Beal, Edwin G., Jr. "The 1940 Census of Manchuria", The Far Eastern Quarterly, Vol. 4,

No. 3 (May, 1945), pp. 243 – 262.

Chao, chung – fu. "The Role of the Government in Interregional Migration: A Case Study of Manchuria, 1868 – 1911", Bulletin of the Institute of Modern History (Acadamia Sinica, vol. 8), pp. 217 – 234.

Chao, Kang. The Economic Development of Manchuria. Ann Arbor: Center for Chinese Studies, University of Michigan, 1982.

Ginsburg, Norton S. "Manchurian Railway Development", The Far Eastern Quarterly, vol. VIII, August 1949, No. 4, p398

Gottschang, Thomas R. Migration from North China to Manchuria: an Economic History, 1891 – 1942. Ph. D. dissertation, Univerisity of Michigan, 1982.

"Economic Change, Disasters, and Migration: The Historical Case of Manchuria", Economic Development and Culture Change, Vol. 35, No. 3 (Apr. 1987), pp. 461 – 490, The University of Chicago Press.

Gottschang, Thomas R. and Lary, Diana. Swallows and Settlers: The Great Migration form North China to Manchuria, Center for Chinese studies, The University of Michigan, 2000

Ho. , Franklin L. "Population Movement to the North Eastern Frontier in China", China Institute of Pacific Relations, Shanghai, 1931.

Lee, Robert H. G. The Manchurian Frontier in Ching History, Harvard University Press, 1970.

Myers, Ramon H. "Socioeconomic Change in Villages of Manchuria during the Ch' ing and Republic Periods: Some Preliminary Findings", Modern Asian Studies, Vol. 10, No. 4 (1976), pp. 591 – 620.

Suleski, Ronald. "Regional Development in Manchuria: Immigrant Laborers and Provincial Officials in the 1920s", Modern China, Vol. 4, No. 4 (Oct. , 1978), pp. 419 – 434.

Taeuber, Irene B. "Manchuria as a Demographic Frontier", Population Index 11 (1945), pp. 260 – 274.

"Manpower Utilization and Demographic Transitin: Japan, Manchuria, Taiwan", Asian Survey, Vol. 1, No. 3 (May, 1961), pp. 19 – 25.

"Migrants and Cities in Japan, Taiwan, and Northeast China", in The Chinese City Between Two Worlds (Stanford University Press, 1974), ed. by M. Elvin and G. Williams Skinner, pp. 359 – 384.

Tsao, Lien – en. "Chinese Migration to the Three Eastern Provinces", Bureau of Industry, Commerce and Labor, Shanghai, 1930.

"The Method of Chinese Colonization in Manchuria", Chinese Economic Journal, Aug. 1930.

"Land Reclamation in Kirin", Chinese Economic Journal, Nov. 1929. ,

"History of Chinese Migration to Manchuria", Chinese Economic Journal, Jul. 1930.

Wang, I – shou. Chinese Migration and Population Change in Manchuria, 1900 – 1940. Ph. D. dissertation, Geography, University of Minnesota, 1971.

Young, Walter C. "Chinese Immigration and Colonization in Manchuria", Pioneer Settlement: Cooperative Studies (New York, American Geographical Society) pp. 330 – 359.

"Chinese Labor Migration to Manchuria", Chinese Economic Journal, 1927, No. 1, pp. 613 – 633.

"Chinese Colonization in Manchuria", Far Eastern Review, 1928, No. 24, pp. 241 – 250, 296 – 303.

"Manchuria, A New Homeland of Chinese", Current History, 1928, pp. 529 – 536.

"Chinese Colonization and the Development of Manchuria", Problems of the pacific, ed. by J. Condliffe, Chicago, Institute for Pacific Relations, 1929, pp. 423 – 466.

后　记

　　写前言后记这类东西，就跟在会上发言一样，对我来说是一件困难的事。然而本书可以说是我的"处女作"，我斟酌再三，决定还是写两句，对她将来可能的读者们有一个交待。

　　本书是在我博士论文的基础上删改而成的。之所以叫删改，是因为我当初写论文时为求全面，勉强凑出了一些不甚完美的章节，留待将来补充完善，然而由于历史文献的特性，有些问题一时（甚或永远）无法得到妥善的解决，影响到所得结论的准确有效性，所以只好暂时忍痛割爱，将其删去。而对于有条件补充完善的，则尽力为之。这也算是一种新版本的"笔则笔，削则削"吧。

　　本书最先写成、同时也最多创见的是第三章。这在很大程度上有赖于那份独特的"临时国势调查"资料。第二章的数据量最大，主要依据历年的户口登记，方法则是常规的套路。这两章研究的是基础数据，内容丰富全面，构成了全书的核心和基架。在此基础上提出了几个关键性的指标，并运用这些量化指标考察了近十个重要专题。相比之下，第四章是一个时间断面上的动态观察，第五章则是一个微观世界的仔细解剖。这两章工作量也不算小，内容也不可谓不丰富，但从逻辑上讲在全书中只能属于补充、完善的性质。最后但并非最不重要的是第一章，是关于基层政区沿革的重建和电子地图呈现，这是全部研究得以进行的基础性工作，其意义不可低估。

　　本书的学术意义，套用一种略显老套的"三重体"陈述，就是填补学术空白、发掘新资料、采用新方法。要言之，第一点可以表述为，全面勾勒了伪满时期东北内部的人口流动，测度了东北各地的移民开发程度，丰富了区域断代人口研究的内容。第二点，努力发掘了伪满时期的历年户口登记和人口普查资料，特别是后者，可以说没有它本书就无从写起。第三点，通过对人口数据的分析来作移民等的间接估计，并运用 GIS 技术等使之更为准确直观。

关于本书的不足乃至缺点，也无庸讳言。全书数字、图表占了很大的篇幅，虽说都是加工过的"熟表"，但写作上"读表"的痕迹仍较重，语言生涩，某些章节甚至有些机械。另外，核心部分未能上升到用成熟的理论模型来加以综合考察、验证，也不能不说是一个缺憾。然而无论如何，本书包含了笔者的一得之见，且作引玉之砖吧。

最后该是发表感想和感谢的时刻了。这一部分非常重要，但我不想使之过于冗长。正如其他博士论文的写作一样，资料搜集、数据录入的大量工作都是枯燥而艰苦的，有奔波、有劳碌、有挫折，个中甘苦只有自己能体味。感触最深的是，很多历史档案的开放和利用，或不够充分，或成本太高，希望将来能有逐步的改善。我的衷心感谢首先要归于复旦大学史地所的两位先生，葛剑雄教授和侯杨方教授，他们分别是我博士和硕士阶段的导师，长期以来在学业上和生活上给了我可贵的指导和帮助，没有他们，本书的面世是不可想象的。其次是我近十年以来的同仁们，还有我的家庭成员，你们长期以来的支持和鼓励是我最大的前进动力，为免落俗套，请恕我不再一一列出你们的姓名。

李强
2012 年夏于郑州寓所